Wahre Veränderung

entsteht nicht durch

einmalige große Taten,

sondern durch kleine Schritte,

die wir konsequent

wiederholen.

Das Gewohnheitsprinzip

Wie du Erfolg unausweichlich machst

Erfolg ist kein Zufall, sondern das Ergebnis deiner täglichen Gewohnheiten. Doch warum fällt es so vielen schwer, ihre Routinen zu ändern? Warum bleibt Motivation nicht dauerhaft und warum scheitern selbst ambitionierte Menschenan ihren Zielen? Die Antwort liegt nicht in Disziplin oder Willenskraft, sondern in den unsichtbaren Mechanismen, die unser Verhalten steuern.

Jonathan Hobel

Bibliografische Information der Deutschen Nationalbibliothek: Die Deutsche Nationalbibliothek verzeichnet diese Publikation in der Deutschen Nationalbibliografie; detaillierte bibliografische Daten sind im Internet über dnb.dnb.de abrufbar.

Verlag: BoD · Books on Demand GmbH, Überseering 33, 22297 Hamburg,
bod@bod.de
Druck: Libri Plureos GmbH, Friedensallee 273, 22763 Hamburg

ISBN: 978-3-7693-5746-2

Einleitung

Warum dieses Buch dein Leben verändern kann......9

Für wen ist dieses Buch?......10

Kapitel 1: Die Wissenschaft der Gewohnheitsbildung

1.1 Definition und Verständnis von Gewohnheiten......13

1.2 Neurologische Grundlagen: Das „Habit-Loop"-Modell......15

1.3 Unterschied zwischen bewussten und unbewussten Gewohnheiten......19

1.4 Die Evolution der Gewohnheiten: Warum unser Gehirn auf Routine setzt......22

1.5 Die drei Arten von Gewohnheiten: Körperlich, emotional, mental......25

1.6 Die Rolle von Dopamin in der Gewohnheitsbildung – Warum dein Gehirn süchtig nach Belohnungen ist......29

Kapitel 2: Die Psychologie der Verhaltensänderung

2.1 Warum Veränderung so schwer fällt und wie du dein Gehirn überlistest......33

2.2 Die Rolle von Motivation und Willenskraft – Warum beides überschätzt wird......35

2.3 Der Einfluss von Emotionen und Überzeugungen – Warum deine innere Einstellung über Erfolg oder Misserfolg entscheidet......38

2.4 Warum Willenskraft allein nicht reicht und wie du stattdessen auf Autopilot gehst......41

2.5 Der Einfluss sozialer Dynamiken auf Verhaltensänderungen – Warum dein Umfeld über Erfolg oder Misserfolg entscheidet......45

2.6 Überzeugungen bewusst umprogrammieren – Wie du dein Denken veränderst, um dein Verhalten zu ändern......48

Kapitel 3: Strategien zur Etablierung neuer Gewohnheiten

3.1 Die 1%-Methode: Kleine Schritte mit großer Wirkung......53

3.2 Die Rolle von Routinen und Habit Stacking – So baust du neue Gewohnheiten nahtlos in deinen Alltag ein......55

3.3 Fehleranalyse: Warum Gewohnheiten scheitern und wie man sie anpasst......58

3.4 Checklisten und Übungen zur Gewohnheitsbildung......62

3.5 Die Macht der Mikrogewohnheiten – Kleine Veränderungen mit großer Wirkung......66

3.6 Konkrete Beispiele für 30-Tage-Mini-Gewohnheiten......69

3.7 Wie man Gewohnheiten mit Zielen verknüpft – Der Schlüssel zu nachhaltigem Erfolg......71

Kapitel 4: Die Macht des Umfelds

4.1 Wie dein Umfeld deine Gewohnheiten beeinflusst...................77

4.2 Strategien, um ein unterstützendes Umfeld zu schaffen.................... 79

4.3 Soziale Netzwerke: Die Rolle von Accountability-Partnern und Vorbildern.. 83

4.4 Negative Einflüsse erkennen und minimieren........................... 86

4.5 Arbeitsumfeld und Gewohnheiten: Wie dein Arbeitsplatz dich formt..... 90

4.6 Die Gestaltung deiner physischen Umgebung – Wie du Räume schaffst, die gute Gewohnheiten fördern.................................. 92

Kapitel 5: Emotionen und Belohnungen

5.1 Warum Emotionen der Schlüssel zur Gewohnheitsbildung sind........... 97

5.2 Effektive Belohnungssysteme: Wann und wie man sich belohnen sollte... 100

5.3 Die Vermeidung von „schlechten" Belohnungen...................... 103

5.4 Die Rolle von intrinsischen und extrinsischen Belohnungen............... 106

5.5 Emotionale Auslöser identifizieren und nutzen......................... 109

5.6 Wie positive Emotionen deine Gewohnheiten verstärken.................. 112

Kapitel 6: Gewohnheiten in verschiedenen Lebensbereichen

6.1 Gesundheit und Fitness: Bewegung und Ernährung optimieren..........117

6.2 Produktivität im Beruf: Fokus und Zeitmanagement...................... 120

6.3 Beziehungen stärken: Gewohnheiten für bessere Kommunikation und Empathie.. 123

6.4 Persönliches Wachstum durch tägliche Reflexion......................127

6.5 Finanzen: Sparen, Investieren und Konsumgewohnheiten................. 130

6.6 Kreativität fördern: Gewohnheiten für innovative Ideen................133

Kapitel 7: Rückschläge und Resilienz

7.1 Warum Rückschläge unvermeidbar sind.............................. 137

7.2 Strategien, um nach einem Rückschlag wieder auf Kurs zu kommen.. 139

7.3 Die Bedeutung von Selbstmitgefühl und Geduld.......................143

7.4 Rückschläge als Lernchancen nutzen................................. 146

7.5 Wie du emotionale Widerstände überwindest........................... 149

7.6 Resilienz aufbauen: Mentale Stärke trainieren.......................153

Kapitel 8: Gewohnheiten und Technologie

8.1 Der Einfluss von Technologie auf unsere Gewohnheiten.................. 157

8.2 Nützliche Apps und Tools zur Unterstützung der Gewohnheitsbildung...160

8.3 Digitaler Detox: Wie man ungesunde digitale Gewohnheiten durchbricht..163

8.4 Die Schattenseite der Technologie: Abhängigkeiten erkennen...........167

8.5 Gamification: Wie spielerische Ansätze Gewohnheiten fördern...........170

8.6 Technologien der Zukunft: KI und Gewohnheitsbildung.....................173

Kapitel 9: Langfristige Aufrechterhaltung neuer Gewohnheiten

9.1 Wie man Motivation und Disziplin langfristig aufrechterhält..............177

9.2 Die Rolle von Reflexion und Anpassung......................................180

9.3 Gewohnheiten als Lebensstil...183

9.4 Periodisierung: Wie du Gewohnheiten in Phasen anpasst.................187

9.5 Warum Geduld der Schlüssel zum Erfolg ist................................190

9.6 Wie du mit der Zeit neue Gewohnheiten hinzufügst.......................193

Kapitel 10: 30-Tage-Challenge zur Gewohnheitsbildung

10.1 Schritt-für-Schritt-Anleitung für die ersten 30 Tage.....................197

10.2 Konkrete Beispiele für Gewohnheiten, die du ausprobieren kannst... 200

10.3 Tipps, um motiviert zu bleiben..203

10.4 Die Bedeutung von kleinen täglichen Erfolgen............................206

10.5 Reflexion am Ende der Challenge: Was habe ich gelernt?..............209

10.6 Wie du nach der Challenge weitermachst...................................212

Anhang

Ressourcenliste – Apps und Tools zur Gewohnheitsbildung.....................217

Zusammenfassungen der wichtigsten Konzepte aus jedem Kapitel...........218

Arbeitsblätter: Planungs- und Reflexions Vorlagen.............................221

Erfolgs Journale: Vorlagen für tägliche/ wöchentliche/ monatliche/ jährliche Reflexionen und Fortschritte..223

Schlusswort: Der erste Schritt zählt mehr als Perfektion.............227

Exklusive Ressourcen und Bonusmaterial............................ 228

Einleitung
Warum dieses Buch dein Leben verändern kann

Stell dir vor, du wachst eines Morgens auf und stellst fest, dass du automatisch all die Dinge tust, die dich deinem Traumleben näher bringen: Du stehst voller Energie auf, trinkst ein Glas Wasser, gehst joggen, isst ein gesundes Frühstück, arbeitest fokussiert an deinen Zielen und das alles ohne großen inneren Kampf. Klingt nach Science-Fiction? Ist es nicht. Es ist einfach das Ergebnis guter Gewohnheiten.

Die Wahrheit ist: Du bist deine Gewohnheiten.
- Erfolgreiche Menschen haben keine Superkräfte, sie haben einfach bessere Gewohnheiten.
- Glückliche Menschen haben keine magische Formel, sie tun täglich Dinge, die ihr Wohlbefinden fördern.
- Gesunde Menschen haben keine geheime Pille, sie haben Routinen, die sie fit halten.

Und genau hier setzt dieses Buch an. Es geht nicht um Disziplin, sondern um das clevere Design deines Alltags. Denn wenn du verstehst, wie Gewohnheiten funktionieren und wie du sie gezielt steuerst, kannst du dein Leben grundlegend verbessern ohne Willenskraft-Marathons oder Selbstquälerei.

Warum dieses Buch anders ist

Es gibt viele Bücher über Gewohnheitsbildung, aber oft sind sie entweder zu trocken (pure Wissenschaft, aber schwer anwendbar) oder zu oberflächlich („Denk einfach positiv!" Danke für nichts).

Dieses Buch ist anders.

☑ Unterhaltsam: Du wirst nicht das Gefühl haben, ein langweiliges Sachbuch zu lesen.

☑ Praktisch: Kein theoretischer Overkill. Du bekommst klare Strategien, die du sofort anwenden kannst.

☑ Motivierend: Du wirst Lust bekommen, deine Gewohnheiten wirklich zu verändern und zwar auf eine Weise, die Spaß macht.

Warum Wiederholung in diesem Buch gewollt ist

Vielleicht wirst du merken, dass sich einige Konzepte in diesem Buch wiederholen. Und das ist kein Versehen, sondern volle Absicht.

💡 Denn Wiederholung ist der Schlüssel zu neuen Gewohnheiten.

Genau wie du eine Handlung immer wiederholen musst, damit sie zur Routine wird, hilft es dir, wenn du bestimmte Kernideen öfter liest. So festigen sie sich nicht nur in deinem Bewusstsein, sondern werden mit der Zeit zu einem natürlichen Teil deines Denkens und Handelns.

Denke an dein Gehirn wie eine Straße:
- Ein neuer Gedanke oder eine neue Gewohnheit ist anfangs nur ein Trampelpfad.
- Je öfter du ihn gehst, desto breiter wird er.
- Irgendwann wird er zur Autobahn und dein Gehirn nimmt ihn ganz automatisch.

Deshalb wirst du in diesem Buch öfter auf zentrale Prinzipien stoßen, die sich wiederholen. Lies sie nicht nur, nimm sie als Erinnerung, dass Veränderung durch Wiederholung entsteht.

Warum Gewohnheiten dein Game Changer sind

Wusstest du, dass 40–50 % deines Tages aus reinen Gewohnheiten bestehen? Das bedeutet:
- Fast die Hälfte deines Lebens wird von Handlungen bestimmt, die du nicht mehr bewusst entscheidest.
- Deine täglichen Routinen sind entweder deine größten Verbündeten oder deine schlimmsten Feinde.

💡 Der Trick erfolgreicher Menschen ist nicht, dass sie härter arbeiten. Sondern dass sie ihre Gewohnheiten so designen, dass sie automatisch die richtigen Dinge tun.

Und die beste Nachricht? Du kannst das auch.

Dieses Buch zeigt dir, wie du…

✔ Deine schlechten Gewohnheiten entlarvst und durch gute ersetzt.

✔ Dein Gehirn austrickst, damit es dich in die richtige Richtung steuert.

✔ Motivation überflüssig machst, weil du das Richtige automatisch tust.

✔ Ein Belohnungssystem entwickelst, das dich langfristig antreibt.

✔ Gewohnheiten aufbaust, die so einfach sind, dass du gar nicht scheitern kannst.

Klingt gut? Dann bist du hier genau richtig.

Für wen ist dieses Buch?

☞ Für dich, wenn…

▶ Du endlich produktiver, gesünder oder glücklicher werden willst, aber bisher immer wieder gescheitert bist.

▶ Du hast das Gefühl, zu wenig Kontrolle über deine Gewohnheiten zu haben.

▶ Du lernen willst, wie du dein Verhalten so optimierst, dass du deine Ziele ohne Kampf und Frustration erreichst.

🚫 Für dich nicht, wenn...

◆ Du glaubst, du müsstest einfach nur „mehr Disziplin" haben. (Spoiler: Disziplin ist nicht die Lösung, sondern Systematik!)

◆ Du auf schnelle Tricks hoffst, die alles über Nacht verändern. (Dafür gibt es Fake-Guru-Kurse, aber keine echte Veränderung.)

Wie du das Beste aus diesem Buch herausholst

☑ Lies es nicht nur, sondern wende es an.

Jede Theorie ist wertlos, wenn du sie nicht in die Praxis umsetzt. Deshalb bekommst du nach jedem Kapitel kleine Aufgaben, die dir helfen, direkt ins Handeln zu kommen.

☑ Mach kleine Schritte, aber bleib dran.

Gewohnheiten entstehen nicht durch einen einmaligen Kraftakt, sondern durch kontinuierliche Wiederholung. Sei geduldig mit dir selbst.

☑ Hinterfrage deine aktuellen Routinen.

Ein großer Teil dieses Buches hilft dir, dein eigenes Verhalten zu analysieren und zu optimieren. Sei ehrlich zu dir selbst, aber auch offen für neue Möglichkeiten.

Fazit: Dein Leben ist das Ergebnis deiner Gewohnheiten

Egal, ob du deine Gesundheit verbessern, produktiver arbeiten, weniger prokrastinieren oder einfach mehr Freude im Alltag haben willst. Die Antwort liegt in deinen Gewohnheiten.

Das bedeutet aber auch: Wenn du deine Gewohnheiten änderst, änderst du dein Leben.

Und genau das wirst du in den nächsten Kapiteln lernen. Bist du bereit? Dann lass uns loslegen! 🚀

Kapitel 1: Die Wissenschaft der Gewohnheitsbildung

1.1 Definition und Verständnis von Gewohnheiten

Stell dir vor, du wachst morgens auf, stehst aus dem Bett auf und gehst ins Bad. Ohne groß darüber nachzudenken, greifst du zur Zahnbürste und putzt dir die Zähne. Hast du in diesem Moment aktiv überlegt, ob du das tun willst? Wahrscheinlich nicht. Es passiert einfach, wie auf Autopilot.

Und genau das ist eine Gewohnheit. Eine Handlung, die du immer wieder ausführst, oft ohne bewusste Entscheidung. Manche davon sind nützlich z B. Sport treiben, genug Wasser trinken, andere eher hinderlich z B. ständiges Scrollen auf Social Media, ungesunde Snacks zwischendurch. Aber egal, ob gut oder schlecht. Gewohnheiten haben eine gigantische Macht über unser Leben.

Was sind Gewohnheiten genau?

Eine Gewohnheit ist ein Verhalten, das durch Wiederholung so automatisiert wird, dass es ohne bewusste Anstrengung abläuft. Unser Gehirn liebt Gewohnheiten, weil sie Energie sparen. Schließlich wäre es viel zu anstrengend, jeden Tag jede einzelne Entscheidung neu zu treffen.

💡 Kurz gesagt: Eine Gewohnheit ist ein Shortcut für dein Gehirn. Einmal programmiert, läuft sie fast von selbst ab.

Warum sind Gewohnheiten so mächtig?

Vielleicht denkst du: „Naja, so wichtig sind Gewohnheiten doch nicht." Oh doch, und wie! Sie bestimmen einen riesigen Teil unseres täglichen Verhaltens. Oft mehr, als uns bewusst ist.

💬 Wissenschaftlicher Fun Fact:

Studien zeigen, dass 40–50 % unserer täglichen Handlungen auf Gewohnheiten basieren. Das heißt, fast die Hälfte dessen, was du tust, ist gar keine bewusste Entscheidung, sondern ein automatisiertes Muster.

🔍 Beispiele für Gewohnheiten, die dein Leben formen:

☑ Gesundes Essen oder ungesunde Snacks.

☑ Regelmäßige Bewegung oder ein sitzender Lebensstil.

☑ Tägliche Weiterbildung oder stundenlanges Netflix.

Deine täglichen Gewohnheiten bestimmen langfristig deine Gesundheit, deine Produktivität und sogar dein Selbstbewusstsein. Du bist, was du wiederholt tust.

Wie entstehen Gewohnheiten? Der Autopilot-Modus des Gehirns

Unser Gehirn liebt Effizienz. Es will nicht jedes Mal neu darüber nachdenken, ob Zähneputzen jetzt eine gute Idee ist oder nicht. Stattdessen legt es Muster an, um häufig wiederholte Handlungen zu automatisieren.

🔁 Der Ablauf einer Gewohnheit folgt einem einfachen Prinzip:

1️⃣ Auslöser: Irgendein Reiz startet die Gewohnheit. z B. du stehst morgens auf und gehst ins Bad.

2️⃣ Routine: Die eigentliche Handlung. z B. du greifst zur Zahnbürste.

3 Belohnung: Dein Gehirn bekommt eine Bestätigung, dass sich die Handlung „gelohnt" hat. z.B. ein frischer Geschmack im Mund.

💡 Beispiel aus dem echten Leben:

Schlechte Gewohnheit:

- Auslöser: Du setzt dich aufs Sofa.
- Routine: Du scrollst durch Social Media.
- Belohnung: Ein kurzer Dopamin-Kick durch Likes und neue Posts. Loop

Ergebnis: Dein Gehirn speichert ab: „Wenn ich mich entspannen will, hilft mir mein Handy."

Gute Gewohnheit:

- Auslöser: Du stehst auf.
- Routine: Du ziehst deine Laufschuhe an und gehst eine Runde joggen.
- Belohnung: Das gute Gefühl nach der Bewegung.

Ergebnis: Dein Gehirn speichert ab: „Sport fühlt sich gut an."

Je öfter du diesen Kreislauf wiederholst, desto stärker wird die Gewohnheit verankert.

Deep Dive: Warum schlechte Gewohnheiten so schwer zu ändern sind
Vielleicht hast du dich schon mal gefragt: Warum ist es so einfach, eine schlechte Gewohnheit aufzubauen, aber so schwer, sie loszuwerden?
Das liegt daran, dass negative Gewohnheiten oft eine sofortige Belohnung bieten, während gute Gewohnheiten oft erst später positive Effekte zeigen.

🚬 Schlechtes Beispiel:

Rauchen gibt dir sofort Entspannung (Belohnung jetzt), aber langfristig schadet es deiner Gesundheit (Nachteil später).

🏆 Gutes Beispiel:

Sport fühlt sich am Anfang anstrengend an (kein sofortiger Spaß), aber langfristig wirst du fitter und gesünder (Belohnung später).

🔑 Die Lösung: Wenn du eine gute Gewohnheit aufbauen willst, musst du sie so gestalten, dass sie sofort belohnend wirkt. Auch wenn die großen Erfolge erst später sichtbar sind. Mehr dazu erfährst du in späteren Kapiteln.

Wie du diese Erkenntnis für dich nutzt

Jetzt weißt du, dass dein Gehirn Gewohnheiten liebt und dass sie dein Leben maßgeblich beeinflussen. Aber was heißt das konkret für dich?

👉 Tipp 1: Achte darauf, welche Gewohnheiten du unbewusst bereits hast.

Frage dich: Welche Dinge mache ich automatisch und sind sie gut oder schlecht für mich?

☞ Tipp 2: Wenn du eine neue Gewohnheit aufbauen willst, mache sie so einfach und angenehm wie möglich.

Statt „Ich muss ab sofort jeden Tag eine Stunde trainieren" lieber „Ich starte mit 5 Minuten Bewegung nach dem Aufstehen."

☞ Tipp 3: Nutze bestehende Routinen als Sprungbrett für neue Gewohnheiten.

Beispiel: Nach dem Zähneputzen direkt ein Glas Wasser trinken.

Fazit: Deine Gewohnheiten = Dein Leben

Ob du es merkst oder nicht: Deine Gewohnheiten bestimmen dein Leben. Sie sind die kleinen, täglichen Aktionen, die dich langfristig formen.

✔ Wenn du schlechte Gewohnheiten durchbrichst, kannst du dich enorm weiterentwickeln.

✔ Wenn du gute Gewohnheiten aufbaust, wird dein Leben automatisch produktiver, gesünder und glücklicher.

✔ Das Beste: Du kannst deine Gewohnheiten steuern!

In den nächsten Kapiteln tauchen wir tiefer in die Psychologie der Gewohnheitsbildung ein und du erfährst, wie du Gewohnheiten gezielt verändern kannst. Schritt für Schritt. 🚀

☑ Aufgabe für dich:

Nimm dir einen Moment Zeit und beobachte deinen Alltag:

- Welche Handlungen machst du jeden Tag, ohne nachzudenken?
- Welche davon sind nützlich und welche würdest du gerne loswerden?
- Was wäre eine kleine Veränderung, die du sofort umsetzen kannst?

Schreib es dir auf! Denn nur was sichtbar ist, kann auch verändert werden. 💡

1.2 Neurologische Grundlagen: Das „Habit-Loop"-Modell

Stell dir vor, du setzt dich nach einem langen Tag auf die Couch, greifst zum Handy und öffnest automatisch Instagram oder TikTok. Hast du dich bewusst dafür entschieden? Oder ist es einfach passiert?

Diese kleine Alltagsszene ist ein perfektes Beispiel für das, was dein Gehirn am liebsten macht: Dinge automatisieren. Denn warum sollte es jedes Mal eine bewusste Entscheidung erfordern, wenn es auch mit weniger Energieaufwand funktionieren kann? Willkommen in der Welt der Gewohnheit Schleifen, dem unsichtbaren Programm, das dein Verhalten steuert.

Warum unser Gehirn Gewohnheiten liebt

Stell dir dein Gehirn wie einen Computer vor. Jedes Mal, wenn du eine Handlung wiederholst, speichert dein Gehirn diese als eine Art Shortcut, um in Zukunft Energie zu sparen. Warum? Weil dein Gehirn faul ist, im positiven Sinne! Jede bewusste Entscheidung verbraucht mentale Ressourcen. Um das zu vermeiden, erstellt dein Gehirn „Automatisierungen", damit du nicht ständig über dieselben Dinge nachdenken musst. Deshalb ist es kein Zufall, dass du jeden Morgen dieselben Abläufe hast. Dein Gehirn hat sie als Gewohnheits-Schleife (Habit Loop) abgespeichert.

Das „Habit-Loop"-Modell – Die drei Bausteine einer Gewohnheit

Der Verhaltensforscher Charles Duhigg hat herausgefunden, dass jede Gewohnheit aus drei festen Bestandteilen besteht. Und das Beste daran? Wenn du sie verstehst, kannst du jede Gewohnheit bewusst verändern.

🔁 Jede Gewohnheit folgt diesem Ablauf:

1️⃣ Auslöser (Cue/Trigger):

Etwas signalisiert deinem Gehirn, dass es Zeit ist, eine bestimmte Handlung auszuführen.

2️⃣ Routine:

Die eigentliche Handlung, die Gewohnheit selbst.

3️⃣ Belohnung:

Dein Gehirn bekommt eine Bestätigung, dass sich die Handlung „gelohnt" hat. Das macht die Gewohnheit stärker.

🎬 Beispiel für eine schlechte Gewohnheit:

Phase	Beispiel
Auslöser	Du setzt dich aufs Sofa nach einem langen Tag
Routine	Du scroll durch Social Media
Belohnung	Ein kurzer Dopamin-Kick durch neue Posts

👉 Ergebnis: Dein Gehirn lernt: „Wenn ich müde bin, entspannt mich mein Handy." Also wiederholst du es.

🎯 Beispiel für eine gute Gewohnheit:

Phase	Beispiel
Auslöser	Dein Wecker klingelt
Routine	Du ziehst deine Sportschuhe an und gehst laufen
Belohnung	Das gute Gefühl nach dem Training

👉 Ergebnis: Dein Gehirn speichert ab: „Sport macht mich wach und gibt mir Energie."

Warum ist die Belohnung so wichtig?

Der wichtigste Bestandteil des Habit Loop ist die Belohnung. Ohne sie keine Gewohnheit! Dein Gehirn will wissen:

👅 „Hat sich das gelohnt? "War das gut für mich?"

Und wenn die Antwort „Ja" ist, merkt sich dein Gehirn diese Handlung. Je stärker die Belohnung, desto wahrscheinlicher wiederholst du das Verhalten.

Das ist übrigens auch der Grund, warum schlechte Gewohnheiten so leicht entstehen. Sie bieten oft sofortige Belohnungen, z.B. Zucker, Social Media, Rauchen, während gute Gewohnheiten oft erst später belohnen, z.B. Sport oder gesundes Essen.

💡 Lösung: Wenn du eine neue, positive Gewohnheit aufbauen willst, musst du sie sofort belohnend gestalten. Mehr dazu später!

Deep Dive: Warum sich schlechte Gewohnheiten so festsetzen

Vielleicht hast du dich schon mal gefragt: „Warum sind schlechte Gewohnheiten so hartnäckig?"

Der Grund ist simpel: Unser Gehirn liebt schnelle Belohnungen.

✗ *Schlechte Gewohnheiten bieten eine sofortige Befriedigung, aber langfristige Nachteile.*

✓ *Gute Gewohnheiten haben oft langfristige Vorteile, aber kurzfristig fühlen sie sich mühsam an.*

Schlechte Gewohnheit (Belohnung sofort)	Gute Gewohnheit (Belohnung verzögert)
Schokolade essen → Sofort lecker	Gesunde Ernährung → Effekt erst nach Wochen
Netflix statt Lernen → Sofort Entspannung	Bücher lesen → Wissen wächst langsam
Rauchen → Sofort Stressabbau	Meditation → Erst langfristige Ruhe

🖊 *Beispiele:*✐ *Deshalb ist es so wichtig, eine gute Gewohnheit mit einer sofortigen Belohnung zu verbinden!*

Wie du die Habit Loop zu deinem Vorteil nutzt

Okay, du weißt jetzt, wie Gewohnheiten funktionieren. Aber wie kannst du dieses Wissen nutzen, um positive Gewohnheiten aufzubauen und schlechte zu verändern?

1 Bestehende Auslöser erkennen & nutzen

Jede Gewohnheit beginnt mit einem Auslöser. Wenn du diesen identifizierst, kannst du ihn für eine neue, positive Gewohnheit nutzen.

🔍 Frage dich:
- Wann und wo tritt eine schlechte Gewohnheit auf?
- Welche Emotionen oder Situationen triggern sie?
- Wie könnte ich diesen Auslöser für eine bessere Gewohnheit nutzen?

💡 Beispiel:

Statt nach dem Aufstehen direkt ans Handy zu gucken (schlechte Routine), könntest du zuerst ein Glas Wasser trinken (gute Routine).

2 Die Routine gezielt verändern

Der einfachste Weg, eine Gewohnheit zu ändern, ist nicht, sie zu stoppen. Sondern sie durch eine bessere Routine zu ersetzen.

💡 Beispiel:
- Anstatt abends aus Langeweile zu snacken → Trink stattdessen einen Tee.
- Statt morgens direkt E-Mails zu checken → Meditiere 2 Minuten.
- Anstatt nach der Arbeit auf Social Media abzutauchen → Mach einen kurzen Spaziergang.

3 Belohnungen bewusst gestalten

Da dein Gehirn nur dann eine Gewohnheit speichert, wenn es eine Belohnung gibt, musst du sicherstellen, dass die neue Gewohnheit sich gut anfühlt.

☁ Sofortige Belohnungen für gute Gewohnheiten:

✔ Nach dem Sport eine erfrischende Dusche nehmen. 🚿

✔ Nach einer Lerneinheit deine Lieblingsmusik hören. 🎵

✔ Nach einer Stunde produktiven Arbeitens einen kurzen Spaziergang machen.

Wichtig: Je stärker die positive Emotion, desto eher wird die neue Gewohnheit verankert!

Fazit: Dein Gehirn will sparen, also nutze es!

💡 Erfolgreiche Menschen haben keine magische Disziplin. Sie haben Gewohnheiten, die sie automatisch zum Erfolg führen.

☑ Jede Gewohnheit besteht aus Auslöser → Routine → Belohnung.

☑ Dein Gehirn liebt schnelle Belohnungen, deshalb entstehen schlechte Gewohnheiten so leicht.

☑ Nutze das Habit-Loop-Modell, um neue Gewohnheiten bewusst zu formen.

🚀 Aufgabe für dich:
1. Erkenne deine eigene Habit Loop:
- Welche schlechten Gewohnheiten hast du?
- Was ist Ihr Auslöser?
- Welche Belohnung bekommst du?

2. Ersetze eine schlechte Routine durch eine bessere:
- Finde eine alternative Handlung mit einer ähnlichen Belohnung.
- Teste sie eine Woche lang!

Denn wenn du dein Verhalten steuerst, steuerst du dein Leben. Und das beginnt genau jetzt. 🚀

1.3 Unterschied zwischen bewussten und unbewussten Gewohnheiten

Hast du jemals versucht, eine neue Gewohnheit bewusst zu etablieren? Etwa regelmäßig Sport zu treiben, früher aufzustehen oder gesünder zu essen und bist dann doch wieder in alte Muster zurückgefallen? Willkommen im Club!

Der Grund dafür liegt darin, dass nicht alle Gewohnheiten gleich sind. Manche sind bewusst gewählt, während andere tief in deinem Unterbewusstsein verankert sind und ohne dein Zutun ablaufen. Und genau das macht es so schwer, sie zu ändern.

In diesem Kapitel schauen wir uns an, was der Unterschied zwischen bewussten und unbewussten Gewohnheiten ist und wie du dieses Wissen nutzen kannst, um dein Verhalten gezielt zu steuern.

Bewusste vs. unbewusste Gewohnheiten. Was ist der Unterschied?

1 Bewusste Gewohnheiten – Die gezielten Veränderungen

Bewusste Gewohnheiten sind diejenigen, die du aktiv entscheidest und planst. Sie erfordern anfangs Willenskraft und mentale Anstrengung, weil dein Gehirn sie noch nicht automatisiert hat.

💡 Beispiele für bewusste Gewohnheiten:

✔ Du entscheidest, jeden Morgen 10 Minuten zu meditieren.

✔ Du startest eine neue Diät und hältst dich an feste Regeln.

✔ Du setzt dir das Ziel, täglich 30 Minuten zu lesen.

Herausforderung:

Da diese Gewohnheiten noch nicht automatisiert sind, musst du dich jedes Mal aktiv daran erinnern und aufraffen. Und genau hier liegt die Krux: Ohne ein gutes System fallen viele Menschen nach kurzer Zeit wieder in ihre alten Routinen zurück.

2 Unbewusste Gewohnheiten – Der Autopilot deines Gehirns

Unbewusste Gewohnheiten sind Verhaltensweisen, die du oft wiederholt hast, bis sie automatisch ablaufen ohne bewusste Entscheidung.

💡 Beispiele für unbewusste Gewohnheiten:

✔ Du greifst morgens automatisch zur Kaffeetasse. ☕

✔ Du checkst dein Handy, sobald du Langeweile verspürst. 📱

✔ Du schaltest beim Autofahren instinktiv den Blinker ein. 🚗

Warum sind sie so mächtig?

Weil sie kaum Energie kosten! Dein Gehirn liebt unbewusste Gewohnheiten, weil sie ihm helfen, Entscheidungen zu minimieren und mentale Energie zu sparen.

✖ Problem: Viele unbewusste Gewohnheiten sind nicht unbedingt förderlich, z. B. nächtliches Snacken, unnötiges Social-Media-Scrolling oder das Aufschieben von Aufgaben.

Warum du bewusste Gewohnheiten in unbewusste umwandeln musst

Der Schlüssel zur dauerhaften Veränderung ist, bewusste Handlungen so lange zu wiederholen, bis sie unbewusst werden.

💡 Beispiel:

Am Anfang musst du dich zwingen, regelmäßig Sport zu treiben. Nach ein paar Wochen fühlt es sich normal an. Nach ein paar Monaten? Es gehört zu deinem Leben ganz ohne Überlegen.

🎯 Ziel:

✨ Mach aus neuen, gesunden Gewohnheiten ein festes Muster, das dein Gehirn automatisch abspult.

Denn nur dann bleibst du langfristig dran.

Wie unbewusste Gewohnheiten entstehen – Der psychologische Trick

Hast du dich jemals gefragt, warum du dich manchmal dabei ertappst, Dinge zu tun, ohne darüber nachzudenken? Das liegt daran, dass unser Gehirn neue Verhaltensweisen in drei Phasen speichert:

▶️ Phase 1: Bewusste Anstrengung (Tag 1–30)

🔹 Dein Gehirn ist verwirrt: „Was soll das? "Ich kenne das nicht!"

🔹 Du musst dich aktiv daran erinnern und oft überwinden.

🔹 Hohes Risiko, die Gewohnheit wieder aufzugeben.

💡 Beispiel: Du fängst an, morgens Wasser zu trinken, musst dich aber immer wieder bewusst daran erinnern.

☞ Tipp: Mache die Handlung so einfach und belohnend wie möglich, um dran zu bleiben!

▶️ Phase 2: Teilweise Automatisierung (Tag 30–60)

🔹 Die Gewohnheit fühlt sich nicht mehr fremd an.

🔹 Es kostet noch etwas Energie, aber weniger als am Anfang.

🔹 Dein Gehirn beginnt, das Verhalten als „normal" abzuspeichern.

💡 Beispiel: Du greifst nach dem Aufstehen automatisch zur Wasserflasche, musst dich aber manchmal noch daran erinnern.

☞ Tipp: Verstärke die Belohnung, um die Motivation aufrechtzuerhalten.

▶ Phase 3: Unbewusste Routine (Tag 60–90+)

◆ Dein Gehirn hat das Verhalten abgespeichert.

◆ Es läuft automatisch ab, ohne dass du darüber nachdenken musst.

◆ Die Gewohnheit ist Teil deiner Identität geworden.

💡 Beispiel: Du trinkst morgens Wasser, ohne es bewusst zu planen. Es passiert einfach.

✨ Das Ziel ist erreicht: Deine Gewohnheit ist jetzt unbewusst!

Deep Dive: Warum Willenskraft nicht reicht
Vielleicht denkst du: „Ich brauche einfach mehr Disziplin!" Aber das ist ein Mythos.

📋 **Fakt ist: Willenskraft ist wie eine Batterie, sie hält nicht ewig. Wenn du dich jeden Tag aufs Neue zu etwas zwingen musst, wirst du irgendwann ausbrennen.**

💡 **Die Lösung? Mach deine Gewohnheiten so einfach, dass du sie fast nicht ignorieren kannst.**

✅ **Beispiel:**
- **Statt „Ich will jeden Tag eine Stunde Sport machen" → „Ich mache jeden Morgen 5 Minuten Bewegung."**
- **Statt „Ich will jeden Tag ein Buch lesen" → „Ich lese nur eine Seite – wenn ich mehr Lust habe, umso besser!"**

🚀 **Je einfacher die Routine, desto schneller wird sie unbewusst.**

Wie du bewusste Gewohnheiten in unbewusste Routinen verwandelst

▶ 1. Verbinde neue Gewohnheiten mit alten (Habit Stacking)

Wenn du eine neue Gewohnheit an eine bestehende koppelst, wird sie viel leichter automatisiert.

Beispiel: „Nach dem Zähneputzen trinke ich ein Glas Wasser."

▶ 2. Mache die Handlung extrem einfach

Dein Gehirn liebt Einfachheit. Je kleiner die Hürde, desto eher bleibst du dran.

Beispiel: Statt „Jeden Tag 30 Minuten Sport" → „Jeden Tag 5 Minuten Bewegung."

▶ 3. Verstärke die Belohnung

Dein Gehirn speichert schneller, wenn es eine direkte Belohnung gibt.

Beispiel: Nach dem Sport deine Lieblingsmusik hören.

▶ 4. Setze Erinnerungen und visuelle Hinweise

Dein Umfeld sollte dich unterstützen, nicht ablenken.

Beispiel: Lege deine Laufschuhe sichtbar an die Tür.

▶ 5. Halte 30–90 Tage durchDie meisten Menschen geben zu früh auf. Bleib dran und eines Tages läuft es automatisch!

Fazit: Mach dein Verhalten zu deinem Autopiloten

☑ Bewusste Gewohnheiten erfordern Willenskraft, aber nur am Anfang.

☑ Ziel ist es, sie in unbewusste Routinen umzuwandeln, damit sie automatisch ablaufen.

☑ Je einfacher und belohnender du eine neue Gewohnheit machst, desto schneller wird sie zur zweiten Natur.

🖋 Aufgabe für dich:

1️⃣ Wähle eine neue Gewohnheit, die du etablieren willst.

2️⃣ Überlege, welche bestehende Routine du als Auslöser nutzen kannst.

3️⃣ Mach sie so einfach, dass du sie nicht ignorieren kannst.

4️⃣ Bleib dran, 30 bis 90 Tage.

Denn wenn du dein Verhalten kontrollierst, kontrollierst du dein Leben. Und das beginnt genau jetzt. 🖋

1.4 Die Evolution der Gewohnheiten: Warum unser Gehirn auf Routine setzt

Stell dir vor, du lebst vor 10.000 Jahren als Jäger und Sammler. Dein Alltag besteht aus Nahrungssuche, Feuer machen, Schutz vor wilden Tieren und der ständigen Gefahr, einen tödlichen Fehler zu begehen. In dieser Welt ist Effizienz überlebenswichtig, jede unnötige Entscheidung kostet Energie, die du vielleicht später dringend brauchst.

Genau hier setzt das Prinzip der Gewohnheitsbildung an. Unser Gehirn hat sich über Millionen von Jahren so entwickelt, dass es möglichst viele Abläufe automatisiert, um Energie zu sparen. Und dieses uralte System beeinflusst noch heute dein Verhalten, vom morgendlichen Kaffeetrinken bis zum ständigen Griff zum Smartphone.

Warum? Weil dein Gehirn immer noch glaubt, dass es dich vor Gefahren schützen und Energie für den nächsten Säbelzahntiger-Angriff aufsparen muss.

Warum unser Gehirn auf Autopilot schaltet

🧠 Das Gehirn ist eine Effiziente Maschine.

Jede bewusste Entscheidung kostet Energie. Und weil unser Gehirn keine Lust hat, sich ständig neu anzustrengen, sucht es nach Wegen, um Prozesse zu automatisieren. Das spart wertvolle mentale Ressourcen.

🔍 Beispiel:

Hast du jemals darüber nachgedacht, wie du dein Schuhband bindest? Wahrscheinlich nicht. Dein Gehirn hat diesen Prozess so oft wiederholt, dass er voll automatisch abläuft.

Das bedeutet:

- Je öfter du etwas tust, desto weniger Energie kostet es dein Gehirn.
- Je weniger Energie eine Handlung kostet, desto wahrscheinlicher wird sie zur Gewohnheit.

Kurz gesagt: Unser Gehirn ist darauf programmiert, Gewohnheiten zu entwickeln. Weil sie es effizienter machen.

Deep Dive: Die Evolution der Gewohnheiten — Ein Überlebensmechanismus

Lass uns einen Blick darauf werfen, warum Gewohnheiten überhaupt entstanden sind.

▶ *Phase 1: Steinzeit-Modus — Instinkt und Überleben*

Vor tausenden Jahren mussten Menschen ständig um ihr Überleben kämpfen. Gewohnheiten halfen ihnen, schnell auf wiederkehrende Situationen zu reagieren.

🏹 *Beispiele für steinzeitliche Gewohnheiten:*

✔ *„Immer nach Wasserquellen suchen, wenn du Durst hast."*
✔ *„Fliehe sofort, wenn du ein raschelndes Geräusch hörst."*
✔ *„Esse so viel wie möglich, wenn Nahrung verfügbar ist."*

Diese Muster waren überlebenswichtig, weil es damals keine Supermärkte, sauberes Trinkwasser oder sichere Häuser gab.

▶ *Phase 2: Landwirtschaft & Zivilisation — Struktur und Routine*

Mit der Entwicklung von Landwirtschaft und festen Siedlungen änderte sich unser Lebensstil radikal. Menschen begannen, Strukturen und Routinen zu entwickeln, um ihre Umgebung besser zu kontrollieren.

🏹 *Neue Gewohnheiten, die entstanden:*

✔ *„Steh mit der Sonne auf, um die Felder zu bestellen."*
✔ *„Sammle Vorräte für den Winter."* ❀
✔ *„Schließe deine Tür, um dich vor Gefahren zu schützen."*

▶ *Phase 3: Moderne Welt — Dopamin und Ablenkung*

Heute leben wir nicht mehr in der Wildnis, aber unser Gehirn funktioniert noch genauso wie damals. Das Problem? Unsere Umgebung hat sich verändert, unser Gehirn aber nicht.

🏹 *Wie sich das auf uns auswirkt:*

✗ *Essen war früher knapp → Heute gibt es Fast Food an jeder Ecke.*
✗ *Informationen waren früher wertvoll → Heute scrollen wir endlos durch Social Media.* ▮
✗ *Flucht war überlebenswichtig → Heute haben wir Stress durch ständige Benachrichtigungen. Unser Gehirn ist immer noch darauf programmiert, nach schnellen Belohnungen zu suchen und Energie zu*

sparen, nur dass diese Muster in der heutigen Welt nicht mehr immer zu unserem Vorteil sind.

Warum schlechte Gewohnheiten leichter entstehen als gute
⚡ Unser Gehirn liebt schnelle Belohnungen.
Eine der größten Herausforderungen in der modernen Welt ist, dass schlechte Gewohnheiten oft sofortige Belohnungen bieten, während gute Gewohnheiten meist erst langfristig Ergebnisse zeigen.

Schlechte Gewohnheit	Sofortige Belohnung
Social Media scrollen	Sofortige Ablenkung & Dopamin
Fast Food essen	Schneller Genuss & Sättigung
Netflix statt Sport	Sofortige Entspannung

Gute Gewohnheit	Belohnung kommt später
Gesunde Ernährung	Effekt erst nach Wochen
Sport treiben	Erst langfristig Sichtbar
Mediation	Ruhiger Geist braucht Übung

☞ Das bedeutet: Wenn du eine neue Gewohnheit etablieren willst, musst du sie so gestalten, dass sie sofort belohnend ist.
Wie du dein Gehirn für gute Gewohnheiten nutzt
Wenn du weißt, dass dein Gehirn auf Autopilot läuft und schnelle Belohnungen liebt, kannst du es zu deinem Vorteil nutzen.
▶ 1. Mach neue Gewohnheiten einfach & belohnend
🎯 Problem: Eine neue Gewohnheit fühlt sich oft schwer an.
☑ Lösung: Mach den Einstieg so einfach wie möglich.
💡 Beispiel:
✖ „Ich will jeden Tag 1 Stunde Sport machen!" → Zu groß!
☑ „Ich mache jeden Morgen 5 Kniebeugen." → Leicht umsetzbar!
🚀 Je leichter der Start, desto schneller wird es zur Routine.

▶ 2. Nutze bestehende Gewohnheiten als Sprungbrett (Habit Stacking)

🎯 Problem: Neue Gewohnheiten in den Alltag integrieren ist schwierig.

☑ Lösung: Verbinde sie mit bestehenden Routinen!

💡 Beispiel:

✔ Nach dem Zähneputzen → 1 Glas Wasser trinken.

✔ Beim Kaffeekochen → 1 Minute meditieren.

✔ Nach dem Anziehen → 5 Kniebeugen machen.

🔑 Erfolgsgeheimnis: Dein Gehirn akzeptiert eine neue Gewohnheit schneller, wenn sie sich an eine alte andockt.

▶ 3. Verändere deine Umgebung gezielt

🎯 Problem: Wir sind oft von Versuchungen umgeben.

☑ Lösung: Mach die guten Dinge sichtbar – und die schlechten unsichtbar.

💡 Beispiel:

✔ Lege gesunde Snacks in Sichtweite, Junk Food in eine Kiste ganz oben im Schrank.

✔ Lege deine Sportsachen am Abend vorher bereit.

✔ Stelle dein Handy in einen anderen Raum, wenn du arbeiten willst.

🚀 Wenn du dein Umfeld veränderst, wird es viel leichter, dein Verhalten zu ändern.

Fazit: Dein Gehirn ist programmiert, Gewohnheiten zu lieben, nutze das!

☑ Dein Gehirn entwickelt Gewohnheiten, weil sie Energie sparen. Ein Überlebensmechanismus aus der Steinzeit.

☑ Schlechte Gewohnheiten setzen sich leicht fest, weil sie sofortige Belohnungen liefern.

☑ Du kannst neue Gewohnheiten gezielt aufbauen, indem du sie einfach, belohnend und in bestehende Routinen integriert gestaltest.

🎯 Aufgabe für dich:

1️⃣ Identifiziere eine schlechte Gewohnheit, die dein Gehirn auf Autopilot abspielt.

2️⃣ Überlege, welche Belohnung du dafür bekommst.

3️⃣ Finde eine positive Alternative mit einer ähnlichen, aber gesunden Belohnung.

4️⃣ Nutze bestehende Routinen, um die neue Gewohnheit zu verankern.

Denn wenn du dein Gehirn richtig programmierst, wird es dir helfen, statt dich aus zu bremsen. 🚀

1.5 Die drei Arten von Gewohnheiten: Körperlich, emotional, mental

Stell dir vor, du bist wie ein Computer mit drei unterschiedlichen Programmen, die gleichzeitig laufen. Manche Programme sind sichtbar, wie das morgendliche Zähneputzen oder deine Essenswahl. Andere laufen im Hintergrund und beeinflussen, wie du dich fühlst, worüber du nachdenkst und wie du auf Herausforderungen reagierst.

Diese „Programme" sind deine Gewohnheiten und sie lassen sich in drei Hauptkategorien einteilen: körperliche, emotionale und mentale Gewohnheiten. Sie bestimmen nicht nur, was du tust, sondern auch, wie du dich fühlst, wie du denkst und welche Ergebnisse du im Leben erzielst.

Lass uns diese drei Arten genauer anschauen und herausfinden, wie du sie bewusst steuern kannst.

1️⃣ Körperliche Gewohnheiten – Dein Autopilot für Bewegung und Gesundheit

Körperliche Gewohnheiten sind die offensichtlichsten. Sie umfassen alles, was du physisch regelmäßig tust. Von deinem Schlafrhythmus bis zur Art, wie du dich bewegst und was du isst.

💡 Typische körperliche Gewohnheiten:

✔ Zähneputzen und Körperpflege
✔ Sport treiben oder eben nicht
✔ Sitzhaltung und Bewegung
✔ Essensgewohnheiten
✔ Schlafmuster

Warum sind körperliche Gewohnheiten so mächtig?

Weil sie einen direkten Einfluss auf deine Energie, deine Gesundheit und sogar deine Emotionen haben.

🚀 Beispiele:

✗ Wenig Schlaf = Du bist reizbar und unkonzentriert.
✗ Schlechte Ernährung = Dein Körper fühlt sich träge an.
✗ Wenig Bewegung = Du hast weniger Energie und Motivation.
✓ Gute körperliche Gewohnheiten haben den gegenteiligen Effekt:
☑ Mehr Energie, weil du dich gesund ernährst und bewegst.
☑ Bessere Stimmung, weil Bewegung Glückshormone freisetzt.
☑ Mehr Produktivität, weil dein Körper besser funktioniert.

Wie du deine körperlichen Gewohnheiten optimierst

1️⃣ Starte mit Mini-Gewohnheiten:

Schlechte Gewohnheit: Immer mit dem Auto fahren.
Alternative: 5 Minuten zu Fuß gehen, bevor du einsteigst.

2️⃣ Nutze bestehende Routinen als Auslöser:

Zähneputzen? Hänge 5 Kniebeugen hinten dran.
Nach dem Aufstehen? Trink ein Glas Wasser.

3️⃣ Baue Gewohnheiten so auf, dass sie Spaß machen:

Keine Lust auf Fitnessstudio? Tanze zu deiner Lieblingsmusik!
Wasser trinken langweilig? Gib Zitrone oder Minze dazu.

🚀 Kleine Änderungen in deinen körperlichen Gewohnheiten summieren sich und haben einen riesigen Effekt!

2️⃣ Emotionale Gewohnheiten – Wie du dich selbst programmierst

Emotionen scheinen oft spontan zu kommen, doch tatsächlich folgen sie festen Mustern. Viele Emotionen entstehen nicht zufällig, sondern sind das Ergebnis wiederholter Denk- und Verhaltensmuster.

💡 Typische emotionale Gewohnheiten:

✔ Wie du auf Stress reagierst
✔ Ob du dich über kleine Dinge aufregst oder entspannt bleibst
✔ Wie du mit Kritik umgehst
✔ Ob du Dankbarkeit empfindest oder immer das Negative siehst

Warum sind emotionale Gewohnheiten so wichtig?
Weil sie dein gesamtes Leben beeinflussen!

🚀 Beispiele:
✖ Immer negativ denken → Du fühlst dich oft gestresst und unzufrieden.
✖ Schnelles Aufregen → Deine Beziehungen leiden darunter.
✖ Angst vor Fehlern → Du traust dich nicht, Neues zu versuchen.
✔ Positive emotionale Gewohnheiten dagegen…
☑ Machen dich resistenter gegen Stress.
☑ Helfen dir, entspannter mit Herausforderungen umzugehen.
☑ Erhöhen dein Wohlbefinden und deine Zufriedenheit.

Wie du emotionale Gewohnheiten optimierst

1️⃣ Erkenne deine Muster:
- Wann regst du dich oft auf?
- Was bringt dich aus der Ruhe?
- Welche Emotionen wiederholen sich immer wieder?

2️⃣ Unterbreche negative emotionale Routinen:
- Statt dich über Stau aufzuregen → Nutze die Zeit für einen Podcast.
- Statt auf Stress mit Frustessen zu reagieren → Mache 3 tiefe Atemzüge.

3️⃣ Baue bewusst positive emotionale Routinen auf:
- Tägliche Dankbarkeit-Momente: Schreib 3 Dinge auf, die gut gelaufen sind.
- Fokus auf Lösungen statt Probleme: Frage dich bei Ärger: „Was kann ich tun, um die Situation zu verbessern?"

🚀 Emotionen sind Gewohnheitssache, wenn du sie steuerst, steuerst du deine Lebensqualität.

3️⃣ Mentale Gewohnheiten – Dein Denkmuster bestimmt dein Leben

Deine mentalen Gewohnheiten bestimmen, wie du denkst, welche Entscheidungen du triffst und wie du Probleme löst.

💡 Typische mentale Gewohnheiten:

✔ Wie du über dich selbst denkst

✔ Ob du Chancen siehst oder Hindernisse

✔ Deine Einstellung zu Lernen & Wachstum

Warum mentale Gewohnheiten alles verändern können

🚀 Beispiele:

✘ „Ich bin nicht gut genug." → Du traust dich nicht, Neues zu versuchen.

✘ „Das schaffe ich sowieso nicht." → Du gibst zu früh auf.

✘ „Ich habe keine Zeit." → Du suchst keine Lösungen.

✔ Positive mentale Gewohnheiten dagegen…

☑ Fördern Selbstvertrauen.

☑ Machen dich widerstandsfähiger gegen Rückschläge.

☑ Helfen dir, kreativer und lösungsorientierter zu denken.

Wie du mentale Gewohnheiten optimierst

1️⃣ Erkenne deine Selbstgespräche:

- Achte darauf, wie du mit dir selbst sprichst.
- Ersetze negative Gedanken bewusst durch produktivere Alternativen.

2️⃣ Verändere deine Perspektive:

- Statt „Ich kann das nicht" → „Ich kann es noch nicht, aber ich werde es lernen."
- Statt „Das ist zu schwer" → „Welche kleinen Schritte kann ich gehen?"

3️⃣ Trainiere dein Gehirn mit neuen Impulsen:

- Lies inspirierende Bücher.
- Lerne neue Fähigkeiten.
- Verbringe Zeit mit positiven Menschen.
- Deine Gedanken formen deine Realität, also gestalte sie bewusst!

Fazit: Dein Leben wird von deinen Gewohnheiten bestimmt, in jedem Bereich

🎯 Drei Arten von Gewohnheiten, die dein Leben prägen:

✔ Körperliche Gewohnheiten bestimmen deine Energie & Gesundheit.

✔ Emotionale Gewohnheiten beeinflussen, wie du dich fühlst & mit Stress umgehst.

✔ Mentale Gewohnheiten formen deine Denkweise & deine Erfolge.

🚀 Aufgabe für dich:

1️⃣ Identifiziere eine schlechte Gewohnheit in jeder Kategorie (körperlich, emotional, mental).

2️⃣ Überlege, welche positive Alternative du stattdessen entwickeln kannst.

3️⃣ Mache eine erste kleine Veränderung und bleib dran!

Denn wer seine Gewohnheiten meistert, meistert sein Leben. 🚀

1.6 Die Rolle von Dopamin in der Gewohnheitsbildung – Warum dein Gehirn süchtig nach Belohnungen ist

Hast du dich jemals gefragt, warum du automatisch auf dein Handy schaust, wenn eine Nachricht aufleuchtet? Oder warum du nach einem anstrengenden Tag eher zu Schokolade greifst als zu einer gesunden Mahlzeit? Die Antwort liegt in einem winzigen, aber mächtigen Botenstoff in deinem Gehirn: Dopamin.

Dopamin ist der geheime Antrieb hinter jeder Gewohnheit. Es ist der Grund, warum wir bestimmte Dinge immer wieder tun, ob wir wollen oder nicht. In diesem Kapitel schauen wir uns an, wie Dopamin Gewohnheiten steuert, warum es uns manchmal austrickst und wie du es gezielt nutzen kannst, um positive Routinen aufzubauen.

🔳 Was ist Dopamin und warum ist es so mächtig?

Dopamin ist ein Neurotransmitter, also eine chemische Substanz, die Signale in deinem Gehirn überträgt. Oft wird es als „Glückshormon" bezeichnet. Aber das ist nicht ganz richtig.

🧠 Dopamin sorgt nicht für Glück, es sorgt für VERLANGEN.

Das bedeutet:

- Es motiviert dich, etwas zu tun.
- Es sorgt dafür, dass du dich auf Belohnungen fokussierst.
- Es verstärkt Verhaltensmuster. Egal, ob sie gut oder schlecht für dich sind.

🔍 Beispiel:

- Du isst Schokolade → Dein Gehirn schüttet Dopamin aus → Du fühlst dich kurzfristig gut → Dein Gehirn speichert: „Schokolade = Belohnung."
- Beim nächsten Mal, wenn du gestresst bist, verlangt dein Gehirn wieder nach dieser Belohnung.

🖋 Kurz gesagt: Dopamin ist der Treiber hinter allen Gewohnheiten.

2️⃣ Wie Dopamin Gewohnheiten formt – Die Belohnung Schleife

Jede Gewohnheit wird durch das Belohnungssystem des Gehirns gesteuert und Dopamin spielt dabei die Hauptrolle.

Der Ablauf einer Gewohnheit sieht so aus:

1️⃣ Auslöser (Trigger): Irgendetwas erinnert dich an eine Handlung. z.B. eine Push-Benachrichtigung

2️⃣ Routine: Du führst die Handlung aus. z.B. du checkst dein Handy

3️⃣ Belohnung: Dein Gehirn schüttet Dopamin aus. z.B. du bekommst Likes oder eine Nachricht

💡 Warum ist das so mächtig?

Weil dein Gehirn lernen will, was sich „lohnt" und es liebt schnelle Belohnungen.

🖈 Beispiele für gute und schlechte Dopamin-Trigger:

Schlechte Gewohnheit	Dopamin-Belohnung
Social Media checken	Sofortige Belohnung durch Likes & Nachrichten
Ungesunde Snacks essen	Schnell verfügbare Energie & guter Geschmack
Prokrastination	Vermeiden von Stress durch Ablenkung

Gute Gewohnheit	Dopamin-Belohnung
Sport treiben	Glücksgefühle & Endorphine nach dem Training
Meditation	Gefühl der Ruhe & Entspannung
Lernen	Stolz & neues Wissen

☞ Fazit: Dopamin verstärkt sowohl positive als auch negative Gewohnheiten. Je nachdem, was dein Gehirn als Belohnung abspeichert.

3️⃣ Warum schlechte Gewohnheiten süchtig machen, Dopamin-Fallen

🔲 Problem: Unser Gehirn liebt sofortige Belohnungen.

Und genau das nutzen Social Media, Fast Food und Videospiele aus.

🖈 Warum sind schlechte Gewohnheiten so verführerisch?

✔ Sie liefern Dopamin auf Knopfdruck, z.B. Likes, Nachrichten, Zucker.

✔ Sie erfordern wenig Anstrengung, z.B. Netflix statt Sport.

✔ Sie geben dir sofortige Befriedigung, während gute Gewohnheiten oft erst später belohnen.

✖ Typische Dopamin-Fallen:

✖ Smartphone & Social Media: Ständige Benachrichtigungen erzeugen kleine Dopamin-Kicks → süchtig machender Kreislauf.

✖ Junk Food & Zucker: Liefert eine schnelle Belohnung → macht es schwer, gesunde Ernährung durchzuhalten.

✖ Prokrastination: Videospiele oder Netflix geben dir Dopamin → dein Gehirn speichert: „Ablenkung fühlt sich gut an."

🚀 Lösung: Wenn du eine schlechte Gewohnheit loswerden willst, musst du die Dopamin-Belohnung ersetzen!

4 Wie du Dopamin für positive Gewohnheiten nutzt

💡 Gute Nachrichten: Du kannst dein Belohnungssystem so umprogrammieren, dass es gute Gewohnheiten verstärkt.

▶️ 1. Sofortige Belohnungen in gute Gewohnheiten einbauen

🚀 Problem: Sport oder Lernen fühlen sich oft mühsam an, weil die Belohnung erst später kommt.

✅ Lösung: Gib dir selbst eine sofortige Mini-Belohnung.

💡 Beispiel:
- Sport treiben? → Danach deine Lieblingsmusik hören. 🎵
- Gesund essen? → Einen besonderen Tee dazu genießen. ☕
- Lesen? → In ein cooles Notizbuch die besten Ideen notieren. 📓

🚀 Regel: Je schneller die Belohnung, desto eher wird es zur Gewohnheit!

▶️ 2. Reduziere die Belohnung schlechter Gewohnheiten

🚀 Problem: Schlechte Gewohnheiten geben sofortige Dopamin-Kicks.

✅ Lösung: Mach sie weniger belohnend oder schwerer zugänglich.

💡 Beispiel:
- Junk Food? → Verstecke es in einer Kiste ganz oben im Schrank. 🏠
- Social Media? → Stelle dein Handy in einen anderen Raum. 📵
- Prokrastination? →Mache Ablenkungen schwieriger z.B. Netflix-Passwort auslagern.
- 🚀 Regel: Je schwieriger der Zugang, desto schwächer die Versuchung.

▶️ 3. Nutze das Prinzip der „unerwarteten Belohnung"

🚀 Problem: Wenn die Belohnung zu vorhersehbar ist, verliert sie ihren Reiz.

✅ Lösung: Baue Überraschungs-Belohnungen ein!

💡 Beispiel:
- Nach einer Woche Training → Ziehe eine zufällige Belohnung aus einem Glas z. B. ein Kinobesuch, ein kleines Geschenk für dich selbst.
- Beim Lernen → Lasse eine App eine zufällige Belohnung für erledigte Aufgaben geben.

🚀 Regel: Unerwartete Belohnungen verstärken den Dopamin-Effekt!

5 Fazit: Nutze Dopamin klug und du kontrollierst deine Gewohnheiten

✅ Dopamin ist der Treiber hinter allen Gewohnheiten, gut oder schlecht.

✅ Schlechte Gewohnheiten setzen sich leicht fest, weil sie sofortige Belohnungen liefern.

✅ Wenn du gute Gewohnheiten etablieren willst, musst du sie ebenfalls mit einer schnellen Belohnung verknüpfen.

✅ Wenn du schlechte Gewohnheiten loswerden willst, musst du ihre Belohnung reduzieren oder durch eine bessere ersetzen.

🚀 Aufgabe für dich:

1️⃣ Welche schlechte Gewohnheit bringt dir schnelle Dopamin-Kicks?

2️⃣ Wie kannst du die Belohnung dieser Gewohnheit reduzieren oder ersetzen?

3️⃣ Welche gute Gewohnheit möchtest du etablieren – und wie kannst du sie mit einer sofortigen Belohnung verknüpfen?

Denn wenn du Dopamin für dich nutzt, baust du Gewohnheiten auf, die dich wirklich weiterbringen anstatt dich ausbremsen. 🚀

Kapitel 2: Die Psychologie der Verhaltensänderung

2.1 Warum Veränderung so schwer fällt und wie du dein Gehirn überlistest

Hast du dich jemals gefragt, warum du immer wieder in alte Muster zurück fällst? Selbst wenn du genau weißt, dass eine Veränderung gut für dich wäre? Warum ist es so einfach, mit schlechten Gewohnheiten weiterzumachen, während gute Routinen sich oft wie ein Kampf anfühlen?

Die Antwort ist einfach: Dein Gehirn hasst Veränderung.

Es bevorzugt das Vertraute, das Bequeme, das Energiesparende. Jedes Mal, wenn du versuchst, eine neue Gewohnheit zu etablieren, fühlt es sich an, als würdest du einen neuen Pfad durch einen dichten Dschungel schlagen. Während deine alten Gewohnheiten bereits eine perfekt asphaltierte Autobahn sind.

Aber keine Sorge: Du kannst dein Gehirn überlisten und es dazu bringen, neue Gewohnheiten nicht nur zu akzeptieren, sondern sie sogar zu bevorzugen. Wie? Genau das erfährst du in diesem Kapitel.

1️⃣ Warum Veränderung so schwer ist – Dein Gehirn als Energiesparer

💭 Dein Gehirn ist eine Gewohnheits Maschine.

Es hat sich über Millionen von Jahren so entwickelt, dass es möglichst effizient arbeitet. Jede bewusste Entscheidung kostet Energie, und dein Gehirn will diesen Aufwand minimieren.

🔍 Deshalb funktioniert es so:

- Bekannte Routinen? → Gehirn spart Energie. ✅
- Neue Verhaltensweisen? → Gehirn muss mehr arbeiten. ✖

📌 Beispiel:

- Auf Social Media scrollen? Leicht. Dein Gehirn kennt den Ablauf.
- Früh aufstehen und joggen? Schwer. Dein Gehirn muss Energie investieren.

💧 Fazit:

Jede Veränderung fühlt sich unangenehm an, weil dein Gehirn auf „Energie sparen" programmiert ist. Aber genau das kannst du nutzen. Indem du neue Routinen so einfach machst, dass dein Gehirn keinen Widerstand mehr leistet.

2️⃣ Der „Widerstandspunkt" – Wo Veränderung oft scheitert

Die meisten Menschen scheitern an einem kritischen Punkt: Wenn eine neue Gewohnheit noch zu viel Anstrengung kostet.

📋 Typische Fehler:

✖ Zu groß anfangen „Ich werde jeden Tag 2 Stunden ins Fitnessstudio gehen!".

✖ Kein konkreter Plan „Ich will abnehmen... irgendwann.".

✖ Sich auf Motivation verlassen Motivation schwankt, Systeme bleiben!.

👉 Lösung: Mache den Einstieg so einfach, dass es unmöglich ist zu scheitern.

3 Wie du dein Gehirn überlistest – Die 5 Prinzipien der einfachen Veränderung

Hier sind fünf bewährte Strategien, um dein Gehirn für Veränderungen zu begeistern, anstatt es dagegen kämpfen zu lassen.

▶ 1. Mini-Gewohnheiten: Der 2-Minuten-Trick

✗ Problem: Dein Gehirn hasst große Veränderungen.

☑ Lösung: Mach den ersten Schritt so klein, dass dein Gehirn keinen Widerstand leistet.

💡 Beispiele:

- Statt „Ich lese jeden Tag 30 Minuten" → „Ich lese eine Seite am Tag."
- Statt „Ich gehe jeden Tag joggen" → „Ich ziehe meine Laufschuhe an."
- Statt „Ich meditiere 20 Minuten" → „Ich atme 3-mal tief durch."

🚀 Warum das funktioniert:

Weil du die größte Hürde, das Anfangen eliminierst und sobald du einmal begonnen hast, machst du oft automatisch weiter.

▶ 2. Nutze bestehende Gewohnheiten als Sprungbrett (Habit Stacking)

✗ Problem: Neue Gewohnheiten fühlen sich fremd an.

☑ Lösung: Koppel sie an etwas, das du bereits jeden Tag tust.

💡 Beispiele:

- Nach dem Zähneputzen → Ein Glas Wasser trinken.
- Beim Kaffeekochen → 10 Kniebeugen machen.
- Nach dem Aufstehen → 1 Minute Dankbarkeit praktizieren.

🚀 Warum das funktioniert:

Weil dein Gehirn bereits bestehende Gewohnheiten liebt. Du nutzt einfach den Schwung davon!

▶ 3. Verändere dein Umfeld, nicht nur deinen Willen

✗ Problem: Dein Umfeld beeinflusst deine Gewohnheiten stärker als deine Willenskraft.

☑ Lösung: Mach gute Gewohnheiten sichtbarer und schlechte unsichtbarer.

💡 Beispiele:

- Willst du mehr lesen? → Lege ein Buch aufs Kopfkissen.
- Weniger Social Media? → Entferne die Apps vom Homescreen.
- Gesünder essen? → Stelle Obst in Sichtweite, Junk Food in den Schrank.

Warum das funktioniert:

Weil dein Gehirn oft den einfachsten Weg geht, also mach es ihm leicht!

▶ 4. Die „Wenn-Dann"-Methode – Mach dein Verhalten planbar

✗ Problem: Ohne einen konkreten Plan bleiben gute Vorsätze nur Wünsche.

☑ Lösung: Formuliere klare Wenn-Dann-Regeln für deine neuen Gewohnheiten.

Beispiele:

- Wenn ich von der Arbeit komme, dann ziehe ich sofort meine Sportsachen an.
- Wenn ich mich gestresst fühle, dann mache ich 5 tiefe Atemzüge.
- Wenn ich morgens aufwache, dann trinke ich direkt ein Glas Wasser.

Warum das funktioniert:
Weil dein Gehirn klare Regeln liebt, keine vagen Absichten.

5. Sofortige Belohnungen einbauen (Dopamin nutzen!)

Problem: Gute Gewohnheiten fühlen sich oft erst später belohnend an.

Lösung: Sorge für eine sofortige Mini-Belohnung nach jeder neuen Gewohnheit.

Beispiele:

- Nach dem Sport? → Deine Lieblingsmusik hören.
- Nach dem Lesen? → Einen leckeren Tee genießen.
- Nach dem gesunden Essen? → Ein Kompliment an dich selbst geben.

Warum das funktioniert:
Weil dein Gehirn sofort belohnt werden will, nicht erst in Wochen oder Monaten.

Fazit: Veränderung ist einfach, wenn du dein Gehirn richtig nutzt

Dein Gehirn hasst große Veränderungen, also mache sie winzig klein.

Nutze bestehende Routinen als Sprungbrett für neue Gewohnheiten.

Verändere dein Umfeld, um dir gute Gewohnheiten leichter zu machen.

Setze klare Wenn-Dann-Regeln, damit dein Verhalten planbar wird.

Belohne dich sofort, um dein Gehirn zu trainieren und neue Gewohnheiten als positiv abzuspeichern.

Aufgabe für dich:

1. Welche Gewohnheit möchtest du ändern oder neu aufbauen?
2. Wie kannst du sie mit einer bestehenden Routine verknüpfen?
3. Wie kannst du sie so klein machen, dass dein Gehirn keinen Widerstand mehr leistet?
4. Welche sofortige Mini-Belohnung kannst du dir geben?

Denn wenn du dein Gehirn für dich arbeiten lässt, wird Veränderung nicht nur leicht, sondern unvermeidlich. 🚀

2.2 Die Rolle von Motivation und Willenskraft – Warum beides überschätzt wird

Hast du jemals gedacht: „Ich brauche einfach mehr Motivation, dann schaffe ich das!" oder „Wenn ich nur genug Willenskraft hätte, könnte ich endlich meine schlechten Gewohnheiten loswerden."?

Dann habe ich eine gute und eine schlechte Nachricht für dich.

✘ Die schlechte Nachricht: Motivation und Willenskraft sind unzuverlässig. Sie kommen und gehen und genau deshalb sind sie ein schlechter Plan für nachhaltige Veränderung.

✔ Die gute Nachricht: Du brauchst weder übermenschliche Disziplin noch dauerhafte Motivation, um deine Ziele zu erreichen. Du brauchst einfach ein System, das auch dann funktioniert, wenn du keine Lust hast.

In diesem Kapitel erfährst du, warum Motivation und Willenskraft überschätzt werden und welche besseren Strategien du stattdessen nutzen kannst.

1 Warum Motivation ein schlechter Plan ist

Motivation fühlt sich großartig an. Wenn du inspiriert bist, kannst du die Welt erobern. Aber was passiert an den Tagen, an denen du keine Lust hast?

🔍 Typischer Kreislauf:

1 Du bist hochmotiviert → Du startest mit voller Energie. 🚀

2 Nach ein paar Tagen/Wochen lässt die Begeisterung nach. 🪫

3 Ohne Motivation gibt es keinen Antrieb → Du hörst auf. ⊖

📌 Warum passiert das?

- Motivation ist launenhaft, sie kommt und geht.
- Motivation basiert oft auf Emotionen und die schwanken.
- Motivation ist oft von äußeren Einflüssen abhängig z.B. Videos, Bücher, Vorbilder.

💡 Fazit: Wenn du auf Motivation wartest, wirst du immer wieder scheitern.

📱 Besserer Plan: Bau ein System, das unabhängig von Motivation funktioniert.

2 Warum Willenskraft nicht die Lösung ist

🔋 Willenskraft ist wie ein Akku, sie hält nicht ewig.

Viele Menschen glauben, dass erfolgreiche Personen einfach „mehr Disziplin" haben. Aber das ist ein Mythos.

📌 Das Problem mit Willenskraft:

- Sie ist begrenzt. Je mehr du sie nutzt, desto schneller erschöpft sie sich.
- Sie ist nicht konstant. Nach einem langen Tag hast du weniger Willenskraft als morgens.
- Sie kann leicht überwältigt werden. Durch Stress, Müdigkeit oder Ablenkungen.

💡 Beispiel:

Morgens: Du bist ausgeruht → Du wieder stehst ungesunden Snacks.

Mittags: Du hast viele Entscheidungen getroffen → Deine Willenskraft ist geschwächt.

Abends: Du bist erschöpft → Junk Food, Social Media, Prokrastination.

📱 Besserer Plan: Mach es so einfach, dass du keine Willenskraft brauchst.

3 Was du stattdessen tun solltest, die 4 besseren Strategien

Motivation ist unzuverlässig. Willenskraft ist begrenzt. Also brauchst du ein System, das für dich arbeitet, nicht gegen dich.

Hier sind vier bewährte Methoden, die dir helfen, ohne Motivation und Disziplin dauerhaft dranzubleiben.

▶ 1. Mache es so einfach, dass du nicht scheitern kannst (Mini-Gewohnheiten)

🏹 Problem: Große Veränderungen erfordern zu viel Motivation und Willenskraft.

☑ Lösung: Mach den ersten Schritt so klein, dass dein Gehirn ihn akzeptiert.

💡 Beispiele:

- Statt „Ich mache täglich 50 Liegestütze" → „Ich mache 1 Liegestütze."
- Statt „Ich lese jeden Tag 30 Minuten" → „Ich lese eine Seite."
- Statt „Ich esse nur noch gesund" → „Ich esse eine gesunde Mahlzeit pro Tag."

🚀 Warum das funktioniert:

- Dein Gehirn wehrt sich nicht gegen winzige Veränderungen.
- Du kommst ins Handeln und oft machst du mehr, als du geplant hast.
- Nach einigen Wochen passiert es automatisch und du brauchst keine Willenskraft mehr.

▶ 2. Mache es sichtbar - dein Umfeld entscheidet über dein Verhalten

🏹 Problem: Motivation schwindet, aber dein Umfeld beeinflusst dich immer.

☑ Lösung: Ändere dein Umfeld so, dass es deine Ziele unterstützt.

💡 Beispiele:

✔ Mehr Wasser trinken? → Stelle eine Flasche auf den Schreibtisch.

✔ Mehr lesen? → Lege ein Buch auf dein Kopfkissen.

✔ Weniger Social Media? → Entferne die Apps vom Homescreen.

🚀 Warum das funktioniert:

Dein Gehirn folgt oft dem einfachsten Weg, also mache gute Gewohnheiten leicht sichtbar und schlechte unsichtbar.

▶ 3. Baue eine Verhaltenskette (Habit Stacking)

🏹 Problem: Neue Gewohnheiten fühlen sich fremd an.

☑ Lösung: Verknüpfe sie mit etwas, das du sowieso tust.

💡 Beispiele:

- Nach dem Zähneputzen → 1 Glas Wasser trinken.
- Beim Kaffeekochen → 10 Kniebeugen machen.
- Nach dem Aufstehen → 1 Minute dankbar sein.

🚀 Warum das funktioniert:

Dein Gehirn akzeptiert neue Routinen leichter, wenn sie an bestehende Gewohnheiten gekoppelt sind.

▶ 4. Nutze sofortige Belohnungen, Dopamin für dich arbeiten lassen

✈ Problem: Gute Gewohnheiten fühlen sich oft erst später belohnend an.

☑ Lösung: Sorge für eine sofortige Mini-Belohnung nach jeder neuen Gewohnheit.

💡 Beispiele:

- Nach dem Sport? → Deine Lieblingsmusik hören.
- Nach dem Lesen? → Einen leckeren Tee genießen.
- Nach der Meditation? → Ein Kompliment an dich selbst geben.

🚀 Warum das funktioniert:

Dein Gehirn liebt schnelle Belohnungen, nutze das für dich.

4️⃣ Fazit: Ersetze Motivation durch ein System und du wirst nie wieder scheitern

☑ Motivation ist unzuverlässig, also verlasse dich nicht darauf.

☑ Willenskraft ist begrenzt, also mache Veränderungen so einfach, dass du sie nicht brauchst.

Bessere Strategie:

✔ Mini-Gewohnheiten starten.

✔ Dein Umfeld verändern.

✔ Gewohnheiten an bestehende Routinen koppeln.

✔ Sofortige Belohnungen nutzen.

💡 Denn Erfolg basiert nicht auf Motivation, sondern auf Systemen, die immer funktionieren.

🚀 Aufgabe für dich:

1️⃣ Welche Gewohnheit möchtest du aufbauen?

2️⃣ Wie kannst du sie so klein machen, dass du sofort starten kannst?

3️⃣ Wie kannst du sie an eine bestehende Routine koppeln?

4️⃣ Welche kleine Belohnung kannst du dir geben?

Denn wenn du ein System statt Motivation nutzt, wird Veränderung plötzlich einfach. 🚀

2.3 Der Einfluss von Emotionen und Überzeugungen – Warum deine innere Einstellung über Erfolg oder Misserfolg entscheidet

Stell dir vor, zwei Menschen wollen die gleiche Gewohnheit aufbauen: täglich Sport treiben.

▶ Person A denkt: „Ich bin einfach kein sportlicher Mensch. "Das wird wieder scheitern."

▶ Person B denkt: „Ich bin jemand, der sich um seine Gesundheit kümmert. "Ich fange klein an und werde dranbleiben."

Beide starten gleich, doch nach ein paar Wochen gibt Person A auf, während Person B weitermacht. Warum?

💡 Weil unsere Emotionen und Überzeugungen darüber entscheiden, ob eine Gewohnheit langfristig bleibt oder nicht.

In diesem Kapitel erfährst du, warum deine Gedanken, Emotionen und Glaubenssätze darüber bestimmen, ob du deine Ziele erreichst und wie du sie zu deinem Vorteil nutzt.

1 Warum Emotionen Gewohnheiten steuern

Denk an die letzte schlechte Gewohnheit, die du loswerden wolltest. Vielleicht zu viel Social Media, ungesundes Essen oder Prokrastination.

Hast du dich jemals gefragt, warum du trotzdem immer wieder in diese Muster zurückfällst?

💭 Die Antwort: Jede Gewohnheit ist emotional verknüpft.

🔍 So funktioniert es:

- Positive Emotionen → Verhalten wird verstärkt.
- Negative Emotionen → Verhalten wird vermieden.

📌 Beispiele:

✔ Du fühlst dich nach einem erfolgreichen Training stark → Sport wird attraktiver.

✔ Du hast nach einer Rede positives Feedback bekommen → Du wirst beim nächsten Mal weniger nervös sein.

✘ Du hast beim ersten Mal im Fitnessstudio eine peinliche Situation erlebt → Dein Gehirn sagt: „Nie wieder!"

▪ Problem: Schlechte Gewohnheiten bieten oft sofortige positive Emotionen, während gute Gewohnheiten anfangs schwer erscheinen.

💡 Lösung: Mach positive Gewohnheiten emotional belohnend!

2 Der Einfluss deiner Überzeugungen auf deine Gewohnheiten

Deine Gedanken über dich selbst bestimmen, welche Gewohnheiten du aufbaust oder gar nicht erst versuchst.

✘ Schlechte Überzeugungen:

✘ „Ich bin einfach nicht diszipliniert genug."

✘ „Ich kann mir nie etwas langfristig angewöhnen."

✘ „Ich war noch nie ein Morgenmensch."

✔ Förderliche Überzeugungen:

☑ „Ich bin jemand, der sich weiterentwickelt."

☑ „Ich kann neue Gewohnheiten aufbauen, wenn ich klein anfange."

☑ „Jede Handlung formt meine Identität und ich entscheide, wer ich werde."

📌 Wichtiger Punkt:

Du wirst immer nach Beweisen für deine Überzeugungen suchen. Wenn du glaubst, dass du schlecht im Durchhalten bist, wird dein Gehirn nach Bestätigungen suchen und dich beim ersten Rückschlag aufgeben lassen.

🚀 Besserer Ansatz: Ändere deine Identität zuerst und dann folgen die Gewohnheiten.

3️⃣ Wie du Emotionen und Überzeugungen gezielt änderst

💡 Wenn du dein Verhalten langfristig ändern willst, musst du zuerst deine inneren Muster ändern.

Hier sind drei Methoden, wie du deine Emotionen und Überzeugungen für dich arbeiten lässt:

▶️ 1. Verknüpfe positive Emotionen mit neuen Gewohnheiten

📌 Problem: Gute Gewohnheiten fühlen sich anfangs mühsam an.

✅ Lösung: Finde Wege, um sie von Anfang an positiv zu erleben.

💡 Beispiele:

- Sport langweilig? → Höre dabei deine Lieblingsmusik.
- Gesunde Ernährung frustrierend? → Koche Gerichte, die dir wirklich schmecken.
- Schreiben oder Lernen anstrengend? → Mache es in einer gemütlichen Umgebung mit Tee und guter Beleuchtung.

🚀 Warum das funktioniert:

Je positiver sich eine Handlung anfühlt, desto eher wiederholst du sie.

▶️ 2. Ändere deine Identität, nicht nur dein Verhalten

📌 Problem: Viele Menschen setzen sich ein Ziel, aber identifizieren sich nicht mit der Person, die es erreichen kann.

✅ Lösung: Definiere dich neu, bevor du Ergebnisse siehst.

💡 Beispiele:

❌ Statt „Ich will mehr lesen." → „Ich bin jemand, der gerne liest."

❌ Statt „Ich will gesünder essen." → „Ich bin eine Person, die auf ihre Ernährung achtet."

❌ Statt „Ich will sportlicher werden." → „Ich bin eine Person, die sich gerne bewegt."

🚀 Warum das funktioniert:

- Wenn du dich selbst als „Leser" siehst, liest du automatisch öfter.
- Wenn du dich als „Sportler" betrachtest, suchst du eher nach Gelegenheiten, dich zu bewegen.

📝 Übung:

- Schreibe eine neue Identität auf, die zu deinen Zielen passt.
- Finde eine kleine Handlung, die diese Identität bestätigt.

▶️ 3. Verändere deine Selbstgespräche (Innere Stimme)

📌 Problem: Deine Gedanken formen deine Realität.

✅ Lösung: Ersetze negative Selbstgespräche durch förderliche Gedanken.

💡 Beispiel für negativen Gedankenwandel:

❌ „Ich bin schlecht darin, regelmäßig Sport zu machen."

☑ „Ich bin gerade dabei, eine Sport-Routine zu entwickeln."

✗ „Ich werde es eh nicht lange durchhalten."

☑ „Jeder Tag, an dem ich es tue, stärkt meine neue Gewohnheit."

🚀 Warum das funktioniert:

Dein Gehirn reagiert auf deine Worte. Sprich mit dir selbst so, wie du mit einem guten Freund sprechen würdest.

🔲 Fazit: Nutze deine Emotionen und Überzeugungen für nachhaltige Veränderung

☑ Deine Emotionen bestimmen, ob du Gewohnheiten beibehältst oder abbrichst.

☑ Negative Überzeugungen sabotieren dich, positive Überzeugungen helfen dir zu wachsen.

☑ Ändere zuerst deine Identität, dann folgt dein Verhalten automatisch.

☑ Verknüpfe neue Gewohnheiten mit positiven Emotionen, damit sie sich gut anfühlen.

🚀 Aufgabe für dich:

1️⃣ Welche schlechte Überzeugung hält dich zurück?

2️⃣ Welche neue Identität kannst du stattdessen wählen?

3️⃣ Welche Mini-Gewohnheit kannst du einführen, um diese neue Identität zu bestätigen?

4️⃣ Wie kannst du eine neue Gewohnheit mit einer positiven Emotion verknüpfen?

Denn wer seine Gedanken und Emotionen steuert, steuert sein Verhalten und damit sein ganzes Leben. 🚀

2.4 Warum Willenskraft allein nicht reicht und wie du stattdessen auf Autopilot gehst

Vielleicht kennst du das Gefühl: Du bist hochmotiviert, triffst eine Entscheidung und dann hältst du es ein paar Tage durch. Aber irgendwann wird es schwieriger. Die Lust schwindet. Der innere Schweinehund gewinnt. Und am Ende landest du genau dort, wo du angefangen hast.

Die meisten Menschen denken, sie brauchen einfach mehr Willenskraft, um ihre Gewohnheiten zu verändern. Doch das ist ein großer Irrtum.

💡 Die Wahrheit: Willenskraft ist begrenzt und sie ist kein langfristiger Erfolgsfaktor. Erfolgreiche Menschen verlassen sich nicht auf Willenskraft, sondern auf Systeme.

In diesem Kapitel erfährst du, warum dein Selbstdisziplin-Muskel nicht so stark ist, wie du denkst und wie du stattdessen eine Strategie entwickelst, mit der du automatisch die richtigen Entscheidungen triffst.

1 Warum Willenskraft wie eine Batterie ist und warum sie sich erschöpft

Willenskraft funktioniert wie ein Akku, je öfter du sie nutzt, desto leerer wird sie.

Das Problem:

Jedes Mal, wenn du dich zwischen zwei Optionen entscheiden musst, verbrauchst du mentale Energie.

Willenskraft am Morgen: Hoch – Du entscheidest dich für ein gesundes Frühstück.

Willenskraft am Nachmittag: Mittel – Du kämpfst mit Ablenkungen und Müdigkeit.

Willenskraft am Abend: Leer – Du landest auf der Couch mit Chips und Netflix.

Typische Situationen, in denen Willenskraft versagt:

- Gesunde Ernährung durchhalten, wenn du hungrig und müde bist.
- Nach einem langen Arbeitstag noch zum Sport aufraffen.
- Produktiv bleiben, wenn dein Handy neben dir blinkt.

Fazit: Wer sich ständig auf Willenskraft verlässt, wird irgendwann verlieren. Du brauchst eine bessere Strategie.

2 Die drei Hauptgründe, warum Willenskraft dich im Stich lässt

▶ 1. Entscheidungsmüdigkeit – Zu viele Entscheidungen machen uns schwach

Jeden Tag triffst du unzählige Entscheidungen und jede kostet Energie. Je mehr Entscheidungen du triffst, desto schwächer wird dein Selbstkontrollmuskel.

Beispiel:

- Morgens: „Was ziehe ich an?"
- Tagsüber: „Welche Aufgabe mache ich zuerst?"
- Nach der Arbeit: „Soll ich noch trainieren oder auf die Couch?"

Lösung: Reduziere unnötige Entscheidungen.

Strategie:

✔ Triff wichtige Entscheidungen im Voraus z. B. Mahlzeiten oder Kleidung für die Woche planen.

✔ Erstelle feste Routinen z. B. immer zur gleichen Zeit trainieren.

✔ Nutze To-Do-Listen oder Apps, um weniger spontan entscheiden zu müssen.

Warum das funktioniert:

Weniger Entscheidungen = Mehr Energie für das Wesentliche.

▶ 2. Zu große Veränderungen auf einmal – Dein Gehirn wehrt sich

Wenn du plötzlich eine riesige Veränderung einführen willst, fühlt sich das für dein Gehirn an wie ein Angriff.

Beispiel:

✗ „Ich werde ab morgen JEDEN Tag eine Stunde Sport machen!" → Zu groß, zu schnell.

☑ „Ich mache jeden Morgen 5 Minuten Bewegung." → Leicht umsetzbar.

💡 Lösung: Mini-Schritte statt Extrem-Änderungen.

💡 Strategie:

✔ Starte mit kleinsten Veränderungen z. B. 2 Minuten Workout statt 1 Stunde.

✔ Erhöhe langsam, dein Gehirn gewöhnt sich daran.

✔ Mach es so einfach, dass du nicht scheitern kannst.

🚀 Warum das funktioniert:

Dein Gehirn liebt Beständigkeit, also trickse es mit kleinen, unauffälligen Veränderungen aus.

▶️ 3. Dein Umfeld ist stärker als deine Willenskraft

🎯 Problem: Wenn dein Umfeld dich ständig in Versuchung führt, wirst du irgendwann nachgeben.

💡 Beispiele:

✘ Du willst gesünder essen, aber überall sind Snacks und Süßigkeiten.

✘ Du willst weniger Social Media nutzen, aber dein Handy liegt ständig neben dir.

✘ Du willst produktiver sein, aber deine Umgebung ist voller Ablenkungen.

💡 Lösung: Verändere dein Umfeld, nicht deine Willenskraft.

💡 Strategie:

✔ Mach gute Entscheidungen einfach. (Gesunde Snacks sichtbar, Sportsachen bereitlegen)

✔ Mach schlechte Entscheidungen schwer. (Handy in einen anderen Raum, Junk Food nicht kaufen)

✔ Nutze soziale Kontrolle. (Trainiere mit einem Freund, um dranzubleiben)

🚀 Warum das funktioniert:

Du brauchst keine Willenskraft, wenn dein Umfeld dich automatisch in die richtige Richtung lenkt.

3️⃣ Wie du auf Autopilot gehst – Die 4 besten Strategien

▶️ 1. Erstelle feste „Wenn-Dann"-Regeln

🎯 Problem: Ohne einen klaren Plan verlässt du dich auf Willenskraft und die ist unzuverlässig.

☑ Lösung: Setze klare „Wenn-Dann"-Regeln.

💡 Beispiele:

- Wenn ich morgens aufstehe, dann trinke ich ein Glas Wasser.
- Wenn ich nach Hause komme, dann ziehe ich sofort meine Sportsachen an.
- Wenn ich mich gestresst fühle, dann mache ich 3 tiefe Atemzüge.

🚀 Warum das funktioniert:

Weil dein Gehirn klare Regeln liebt, machen sie Entscheidungen überflüssig.

▶ 2. Nutze bestehende Routinen (Habit Stacking)

🏹 Problem: Neue Gewohnheiten fühlen sich oft fremd an.

☑ Lösung: Koppel sie an Dinge, die du bereits tust.

💡 Beispiele:

- Nach dem Zähneputzen → 10 Kniebeugen machen.
- Beim Warten auf den Kaffee → Ein paar Atemübungen.
- Vor dem Schlafengehen → Ein Kapitel lesen.

🚀 Warum das funktioniert:

Es fühlt sich natürlich an, weil es sich in bestehende Routinen einfügt.

▶ 3. Baue eine „No-Choice"-Umgebung

🏹 Problem: Wenn du ständig Entscheidungen treffen musst, verlierst du irgendwann den Kampf.

☑ Lösung: Nimm dir die Entscheidung einfach ab.

💡 Beispiele:

- Willst du mehr Wasser trinken? → Stelle überall Wasserflaschen auf.
- Willst du abends nicht mehr am Handy sein? → Lege es in einen anderen Raum.
- Willst du öfter trainieren? → Melde dich für einen festen Kurs an.

🚀 Warum das funktioniert:

Wenn du keine Wahl hast, gibt es keine Willenskraft-Debatte.

▶ 4. Finde eine externe Verantwortung (Accountability-Partner)

🏹 Problem: Wenn nur du selbst verantwortlich bist, gibst du schneller auf.

☑ Lösung: Sorge für soziale Kontrolle.

💡 Beispiele:

✔ Melde dich mit einem Freund zum Sport an.

✔ Erzähle jemandem von deinem Ziel und berichte regelmäßig.

✔ Nutze Apps, die dich erinnern und tracken.

🚀 Warum das funktioniert:

Du willst niemanden enttäuschen, also bleibst du dran.

4️⃣ Fazit: Willenskraft ist begrenzt, also verlasse dich nicht darauf

☑ Willenskraft ist ein Akku, er wird leer, wenn du ihn zu oft benutzt.

☑ Dein Umfeld beeinflusst dich stärker als deine Disziplin.

☑ Die beste Strategie ist, Automatismen zu schaffen, nicht ständig zu kämpfen.

💡 Erfolgreiche Menschen verlassen sich nicht auf Motivation oder Disziplin. Sie bauen Systeme, die sie auf Autopilot halten.

🚀 Aufgabe für dich:

1️⃣ Welche Gewohnheit willst du etablieren?

2️⃣ Wie kannst du die Entscheidung eliminieren oder automatisieren?

3️⃣ Welche „Wenn-Dann"-Regel kannst du für dich definieren?

4 Wie kannst du dein Umfeld so verändern, dass du gar nicht erst kämpfen musst?

Denn wer seine Willenskraft clever einsetzt, braucht sie irgendwann nicht mehr.

2.5 Der Einfluss sozialer Dynamiken auf Verhaltensänderungen – Warum dein Umfeld über Erfolg oder Misserfolg entscheidet

Stell dir vor, du ziehst in eine neue Stadt und triffst dort zwei Gruppen von Menschen:

▶ Gruppe A besteht aus Fitnessbegeisterten, die sich gesund ernähren, regelmäßig trainieren und sich gegenseitig motivieren.

▶ Gruppe B liebt Fast Food, trinkt oft Alkohol und verbringt ihre Abende vor dem Fernseher.

Jetzt die entscheidende Frage: Welche dieser Gruppen wird langfristig deine Gewohnheiten beeinflussen?

💡 Die Antwort: Dein Verhalten wird sich höchstwahrscheinlich an das deiner Umgebung anpassen, oft ohne dass du es bewusst merkst.

Unser Umfeld spielt eine enorme Rolle dabei, welche Gewohnheiten wir aufbauen oder verlieren. In diesem Kapitel erfährst du, warum wir uns unbewusst an andere anpassen und wie du diese Erkenntnis für dich nutzen kannst.

1 Warum wir uns dem Verhalten anderer anpassen (soziale Konditionierung)

Menschen sind soziale Wesen. Wir passen uns ständig an unser Umfeld an, oft ohne es zu bemerken.

📌 Wissenschaftliche Erkenntnis:

Studien zeigen, dass Menschen unbewusst das Verhalten ihres sozialen Umfelds spiegeln. Das gilt für Sprache, Körperhaltung, Essgewohnheiten und sogar Denkweisen.

🔍 Beispiele für unbewusste Anpassung:

✔ Du beginnst, ähnliche Redewendungen wie deine Freunde zu nutzen.

✔ Dein Essverhalten verändert sich je nach Kultur oder Freundeskreis.

✔ Du fühlst dich unwohl, wenn du dich in einer Gruppe anders verhältst als der Rest.

🗑 Das Problem:

Wenn dein Umfeld schlechte Gewohnheiten hat z. B. ungesundes Essen, Prokrastination, Negativität, ist die Wahrscheinlichkeit hoch, dass du dich diesen Mustern anpasst.

2 Drei Wege, wie dein Umfeld deine Gewohnheiten beeinflusst

Dein soziales Umfeld beeinflusst deine Gewohnheiten auf drei Arten:

▶ 1. Normen: Was als „normal" gilt, fühlt sich automatisch richtig an

📌 Beispiel:

- In einem fitness-orientierten Umfeld ist es „normal", regelmäßig Sport zu treiben.
- In einem Party-Umfeld ist es „normal", oft Alkohol zu trinken.
- In einer produktiven Arbeitsgruppe ist es „normal", sich weiterzubilden.

💡 Was bedeutet das für dich?

Willst du eine neue Gewohnheit etablieren? Umgib dich mit Menschen, für die dieses Verhalten normal ist.

▶ 2. Erwartungen: Wir verhalten uns so, wie andere uns sehen

📌 Beispiel:

- Wenn deine Freunde dich als „den Sportlichen" sehen, wirst du unbewusst mehr Sport treiben.
- Wenn deine Familie dich als „den Faulen" betrachtet, wird es schwerer, neue Routinen aufzubauen.

💡 Was bedeutet das für dich?

✔ Suche dir Menschen, die dich bereits als die Person sehen, die du sein willst.

✔ Ändere dein Selbstbild, indem du dich selbst als die Person beschreibst, die du werden möchtest.

▶ 3. Direkte Einflüsse: Dein Umfeld kann dich unterstützen oder sabotieren

📌 Beispiel:

- Du willst gesünder essen, aber dein Partner kauft ständig Junk Food? Schwierig!
- Du willst produktiver sein, aber deine Freunde überreden dich ständig zum Feiern? Problematisch!
- Du willst Sport machen, aber dein Freundeskreis macht sich darüber lustig? Große Hürde!

💡 Was bedeutet das für dich?

✔ Erkläre deinem Umfeld deine Ziele und bitte sie um Unterstützung.

✔ Reduziere den Kontakt zu Menschen, die dich aktiv ausbremsen.

✔ Suche gezielt nach Gleichgesinnten, die dich inspirieren.

3 Wie du dein Umfeld strategisch nutzt, um Gewohnheiten leichter zu machen

Hier sind vier effektive Methoden, um dein Umfeld bewusst zu gestalten:

▶ 1. Umgib dich mit Menschen, die deine gewünschten Gewohnheiten bereits haben

📌 Problem: Es ist schwer, eine Gewohnheit zu ändern, wenn alle um dich herum das Gegenteil tun.

☑ Lösung: Suche dir Vorbilder und ein Umfeld, das deine neuen Routinen unterstützt.

💡 Beispiele:

✔ Wenn du sportlicher werden willst → Trete einem Fitnesskurs oder Sportverein bei.

✔ Wenn du produktiver werden willst → Verbringe mehr Zeit mit ambitionierten Menschen.

✔ Wenn du positiver denken willst → Reduziere den Kontakt zu chronisch negativen Menschen.

🚀 Warum das funktioniert:

Du wirst der Durchschnitt der fünf Menschen sein, mit denen du die meiste Zeit verbringst.

▶ 2. Kommuniziere deine Ziele offen (soziale Verpflichtung nutzen)

📌 Problem: Wenn du nur dir selbst gegenüber verpflichtet bist, gibst du leichter auf.

☑ Lösung: Teile deine Pläne mit anderen und mache dich dadurch verantwortlich.

💡 Beispiele:

✔ Erzähle einem Freund von deiner neuen Gewohnheit und bitte ihn, regelmäßig nachzufragen.

✔ Melde dich zu einem Kurs an, bei dem andere auf dich zählen.

✔ Führe ein öffentliches Tracking z. B. eine Challenge in Social Media oder eine Strichliste am Kühlschrank.

🚀 Warum das funktioniert:

Wir wollen unser Wort halten. Vor allem, wenn andere uns beobachten.

▶ 3. Reduziere den Einfluss negativer Menschen

📌 Problem: Manche Menschen ziehen dich unbewusst oder bewusst runter.

☑ Lösung: Setze Grenzen und reduziere den Kontakt zu negativen Einflüssen.

💡 Beispiele:

✗ Jemand lacht dich für deine neuen Gewohnheiten aus? Setze klare Grenzen.

✗ Jemand redet ständig negativ über deine Fortschritte? Meide diesen Kontakt.

✗ Deine Kollegen essen jeden Tag Fast Food? Bringe dir dein eigenes Essen mit.

🚀 Warum das funktioniert:

Je weniger negative Einflüsse, desto leichter fällt dir die Veränderung.

▶ 4. Nutze positive Gruppendynamik – Werde Teil einer Gemeinschaft

📌 Problem: Allein fällt es schwer, durchzuhalten.

☑ Lösung: Tritt einer Gruppe bei, die dein Verhalten unterstützt.

💡 Beispiele:

✔ Online-Communities z.B. Sport-, Ernährungs- oder Produktivitäts Gruppen

✔ Lokale Meetups oder Vereine

✔ Accountability-Partner z.B. ein Freund, mit dem du gemeinsam ein Ziel verfolgst

🚀 Warum das funktioniert:

Gemeinsam ist Veränderung leichter und macht mehr Spaß.

4️⃣ Fazit: Dein Umfeld ist dein stärkster Hebel für Veränderung

☑ Dein Umfeld beeinflusst deine Gewohnheiten stärker als deine Willenskraft.

☑ Normen, Erwartungen und direkte Einflüsse formen dein Verhalten, bewusst oder unbewusst.

☑ Suche aktiv nach Menschen, die deine gewünschten Routinen bereits haben.

☑ Reduziere negative Einflüsse und umgib dich mit unterstützenden Personen.

💡 Erfolgreiche Menschen „bauen" sich ein Umfeld, das sie automatisch in die richtige Richtung lenkt.

🚀 Aufgabe für dich:

1️⃣ Welche Gewohnheiten möchtest du aufbauen und passt dein aktuelles Umfeld dazu?

2️⃣ Gibt es Menschen, die dich unbewusst oder bewusst ausbremsen? Wie kannst du den Einfluss reduzieren?

3️⃣ Wie kannst du gezielt neue Kontakte knüpfen, die dich motivieren?

4️⃣ Welche sozialen Verpflichtungen kannst du nutzen, um Verantwortung für deine neuen Routinen zu übernehmen?

Denn wenn dein Umfeld dich unterstützt, wird Veränderung nicht nur einfacher, sondern unvermeidlich. 🚀

2.6 Überzeugungen bewusst umprogrammieren – Wie du dein Denken veränderst, um dein Verhalten zu ändern

Hast du jemals versucht, eine neue Gewohnheit aufzubauen, nur um dann nach ein paar Wochen wieder in alte Muster zurückzufallen?

Du hast vielleicht alle Tricks ausprobiert: Mini-Gewohnheiten, Habit Stacking, Belohnungssysteme. Aber irgendwie hältst du es nie langfristig durch.

Warum?

💡 Weil deine tief verankerten Überzeugungen dein Verhalten steuern, ob du willst oder nicht.

In diesem Kapitel erfährst du, warum dein Gehirn oft gegen dich arbeitet, wie negative Glaubenssätze dich sabotieren und wie du sie um programmierst, um dauerhaft erfolgreiche Gewohnheiten zu etablieren.

1️⃣ Warum deine Überzeugungen dein Verhalten bestimmen

Jeder Mensch hat unbewusste Überzeugungen über sich selbst, auch du.

Und diese Überzeugungen sind wie ein unsichtbarer Filter, der bestimmt, was du für möglich hältst und wie du dich verhältst.

✈ Beispiele für negative Glaubenssätze:

✖ „Ich bin nicht sportlich." → Du fängst mit Sport an, gibst aber schnell wieder auf.

✖ „Ich bin kein Morgenmensch." → Du versuchst, früh aufzustehen, aber scheiterst immer wieder.

✖ „Ich kann mich nicht konzentrieren." → Du wirst es erst gar nicht ernsthaft versuchen.

▣ Das Problem:

Dein Gehirn sucht immer nach Bestätigungen für das, was du bereits glaubst. Selbst wenn diese Überzeugungen falsch oder überholt sind.

💡 Die Lösung: Ändere zuerst deine Überzeugungen, dann folgt dein Verhalten automatisch.

2️⃣ Der Kreislauf von Überzeugungen und Verhalten

🔁 So beeinflussen sich Gedanken, Gefühle und Handlungen gegenseitig:

1️⃣ Gedanke (Glaubenssatz): „Ich bin nicht sportlich."

2️⃣ Gefühl: Kein Selbstvertrauen in die eigene Fitness.

3️⃣ Handlung: Du gehst nicht zum Sport oder hörst nach kurzer Zeit auf.

4️⃣ Bestätigung: Dein Gehirn sagt: „Siehst du? "Ich bin wirklich nicht sportlich."

🏹 Besserer Ansatz: Brich diesen Kreislauf, indem du zuerst deine Gedanken änderst.

3️⃣ Wie du negative Überzeugungen um programmierst – Die 4-Schritte-Methode

Hier ist ein bewährtes 4-Schritte-System, mit dem du deine tief verankerten Überzeugungen änderst und neue, produktive Denkweisen entwickelst.

▶️ 1. Erkenne deine negativen Glaubenssätze

🏹 Problem: Viele Überzeugungen sind so tief verankert, dass du sie gar nicht hinterfragst.

✅ Lösung: Mache deine negativen Glaubenssätze bewusst.

💡 Beispiele für typische Selbstsabotage-Gedanken:
- „Ich habe noch nie durchgehalten, warum sollte es diesmal anders sein?"
- „Ich bin einfach nicht der Typ für Disziplin."
- „Ich habe keine Zeit für gesunde Gewohnheiten."

📝 Übung:
- Schreibe auf, welche Überzeugungen du über dich selbst hast.
- Überlege, woher sie stammen (Kindheit, Erfahrungen, Umfeld?).
- Frage dich: „Ist das wirklich wahr?"

🏹 Warum das funktioniert:

Erst wenn du erkennst, was dich ausbremst, kannst du es ändern.

▶ 2. Ersetze den alten Glaubenssatz durch eine neutrale Alternative

✈ Problem: Dein Gehirn glaubt nicht sofort an extreme positive Affirmationen.

☑ Lösung: Ersetze die alte Überzeugung schrittweise durch eine realistische Alternative.

💡 Beispiele:

✖ „Ich bin kein sportlicher Mensch." → „Ich bin jemand, der beginnt, Bewegung in seinen Alltag zu integrieren."

✖ „Ich bin nicht diszipliniert genug." → „Ich entwickle nach und nach mehr Selbstdisziplin."

✖ „Ich habe keine Zeit für gesunde Ernährung." → „Ich finde kleine Wege, um meine Ernährung zu verbessern."

🚀 Warum das funktioniert:

Dein Gehirn akzeptiert eine schrittweise Veränderung eher als einen kompletten Umschwung.

▶ 3. Beweise dir selbst das Gegenteil (Micro-Wins)

✈ Problem: Dein Gehirn braucht Beweise, um eine neue Überzeugung zu akzeptieren.

☑ Lösung: Sammle kleine Erfolge, die deinen neuen Glaubenssatz bestätigen.

💡 Beispiele:

Neue Überzeugung: „Ich kann sportlich sein."

Beweis: Eine Woche lang täglich 5 Minuten Bewegung.

Ergebnis: Dein Gehirn speichert: „Ich kann es wirklich!"

📝 Übung:

- Finde eine Mini-Handlung, die deine neue Überzeugung bestätigt.
- Halte die Erfolge in einem Notizbuch fest.

🚀 Warum das funktioniert:

Jede kleine Handlung formt deine Identität neu und dein Gehirn beginnt daran zu glauben.

▶ 4. Verknüpfe Emotionen mit deiner neuen Überzeugung

✈ Problem: Ohne emotionale Verbindung bleibt der neue Glaubenssatz schwach.

☑ Lösung: Verknüpfe ihn mit einem starken positiven Gefühl.

💡 Beispiele:

- Wenn du Sport machst, feiere den Energieschub danach bewusst.
- Nach einer gesunden Mahlzeit, spüre, wie gut dein Körper sich anfühlt.
- Nach einer produktiven Stunde Arbeit genieße ich das Gefühl des Fortschritts.

🚀 Warum das funktioniert:

Emotionen sind der stärkste Verstärker für neue Überzeugungen.

4️⃣ Fazit: Deine Überzeugungen formen dein Verhalten, also ändere sie gezielt

☑️ Alte, negative Glaubenssätze bremsen dich, neue Überzeugungen setzen dich frei.

☑️ Wenn du dein Denken änderst, fällt es dir leichter, neue Gewohnheiten zu etablieren.

☑️ Nutze kleine Erfolge als Beweise, damit dein Gehirn an die Veränderung glaubt.

☑️ Emotionale Verknüpfungen helfen dir, die neuen Überzeugungen dauerhaft zu verankern.

💡 Du bist nicht „von Natur aus" diszipliniert, produktiv oder sportlich, du wirst es durch die Gewohnheiten, die du bewusst wählst.

🚀 Aufgabe für dich:

1️⃣ Welche negative Überzeugung hält dich aktuell zurück?

2️⃣ Welche realistische neue Überzeugung kannst du stattdessen wählen?

3️⃣ Welche Mini-Handlung kannst du heute tun, um dir selbst das Gegenteil zu beweisen?

4️⃣ Wie kannst du deine neuen Erfolge emotional verankern?

Denn wer sein Denken verändert, verändert automatisch sein Verhalten und damit sein ganzes Leben. 🚀

Kapitel 3: Strategien zur Etablierung neuer Gewohnheiten
3.1 Die 1%-Methode: Kleine Schritte mit großer Wirkung

Stell dir vor, du verbesserst dich jeden Tag nur um 1%. Klingt nach wenig, oder? Doch was passiert nach einem Jahr?

💡 Wenn du dich täglich um nur 1% steigerst, bist du nach 365 Tagen fast 38-mal besser als zu Beginn.

Das Geheimnis langfristiger Erfolge liegt nicht in radikalen Veränderungen, sondern in winzigen, kontinuierlichen Verbesserungen. Genau darum geht es in der 1%-Methode. Ein Prinzip, das dein Leben revolutionieren kann.

1 Warum kleine Veränderungen große Wirkung haben

Die meisten Menschen überschätzen, was sie kurzfristig erreichen können, und unterschätzen, was sie langfristig durch kontinuierliche Verbesserungen schaffen.

🎯 Beispiele:

✖ „Ich werde ab morgen jeden Tag eine Stunde Sport machen!" → Zu groß führt zu Frustration.

☑ „Ich mache täglich eine Liegestütze mehr als am Vortag." → Winziger Schritt, aber nachhaltiger.

💡 Warum das funktioniert:

- Kleine Veränderungen fühlen sich nicht überwältigend an.
- Das Gehirn wehrt sich weniger gegen winzige Anpassungen.
- Über Monate und Jahre summieren sich winzige Fortschritte zu riesigen Erfolgen.

🎯 Fazit: Wenn du kleine Verbesserungen täglich wiederholst, erzielst du exponentielle Ergebnisse.

2 Die Mathematik hinter der 1%-Methode

Lass uns das mathematisch betrachten:

▶ Tägliche Verbesserung um 1%:

💡 $1,01^{365} = 37,78$ → Nach einem Jahr bist du fast 38-mal besser als am Anfang.

▶ Täglicher Rückschritt um 1%:

💡 $0,99^{365} = 0,03$ → Nach einem Jahr bist du fast nichts mehr.

💡 Fazit: Winzige Veränderungen in die richtige Richtung summieren sich, genau wie schlechte Gewohnheiten dich langsam, aber sicher in die falsche Richtung ziehen.

3 Wie du die 1%-Methode in dein Leben integrierst

Hier sind vier Strategien, mit denen du die 1%-Methode für dich nutzen kannst:

▶ 1. Starte mit der kleinstmöglichen Veränderung

🎯 Problem: Die meisten scheitern, weil sie zu groß anfangen.

☑ Lösung: Mache den ersten Schritt so klein, dass du ihn nicht ablehnen kannst.

💡 Beispiele:

- Statt „Ich will jeden Tag 30 Minuten meditieren" → „Ich atme einmal tief durch."
- Statt „Ich schreibe täglich eine Seite" → „Ich schreibe einen Satz."
- Statt „Ich trinke täglich 2 Liter Wasser" → „Ich trinke ein kleines Glas mehr als sonst."

🚀 Warum das funktioniert:

- Dein Gehirn hat keine Angst vor minimalen Veränderungen.
- Kleine Schritte führen oft zu mehr (wenn du einmal angefangen hast, machst du oft weiter).

▶️ 2. Mache den Fortschritt sichtbar

📌 Problem: Veränderungen sind schwer messbar, wenn sie zu klein sind.

☑️ Lösung: Verfolge deine Fortschritte sichtbar, um den Effekt zu verstärken.

💡 Beispiele:

✔ Habit-Tracker: Jeden Tag ein Kreuz setzen, wenn du deine Mini-Gewohnheit geschafft hast.

✔ „Don't break the chain"-Methode: Jeden Tag an einer Gewohnheit festhalten, um eine Kette nicht zu unterbrechen.

✔ Vorher-Nachher-Vergleiche: Fotos, Notizen oder Diagramme nutzen, um Fortschritte zu dokumentieren.

🚀 Warum das funktioniert:

- Sichtbare Fortschritte halten dich motiviert.
- Dein Gehirn liebt es, eine „Serie" nicht zu unterbrechen.

▶️ 3. Gewinne das Momentum – Baue auf kleinen Erfolgen auf

📌 Problem: Viele geben auf, weil sie den langfristigen Effekt unterschätzen.

☑️ Lösung: Fange klein an, aber steigere dich regelmäßig.

💡 Beispiele:

- Fitness: Jeden Tag 1% mehr Gewicht, Wiederholungen oder Zeit.
- Lesen: Jeden Tag 1% mehr Seiten lesen.
- Arbeit & Lernen: Jeden Tag 1% produktiver sein.

🚀 Warum das funktioniert:

- Kontinuierlicher Fortschritt hält dich langfristig motiviert.
- Dein Gehirn passt sich an und fordert mit der Zeit sogar größere Herausforderungen.

▶️ 4. Nutze den „Zinseszins-Effekt" deiner Gewohnheiten

📌 Problem: Viele erwarten sofortige Ergebnisse und geben zu früh auf.

☑️ Lösung: Denke in langen Zeiträumen, kleine Schritte führen zu exponentiellem Wachstum.

Beispiele:

- 1% weniger Social Media pro Tag → Nach einem Jahr hast du über 50 Stunden zurückgewonnen.
- 1% weniger Zucker pro Tag → Nach einem Jahr hast du Kiloweise Zucker eingespart.
- 1% mehr Sport pro Tag → Nach einem Jahr bist du deutlich fitter.

Warum das funktioniert:

- Jede gute Gewohnheit verstärkt sich mit der Zeit.
- Jede kleine Verbesserung macht den nächsten Schritt leichter.

Fazit: Große Veränderungen beginnen mit winzigen Schritten

☑ Die 1%-Methode ist der nachhaltigste Weg zur Veränderung.

☑ Kleine Fortschritte wirken unscheinbar, doch langfristig haben sie riesige Auswirkungen.

☑ Erfolg entsteht durch tägliche Mini-Verbesserungen, nicht durch radikale Umstellungen.

Veränderung fühlt sich anfangs unsichtbar an aber irgendwann ist der Effekt nicht mehr zu übersehen.

Aufgabe für dich:

1. Welche Gewohnheit möchtest du etablieren?
2. Was ist die kleinstmögliche Version dieser Gewohnheit?
3. Wie kannst du deine Fortschritte sichtbar machen?
4. Wie kannst du sicherstellen, dass du dich kontinuierlich um 1% verbesserst?

Denn wer jeden Tag nur 1% besser wird, erreicht am Ende mehr, als er sich jemals vorstellen konnte.

3.2 Die Rolle von Routinen und Habit Stacking — So baust du neue Gewohnheiten nahtlos in deinen Alltag ein

Hast du jemals bemerkt, dass du bestimmte Dinge immer in derselben Reihenfolge tust? Vielleicht stehst du morgens auf, machst dir einen Kaffee und checkst dein Handy und das alles, ohne darüber nachzudenken.

Das liegt daran, dass unser Gehirn Gewohnheiten in Routinen organisiert. Wenn eine Handlung einmal zur Routine geworden ist, läuft sie fast automatisch ab, wie auf Autopilot.

Was wäre, wenn du genau dieses Prinzip nutzen könntest, um mühelos neue Gewohnheiten in dein Leben zu integrieren?

In diesem Kapitel erfährst du, wie Routinen und Habit Stacking dir helfen, neue Gewohnheiten aufzubauen, ohne dass du dafür zusätzliche Willenskraft brauchst.

1 Warum Routinen so mächtig sind

Unser Gehirn liebt Muster und Wiederholungen. Sobald es erkennt, dass bestimmte Handlungen regelmäßig in einer festen Reihenfolge ablaufen, werden sie ins Unterbewusstsein überführt und damit viel leichter durchführbar.

✈ Beispiel für eine unbewusste Morgenroutine:

1. Aufstehen
2. Bad gehen
3. Kaffee machen
4. Handy checken
5. Nachrichten lesen

💡 Warum das funktioniert:

- Dein Gehirn spart Energie, weil es nicht jedes Mal eine neue Entscheidung treffen muss.
- Routinen laufen automatisch ab und werden nicht mehr als „Anstrengung" wahrgenommen.
- Je öfter du eine Routine wiederholst, desto stärker wird sie.

🚀 Fazit: Wenn du eine neue Gewohnheit als Teil einer bestehenden Routine aufbaust, wird sie sich viel schneller einprägen.

2 Habit Stacking: Die beste Strategie, um neue Gewohnheiten nahtlos einzufügen

Was ist Habit Stacking?

💡 Habit Stacking bedeutet, dass du eine neue Gewohnheit direkt an eine bestehende Handlung koppelst.

▶ Alte Gewohnheit: Etwas, das du bereits regelmäßig tust.

▶ Neue Gewohnheit: Eine kleine Handlung, die du hinzufügen willst.▶
Ergebnis: Die neue Gewohnheit wird automatisch mit der alten verknüpft.

✈ Beispiele für Habit Stacking:

- Nach dem Zähneputzen → trinke ich ein Glas Wasser.
- Nach dem Kaffee am Morgen → schreibe ich eine kurze Dankbarkeit Notiz.
- Nach dem Duschen → mache ich 10 Kniebeugen.
- Nach dem Mittagessen → lese ich 2 Seiten eines Buches.

🚀 Warum das funktioniert:

- Dein Gehirn akzeptiert neue Routinen leichter, wenn sie an bestehende Abläufe gekoppelt sind.
- Du musst nicht aktiv daran denken, dein bestehendes Verhalten erinnert dich automatisch daran.
- Die Hürde für neue Gewohnheiten ist viel niedriger, weil sie sich „natürlich" anfühlen.

③ Wie du Habit Stacking richtig machst – Die 3-Schritte-Methode

▶ 1. Wähle eine bestehende Gewohnheit als Anker

📌 Frage dich: Welche Handlungen mache ich jeden Tag automatisch?

💡 Typische Anker-Gewohnheiten:

✔ Zähneputzen

✔ Kaffee machen

✔ Schuhe anziehen

✔ Licht einschalten

✔ Nach Hause kommen

✔ Schlafengehen

🚀 Warum das funktioniert:

Je stabiler der Anker, desto sicherer wird die neue Gewohnheit mit ihm verknüpft.

▶ 2. Definiere die neue Gewohnheit klar und einfach

📌 Frage dich: Welche kleine Handlung kann ich direkt nach meinem Anker ausführen?

💡 Beispiel:

- „Nach dem Zähneputzen → mache ich 10 Kniebeugen."
- „Nach dem Frühstück → schreibe ich eine To-do-Liste für den Tag."
- „Nach dem Heimkommen → lege ich mein Handy in eine Schublade, um Ablenkung zu vermeiden."

🚀 Warum das funktioniert:

Klare, einfache Regeln machen die neue Gewohnheit vorhersehbar und leicht auszuführen.

▶ 3. Wiederhole es so lange, bis es automatisch wird

📌 Frage dich: Wie kann ich sicherstellen, dass ich es täglich tue? 💡 Tipps, um dranzubleiben:

✔ Erinnere dich mit visuellen Hinweisen z. B. ein Post-it am Badezimmerspiegel.

✔ Tracke deine Erfolge in einer App oder mit einer Checkliste.

✔ Verknüpfe die neue Gewohnheit mit einer kleinen Belohnung, z.B. ein Haken in deinem Notizbuch nach jeder Wiederholung.

🚀 Warum das funktioniert:

Nach ca. 30–60 Tagen läuft die neue Gewohnheit von allein und du hast sie ohne große Anstrengung integriert.

④ Fehler, die du beim Aufbau neuer Routinen vermeiden solltest

✖ 1. Zu viele neue Gewohnheiten auf einmal starten

📌 Problem: Dein Gehirn kann nicht mehrere neue Routinen gleichzeitig verarbeiten.

☑ Lösung: Beginne mit einer neuen Gewohnheit und baue erst danach weitere auf.

✖ 2. Zu große Veränderungen auf einmal wollen

✈ Problem: Wenn du versuchst, dein komplettes Leben auf einmal umzukrempeln, wird dein Gehirn Widerstand leisten.

☑ Lösung: Kleine, einfache Schritte machen. Beispiel: „Nach dem Zähneputzen → ein Glas Wasser trinken."

✖ 3. Kein klares Wenn-Dann-Muster haben

✈ Problem: Unklare Ziele führen zu Vergessen oder Aufschieben.

☑ Lösung: Formuliere deine Gewohnheit klar:

✖ „Ich will mehr lesen." → „Nach dem Frühstück lese ich 5 Minuten."

5 Fazit: Gewohnheiten aufbauen, ohne Willenskraft zu brauchen

☑ Dein Gehirn liebt Routinen, nutze sie gezielt, um neue Gewohnheiten mühelos zu etablieren.

☑ Habit Stacking ist die effektivste Methode, um neue Routinen nahtlos in deinen Alltag einzufügen.

☑ Je klarer du deine neuen Gewohnheiten definierst, desto leichter werden sie zur Routine.

☑ Vermeide typische Fehler wie zu viele Veränderungen auf einmal oder unklare Ziele.

💡 Erfolgreiche Menschen setzen nicht auf Willenskraft, sie setzen auf smarte Routinen.

🚀 Aufgabe für dich:

1 Welche neue Gewohnheit möchtest du etablieren?

2 Welche bestehende Routine kannst du als Anker nutzen?

3 Wie kannst du sie so einfach wie möglich machen?

4 Wie kannst du sicherstellen, dass du sie täglich wiederholst?

Denn wer kluge Routinen aufbaut, verändert sein Verhalten ganz ohne Anstrengung und wird mit der Zeit zu der Person, die er sein möchte. 🚀

3.3 Fehleranalyse: Warum Gewohnheiten scheitern und wie man sie anpasst

Du hast eine neue Gewohnheit begonnen, vielleicht mehr Sport, gesünderes Essen oder tägliches Lesen. Am Anfang lief es super. Doch dann kam ein stressiger Tag, eine unerwartete Ablenkung oder einfach die alte Bequemlichkeit. Plötzlich bist du zurück in deinen alten Mustern.

💡 Warum passiert das? Weil Gewohnheiten nicht einfach verschwinden, sie kämpfen ums Überleben.

In diesem Kapitel analysieren wir die häufigsten Fehler bei der Gewohnheitsbildung, warum sie auftreten und wie du sie korrigieren kannst, damit deine neuen Routinen langfristig Bestand haben.

1 Warum Gewohnheiten oft scheitern

Wenn eine neue Gewohnheit nicht zur Routine wird, liegt es fast immer an einem dieser fünf Gründe:

▶ 1. Zu große Erwartungen (Das „Alles oder Nichts"-Problem)

🎯 Problem: Du willst deine Ernährung komplett umstellen, täglich 2 Stunden Sport machen oder von heute auf morgen um 5 Uhr aufstehen. Aber nach wenigen Tagen verlierst du die Motivation.

💡 Warum das passiert:
- Dein Gehirn hasst radikale Veränderungen.
- Große Ziele wirken anfangs motivierend, sind aber schwer durchzuhalten.
- Sobald du eine kleine Unterbrechung hast, fühlt es sich wie ein Scheitern an.

☑ Lösung:
- Fange mit kleinen, machbaren Schritten an (1% Methode).
- Mache Fehler einkalkulierbar: Einmal auslassen ist okay, aber niemals zweimal hintereinander.
- Belohne kleine Erfolge, anstatt dich für Perfektion zu stressen.

▶ 2. Fehlende Klarheit (Unklare Gewohnheiten führen zu Unverbindlichkeit)

🎯 Problem: „Ich will mehr Sport machen" oder „Ich will gesünder essen" klingt gut, aber was bedeutet das genau?

💡 Warum das passiert:
- Dein Gehirn kann mit vagen Zielen nichts anfangen.
- Ohne einen klaren Plan vergisst du deine neue Routine im Alltagstrubel.

☑ Lösung:
Formuliere deine Gewohnheit klar und spezifisch:
- ✗ „Ich werde mehr Sport machen."
- ☑ „Ich werde jeden Montag, Mittwoch und Freitag um 18 Uhr für 30 Minuten joggen."
- Nutze Wenn-Dann-Regeln: „Wenn ich von der Arbeit nach Hause komme, dann ziehe ich direkt meine Sportsachen an."
- Verknüpfe deine neue Gewohnheit mit einer bestehenden Routine (Habit Stacking).

▶ 3. Kein sofortiges Belohnungssystem

🎯 Problem: Sport, gesunde Ernährung oder produktives Arbeiten fühlen sich erst langfristig belohnend an. Doch dein Gehirn will sofortige Belohnungen.

💡 Warum das passiert:
Schlechte Gewohnheiten sind oft sofort belohnend (Fast Food schmeckt sofort gut, Social Media gibt dir direkt Dopamin). Gute Gewohnheiten haben oft erst langfristige Effekte (bessere Gesundheit, mehr Produktivität).

☑ Lösung:

Baue eine sofortige Belohnung ein:

- Nach dem Training → Lieblingssong hören. 🎵
- Nach 30 Minuten Lernen → 10 Minuten YouTube-Pause. 🎥
- Nach gesundem Essen → Eine kleine Belohnung z.B. dunkle Schokolade.

Visualisiere deinen Fortschritt:

- Nutze einen Habit Tracker (jede erledigte Gewohnheit bekommt ein Häkchen).
- Erstelle eine Streak-Liste (versuche, deine Kette nicht zu unterbrechen).

▶ 4. Dein Umfeld zieht dich in alte Muster zurück

📌 Problem: Du willst gesünder essen, aber dein Partner kauft ständig Chips und Schokolade. Du willst weniger Social Media nutzen, aber deine Freunde schicken dir ständig Nachrichten.

💡 Warum das passiert:

- Dein Umfeld hat starken Einfluss auf deine Gewohnheiten.
- Wenn du ständig in Versuchung kommst, wird dein Gehirn irgendwann nachgeben.

☑ Lösung:

Verändere dein Umfeld gezielt:

- Lege dein Handy in einen anderen Raum, wenn du arbeiten willst.
- Ersetze Junk Food durch gesunde Snacks, die sichtbar sind.
- Umgib dich mit Menschen, die ähnliche Ziele haben, z.B. eine Laufgruppe.
- Kommuniziere deine Ziele: Sage deinem Umfeld, warum du eine Veränderung willst. Oft unterstützen sie dich dann eher.

▶ 5. Einmaliges Versagen = Alles hinschmeißen (Das „Ich-habe-versagt"-Syndrom)

📌 Problem: Du hast eine Gewohnheit einen Tag lang nicht gemacht und denkst sofort: „Jetzt ist sowieso alles egal!"

💡 Warum das passiert:

- Unser Gehirn neigt zum Schwarz-Weiß-Denken.
- Eine kleine Unterbrechung fühlt sich an wie ein kompletter Rückfall.

☑ Lösung:

- Die „Nie-zwei-Mal-hintereinander"-Regel: Wenn du einmal aussetzt, ist das okay, aber lasse es nicht zweimal in Folge ausfallen.
- Fokussiere dich auf die Langfristigkeit: Eine gesunde Ernährung oder ein Workout-Plan ist kein kurzfristiges Projekt, sondern ein lebenslanges System.
- Lerne aus Fehlern, anstatt dich selbst zu kritisieren.

2 Wie du deine Gewohnheiten erfolgreich anpasst, wenn sie scheitern

Manchmal braucht eine Gewohnheit einfach eine kleine Anpassung, damit sie langfristig funktioniert. Hier sind vier Methoden, wie du sie anpassen kannst:

▶ 1. Mach die Gewohnheit einfacher

🏹 Problem: Die Hürde ist zu hoch, deshalb machst du es nicht.

☑ Lösung: Reduziere die Gewohnheit auf das kleinstmögliche Level.

💡 Beispiel:

✘ „Ich will täglich 30 Minuten Sport machen." → „Ich mache jeden Morgen 5 Kniebeugen."

✘ „Ich will ein Buch pro Woche lesen." → „Ich lese jeden Tag 1 Seite."

🚀 Warum das funktioniert:
- Dein Gehirn wehrt sich nicht gegen winzige Handlungen.
- Oft machst du automatisch mehr, sobald du angefangen hast.

▶ 2. Ändere den Zeitpunkt oder die Umgebung

🏹 Problem: Deine Gewohnheit passt nicht gut in deinen Tagesablauf.

☑ Lösung: Probiere einen anderen Zeitpunkt oder Ort aus.

💡 Beispiele:
- Du schaffst es morgens nicht ins Gym? → Versuche eine kurze Trainingseinheit am Abend.
- Du vergisst, genug Wasser zu trinken? → Stelle eine Wasserflasche an deinen Arbeitsplatz.

🚀 Warum das funktioniert:

Manchmal liegt das Problem nicht an der Gewohnheit selbst, sondern an der Tageszeit oder Umgebung.

▶ 3. Verknüpfe die Gewohnheit mit etwas Angenehmem

🏹 Problem: Die neue Gewohnheit fühlt sich langweilig oder anstrengend an.

☑ Lösung: Kombiniere sie mit einer angenehmen Tätigkeit.

💡 Beispiele:
- Während Sport einen Podcast hören.
- Beim Aufräumen deine Lieblingsmusik spielen.
- Gesunde Mahlzeiten mit ästhetischer Präsentation genießen.

🚀 Warum das funktioniert:

Positive Emotionen verstärken neue Gewohnheiten und machen sie leichter durchhaltbar.

3 Fazit: Wenn du scheiterst, optimiere aber gib nicht auf!

☑ Fehler sind normal, anpassen ist der Schlüssel.

☑ Reduziere große Ziele auf kleinste Einheiten.

☑ Nutze dein Umfeld als Unterstützung statt als Hindernis.

☑ Mach deine Gewohnheiten so einfach und belohnend wie möglich.

💡 Erfolgreiche Menschen haben nicht mehr Willenskraft, sie haben einfach bessere Systeme.

🚀 Aufgabe für dich:

1️⃣ Welche Gewohnheit hat bei dir bisher nicht funktioniert?

2️⃣ Welcher der fünf Fehler könnte der Grund sein?

3️⃣ Wie kannst du die Gewohnheit anpassen, um sie durchzuhalten?

Denn wer seine Gewohnheiten klug anpasst, macht langfristig Fortschritte ohne Druck oder Frust. 🚀

3.4 Checklisten und Übungen zur Gewohnheitsbildung

Gewohnheiten aufzubauen ist nicht nur eine Frage des Wissens, es ist auch eine Frage der Praxis.

Du hast jetzt viele Strategien kennengelernt, um neue Routinen in dein Leben zu integrieren. Doch die Theorie allein reicht nicht aus. Du musst ins Handeln kommen. Deshalb enthält dieses Kapitel praktische Checklisten und Übungen, die dir helfen, deine neuen Gewohnheiten nicht nur zu planen, sondern auch wirklich umzusetzen.

📌 Tipp: Diese Checklisten sind so aufgebaut, dass du sie direkt nutzen kannst. Wenn du Notizen machst oder ein Journal führst, kannst du sie dort einfügen.

1️⃣ Die 5-Schritte-Checkliste zur erfolgreichen Gewohnheitsbildung

Nutze diese einfache Checkliste, um sicherzustellen, dass deine neue Gewohnheit die besten Erfolgschancen hat.

☑ Schritt 1: Formuliere deine neue Gewohnheit klar und konkret

❏ Ist deine neue Gewohnheit konkret formuliert?

- ❌ „Ich will mehr Sport machen."
- ☑ „Ich werde jeden Montag, Mittwoch und Freitag um 18 Uhr für 30 Minuten joggen."

❏ Nutzt du eine Wenn-Dann-Regel?

- ☑ „Wenn ich morgens aufstehe, dann trinke ich ein Glas Wasser."

☑ Schritt 2: Reduziere die Einstiegshürde (Mini-Version der Gewohnheit erstellen)

❏ Kannst du deine Gewohnheit so klein machen, dass du nicht scheitern kannst?

- ☑ „Ich mache eine Liegestütze pro Tag." (statt „Ich trainiere eine Stunde täglich")
- ☑ „Ich lese eine Seite pro Tag." (statt „Ich lese 30 Minuten täglich")
- ☑ Schritt 3: Verknüpfe deine Gewohnheit mit einer bestehenden Routine (Habit Stacking)

❏ Ist deine neue Gewohnheit mit einer bestehenden Handlung verbunden?

- ☑ „Nach dem Zähneputzen mache ich 10 Kniebeugen."
- ☑ „Beim Warten auf den Kaffee mache ich eine Atemübung."

☑ Schritt 4: Mache deinen Fortschritt sichtbar

❑ Nutzt du eine Methode, um deine Fortschritte zu tracken?

- ☑ Habit Tracker z.B. eine App oder eine Strichliste
- ☑ Kalender oder Bullet Journal
- ☑ „Don't Break the Chain"-Methode (Tägliche Kette nicht unterbrechen)

☑ Schritt 5: Baue ein Belohnungssystem ein

❑ Gibt es eine sofortige Belohnung, um dein Gehirn zu trainieren?

- ☑ Nach dem Workout → Deine Lieblingsmusik hören
- ☑ Nach einer produktiven Stunde → Ein kleines Vergnügen z.B. ein Espresso
- ☑ Nach einer Woche erfolgreicher Routine → Ein kleines Geschenk an dich selbst

💡 Fazit: Wenn du diese fünf Schritte befolgst, gibst du deiner neuen Gewohnheit die besten Erfolgschancen.

2️⃣ Übung: Dein persönlicher Gewohnheiten Plan

Mit dieser Übung erstellst du einen klaren Plan für deine neue Gewohnheit. Nimm dir 5–10 Minuten Zeit, um die Fragen schriftlich zu beantworten.

🎯 Schritt 1: Wähle deine neue Gewohnheit

☞ Welche Gewohnheit möchtest du etablieren?

🎯 Schritt 2: Formuliere sie konkret und einfach

☞ Wie lautet die kleinste mögliche Version dieser Gewohnheit?

🎯 Schritt 3: Finde eine bestehende Routine, an die du sie koppeln kannst

☞ Welche Handlung machst du bereits täglich, nach der du neue Gewohnheiten einbauen kannst?

🎯 Schritt 4: Mache deinen Fortschritt sichtbar

☞ Wie wirst du tracken, ob du die Gewohnheit durchziehst?

❑ App ❑ Notizbuch ❑ Kalender ❑ Anderes: _____

🎯 Schritt 5: Baue eine Belohnung ein

☞ Welche kleine Belohnung gibst du dir nach der erfolgreichen Umsetzung?

🎯 Bonus-Tipp: Lies dir diesen Plan täglich durch, um ihn in dein Unterbewusstsein zu verankern.

Deep Dive: Warum das Tracken von Gewohnheiten so mächtig ist
🔬 **Wissenschaftlicher Hintergrund:**
Studien zeigen, dass Menschen mit klaren Fortschritt Aufzeichnungen 40 % häufiger an neuen Gewohnheiten festhalten.
Warum?
☑ **Messbare Fortschritte halten uns motiviert.**
☑ **Das Gehirn liebt Belohnungen, auch visuelle.**
☑ **Das Vermeiden eines „Bruchs in der Kette" hilft uns, dranzubleiben.**

Beliebte Methoden, um Fortschritte zu tracken
1️⃣ Der klassische Habit Tracker
🎯 Wie funktioniert es?
- Zeichne für jeden Tag, an dem du deine Gewohnheit erfolgreich ausgeführt hast, ein „X" oder einen Haken in eine Tabelle.
- Das Ziel ist es, eine möglichst lange unununterbrochene Kette zu bilden.

💡 Beispiel:

Datum	Gewohnheit erledigt? (✔/✘)
01.01.2025	✔
02.01.2025	✔
03.01.2025	✘
04.01.2025	✔

🎯 Warum es funktioniert:
Eine ununterbrochene Kette wird mit der Zeit wertvoll, und du willst sie nicht abbrechen.

2️⃣ Die „Zwei-Minuten-Regel" für schwere Tage
🎯 Wie funktioniert es?
Falls du keine Lust hast, mache zumindest eine Mini-Version deiner Gewohnheit für zwei Minuten.
Beispiel: Anstatt ein ganzes Workout zu machen, nur eine Übung.
🎯 Warum es funktioniert:
Du bleibst im Rhythmus und unterbrichst deine Routine nicht.
Kleine Handlungen verstärken deine Identität („Ich bin jemand, der das tut").

3️⃣ Belohnungsliste: Mach dir bewusst, warum du dran bleibst

📌 Wie funktioniert es?

- Schreibe die positiven Effekte deiner Gewohnheit auf und ließ sie regelmäßig.
- Beispiel für „Ich trainiere regelmäßig":
- „Ich habe mehr Energie."
- „Ich bin körperlich fitter und sehe Fortschritte."
- „Ich fühle mich selbstbewusster."

📌 Warum es funktioniert:

Dein Gehirn sieht den direkten Nutzen deiner Gewohnheit und verstärkt sie automatisch.

4️⃣ Fazit: Gewohnheiten entstehen nicht durch Motivation, sondern durch Systeme

☑️ Checklisten helfen dir, Klarheit über deine Gewohnheiten zu bekommen.

☑️ Übungen machen aus Theorie Praxis und erhöhen deine Erfolgschancen drastisch.

☑️ Habit Tracker, Mini-Versionen und Belohnungssysteme halten dich langfristig motiviert.

Deep Dive: Wissenschaftlich bewiesen, das Tracken von Gewohnheiten erhöht deine Erfolgsquote massiv.

💡 *Erfolgreiche Menschen verlassen sich nicht auf Willenskraft, sie haben einfach clevere Systeme.*

📌 *Aufgabe für dich:*

1️⃣ *Nutze die 5-Schritte-Checkliste für deine nächste Gewohnheit.*

2️⃣ *Mache die Übung „Dein persönlicher Gewohnheiten Plan" und schreibe deine Antworten auf.*

3️⃣ *Wähle eine Tracking-Methode (Habit Tracker, Mini-Versionen oder Belohnungsliste).*

4️⃣ *Teste es für eine Woche und sieh, wie dein Verhalten sich verändert.*

Denn wer seine Gewohnheiten sichtbar macht, macht Veränderung unvermeidlich. 🚀

3.5 Die Macht der Mikrogewohnheiten – Kleine Veränderungen mit großer Wirkung

Du willst eine neue Gewohnheit aufbauen, aber es fällt dir schwer, dranzubleiben?

Vielleicht liegt es daran, dass du zu groß startest. Dein Gehirn wehrt sich gegen radikale Veränderungen, aber es liebt winzige, fast unbemerkbare Anpassungen, sogenannte Mikrogewohnheiten.

💡 Die Idee: Statt große Ziele zu setzen, baust du winzige Gewohnheiten auf, die so klein sind, dass dein Gehirn keinen Widerstand dagegen entwickelt. Diese kleinen Veränderungen summieren sich mit der Zeit zu gigantischen Erfolgen.

In diesem Kapitel erfährst du, warum Mikrogewohnheiten das mächtigste Werkzeug für langfristige Veränderungen sind und wie du sie sofort in dein Leben integrieren kannst.

1️⃣ Was sind Mikrogewohnheiten?

Mikrogewohnheiten sind winzige, fast unbemerkbare Handlungen, die in weniger als 30 Sekunden erledigt werden können.

📌 Beispiele:

- Fitness: Eine Kniebeuge pro Tag
- Ernährung: Ein Glas Wasser mehr trinken
- Lesen: Eine einzige Seite pro Tag
- Produktivität: Ein einziger Satz für ein Projekt schreiben
- Achtsamkeit: Eine tiefe Atemübung machen

💡 Warum das funktioniert:

☑ Dein Gehirn wehrt sich nicht gegen winzige Veränderungen.

☑ Die Einstiegshürde ist so klein, dass du sie IMMER umsetzen kannst.

☑ Einmal begonnen, machst du oft automatisch mehr.

🚀 Fazit: Mikrogewohnheiten sind so klein, dass du keine Ausreden mehr hast.

2️⃣ Warum Mikrogewohnheiten so mächtig sind

▶ 1. Sie eliminieren das Startproblem

📌 Problem: Der schwierigste Teil einer Gewohnheit ist oft das Anfangen.

☑ Lösung: Mikrogewohnheiten sind so winzig, dass dein Gehirn keinen Widerstand leistet.

💡 Beispiel:

✖ „Ich muss 30 Minuten trainieren" → Zu groß, fühlt sich schwer an.

☑ „Ich mache eine Kniebeuge" → Leicht, fast zu einfach, um es nicht zu tun.

🚀 Warum das funktioniert:

Sobald du einmal angefangen hast, ist die Wahrscheinlichkeit hoch, dass du weitermachst.

▶ 2. Sie nutzen den Domino-Effekt

📌 Problem: Große Veränderungen sind schwer durchzuhalten.

☑ Lösung: Eine Mikro-Gewohnheit führt oft zu weiteren positiven Handlungen.

💡 Beispiel:

- Eine Liegestütze → Du machst automatisch fünf.
- Ein Satz schreiben → Du schreibst einen Absatz.
- Ein Glas Wasser trinken → Du fühlst dich besser und trinkst mehr.

🚀 Warum das funktioniert:

Jede kleine Aktion kann eine Kettenreaktion auslösen.

▶️ 3. Sie eliminieren die „Ich-habe-keine-Zeit"-Ausrede

📌 Problem: Viele Menschen glauben, sie hätten „keine Zeit" für neue Gewohnheiten.

☑ Lösung: Mikrogewohnheiten brauchen weniger als 30 Sekunden.

💡 Beispiel:

- Eine einzige Atemübung → 5 Sekunden
- Ein Glas Wasser trinken → 10 Sekunden
- Eine einzige Kniebeuge → 3 Sekunden

🚀 Warum das funktioniert:

Wenn du nicht mal 30 Sekunden für eine neue Gewohnheit findest, ist das keine Zeitfrage, sondern eine Prioritätsfrage.

3️⃣ Wie du Mikrogewohnheiten sofort umsetzen kannst

Hier sind drei einfache Methoden, mit denen du Mikrogewohnheiten in deinen Alltag integrierst:

▶️ 1. Mache sie so einfach, dass du nicht scheitern kannst

📌 Frage dich: „Was ist die allerkleinste Version dieser Gewohnheit?"

💡 Beispiele:

- Statt „Ich will jeden Tag 30 Minuten Sport machen" → „Ich mache eine einzige Kniebeuge."
- Statt „Ich will täglich 10 Seiten lesen" → „Ich lese einen Satz."
- Statt „Ich will mehr Wasser trinken" → „Ich nehme einen einzigen Schluck."

🚀 Warum das funktioniert:

Dein Gehirn denkt: „Das ist so einfach, das kann ich nicht ablehnen."

▶️ 2. Verknüpfe sie mit einer bestehenden Gewohnheit (Habit Stacking)

📌 Frage dich: „Wann mache ich sowieso schon etwas, an das ich meine Micro Gewohnheit koppeln kann?"

💡 Beispiele:

- Nach dem Zähneputzen → Mache eine Kniebeuge.
- Beim Warten auf den Kaffee → Nimm einen tiefen Atemzug.
- Vor dem Einschlafen → Denke an eine Sache, für die du dankbar bist.

🚀 Warum das funktioniert:

Dein Gehirn verknüpft die Mikro-Gewohnheit mit etwas, das du sowieso tust.

▶ 3. Lasse Mikrogewohnheiten zu echten Routinen wachsen

🎯 Frage dich: „Was ist der nächste logische Schritt?"

💡 Beispiele:

- Nach einer Woche eine Kniebeuge → Zwei Kniebeugen.
- Nach einem Satz schreiben → Einen Absatz schreiben.
- Nach einem Glas Wasser pro Tag → Zwei Gläser pro Tag.

🚀 Warum das funktioniert:

Mikrogewohnheiten sind wie ein Schneeball, sie werden mit der Zeit immer größer.

Deep Dive: Warum Mikrogewohnheiten neurologisch so effektiv sind

📘 **Wissenschaftlicher Hintergrund:**

Studien zeigen, dass unser Gehirn neue Verhaltensweisen durch Neuroplastizität speichert.

💡 **Wie das funktioniert:**

- **Jedes Mal, wenn du eine Gewohnheit wiederholst, bildet dein Gehirn neue neuronale Verbindungen.**
- **Je öfter du sie wiederholst, desto stärker und schneller wird die Verbindung.**
- **Kleine Wiederholungen führen zu exponentiellem Wachstum, ähnlich wie Muskeltraining.**

🚀 **Fazit:**

Mikrogewohnheiten aktivieren dein Gehirn und nach einigen Wochen laufen sie automatisch.

4️⃣ Fazit: Große Veränderungen beginnen mikroskopisch klein

✅ Mikrogewohnheiten sind der einfachste Weg, neue Routinen aufzubauen.

✅ Sie eliminieren das Startproblem und nutzen den Domino-Effekt.

✅ Sie sind so klein, dass du keine Ausreden mehr hast.

✅ Sie nutzen die Kraft der Neuroplastizität, um sich langfristig zu verankern.

💡 Langfristiger Erfolg basiert nicht auf radikalen Veränderungen. Sondern auf winzigen, unsichtbaren Fortschritten, die sich summieren.

🚀 Aufgabe für dich:

1️⃣ Welche große Gewohnheit möchtest du aufbauen?

2️⃣ Was ist die kleinste Version davon (Mikrogewohnheit)?

3️⃣ Wie kannst du sie mit einer bestehenden Routine verknüpfen?

4️⃣ Wie kannst du sie nach und nach ausbauen?

Denn wer Mikrogewohnheiten meistert, verändert sein Leben. Fast ohne Anstrengung. 🚀

3.6 Konkrete Beispiele für 30-Tage-Mini-Gewohnheiten

Wenn du eine neue Gewohnheit aufbauen willst, brauchst du keine drastischen Veränderungen. Du brauchst eine Testphase.

💡 Die 30-Tage-Regel: Eine neue Gewohnheit fühlt sich anfangs ungewohnt an. Doch wenn du sie 30 Tage lang täglich wiederholst, steigt die Wahrscheinlichkeit enorm, dass sie zur festen Routine wird.

In diesem Kapitel bekommst du praktische 30-Tage-Challenges, die dir helfen, mit kleinen Veränderungen große Fortschritte zu machen.

1️⃣ Warum 30 Tage?

🚀 Wissenschaftlicher Hintergrund:

Studien zeigen, dass es im Durchschnitt zwischen 21 und 66 Tagen dauert, bis eine neue Handlung zur Gewohnheit wird.

🚀 Die 30-Tage-Regel funktioniert, weil:

☑ Du eine begrenzte Zeit hast, es fühlt sich machbar an.

☑ Du dein Gehirn an das neue Verhalten gewöhnst, es wird Teil deiner Identität.

☑ Du Ergebnisse siehst und dadurch motiviert bleibst.

2️⃣ Wie du eine 30-Tage-Challenge erfolgreich durchziehst

🚀 Drei einfache Regeln:

1️⃣ Mache es KLEIN: Die neue Gewohnheit muss so einfach sein, dass du sie nicht auslässt.

2️⃣ Tracke deinen Fortschritt: Nutze einen Kalender, eine App oder eine Strichliste.

3️⃣ Plane eine Belohnung nach 30 Tagen: Das hält dich motiviert.

💡 Tipp: Schreibe deine Challenge auf und hänge sie sichtbar auf z. B. am Badezimmerspiegel.

3️⃣ 30-Tage-Challenges für verschiedene Lebensbereiche

Hier sind konkrete Mini-Gewohnheiten, die du 30 Tage lang testen kannst. Wähle eine aus oder kombiniere mehrere.

▶ Gesundheit & Fitness

☑ Jeden Tag eine Kniebeuge → Erhöhe die Anzahl schrittweise.

☑ 30 Tage lang jeden Morgen ein Glas Wasser trinken.

☑ Jeden Tag 5 Minuten Stretching.

☑ Nach jeder Mahlzeit 2 Minuten spazieren gehen.

☑ 30 Tage lang 10.000 Schritte pro Tag.

🚀 Warum das funktioniert:

Diese Gewohnheiten sind klein, steigern aber langfristig deine Energie und Gesundheit.

▶ Produktivität & Fokus

☑ Jeden Morgen eine klare Tagesaufgabe aufschreiben.

- ☑ 30 Tage lang Social Media erst nach 12 Uhr checken.
- ☑ Jeden Abend den Schreibtisch aufräumen.
- ☑ Täglich 5 Minuten Notizen oder Journal schreiben.
- ☑ Immer mit der Zwei-Minuten-Regel starten (kleinster erster Schritt).
- 🚀 Warum das funktioniert:

Du trainierst dein Gehirn, fokussierter und strukturierter zu arbeiten.

▶ Mentale Stärke & Achtsamkeit

- ☑ Jeden Tag 1 Minute bewusst atmen oder meditieren.
- ☑ 30 Tage lang ein Dankbarkeitstagebuch führen (3 Dinge pro Tag).
- ☑ Täglich eine bewusste Pause ohne Handy machen.
- ☑ Jeden Tag eine positive Affirmation laut aussprechen.
- ☑ Mindestens einmal täglich bewusst lächeln (auch ohne Grund).
- 🚀 Warum das funktioniert:

Diese kleinen Routinen senken Stress und verbessern deine Denkweise.

▶ Ernährung & bewusster Konsum

- ☑ 30 Tage lang eine gesunde Mahlzeit bewusst genießen (ohne Ablenkung).
- ☑ Jeden Tag eine ungesunde Snack-Option gegen eine Gesunde austauschen.
- ☑ Täglich ein Glas Wasser mehr als sonst trinken.
- ☑ 30 Tage lang keinen Zucker im Kaffee oder Tee.
- ☑ Jeden Tag eine neue, gesunde Zutat ausprobieren.
- 🚀 Warum das funktioniert:

Statt eine komplette Diät zu starten, veränderst du deine Ernährung schrittweise.

▶ Soziale Gewohnheiten & Beziehungen

- ☑ Jeden Tag eine nette Nachricht oder ein Kompliment verschicken.
- ☑ 30 Tage lang täglich eine bewusste, echte Unterhaltung führen.
- ☑ Täglich 5 Minuten aktiv zuhören, ohne zu unterbrechen.
- ☑ Mindestens eine Umarmung pro Tag (auch Selbstumarmung zählt!).
- ☑ 30 Tage lang jeden Tag jemandem „Danke" sagen.
- 🚀 Warum das funktioniert:

Soziale Gewohnheiten verbessern deine Beziehungen und dein Wohlbefinden.

Deep Dive: Warum tägliche Wiederholung so mächtig ist

🪶 **Wissenschaftlicher Hintergrund:**

💡 *Jede Wiederholung verstärkt die neuronalen Verbindungen in deinem Gehirn.*

- **Tag 1–10: Die Gewohnheit fühlt sich ungewohnt an. Dein Gehirn testet das neue Verhalten.**
- **Tag 11–20: Die Wiederholung beginnt sich vertraut anzufühlen.**
- **Tag 21–30: Dein Gehirn speichert die neue Gewohnheit als festen Bestandteil deines Alltags.**

🚀 Fazit:

☑ Je öfter du eine Handlung wiederholst, desto weniger mentale Energie kostet sie dich.

☑ Nach 30 Tagen ist die Wahrscheinlichkeit hoch, dass du einfach weitermachst.

4️⃣ Fazit: 30 Tage, die dein Leben verändern können

☑ Die 30-Tage-Regel hilft dir, eine neue Gewohnheit zu testen, ohne Druck.

☑ Mini-Gewohnheiten sind einfacher zu etablieren als radikale Veränderungen.

☑ Durch tägliche Wiederholung trainierst du dein Gehirn auf Erfolg.

☑ Nach 30 Tagen fühlt sich deine neue Gewohnheit ganz normal an.

💡 Egal, welche Veränderung du willst, 30 Tage sind der perfekte Testzeitraum.

🚀 Aufgabe für dich:

1️⃣ Wähle eine Mini-Gewohnheit aus der Liste aus (oder erstelle deine eigene).

2️⃣ Schreibe deine persönliche 30-Tage-Challenge auf.

3️⃣ Hake jeden erfolgreichen Tag in einem Kalender oder Habit Tracker ab.

4️⃣ Plane eine kleine Belohnung für den letzten Tag.

Denn jede große Veränderung beginnt mit einem kleinen ersten Schritt, den du 30 Tage lang wiederholst. 🚀

3.7 Wie man Gewohnheiten mit Zielen verknüpft – Der Schlüssel zu nachhaltigem Erfolg

Du hast dir ein großes Ziel gesetzt: Vielleicht willst du fitter werden, produktiver arbeiten oder eine neue Fähigkeit lernen. Doch nach ein paar Wochen verlierst du die Motivation und dein Ziel rückt wieder in die Ferne.

💡 Warum passiert das? Weil Ziele allein nicht ausreichen. Erfolg entsteht nicht durch das Ziel selbst, sondern durch die Gewohnheiten, die du täglich umsetzt.

In diesem Kapitel erfährst du, wie du Gewohnheiten mit deinen langfristigen Zielen verbindest, sodass du automatisch in die richtige Richtung gehst, ohne ständig über Motivation oder Disziplin nachzudenken.

1 Warum Ziele allein nicht genug sind

🚀 Viele Menschen machen diese Fehler:

- Sie setzen sich große Ziele z. B. „Ich will 10 kg abnehmen" oder „Ich will ein Buch schreiben".
- Sie haben aber keinen konkreten Plan, wie sie das erreichen wollen.
- Ohne klare Gewohnheiten verpufft die Anfangsmotivation und sie geben auf.

Das Problem mit Zielen:

✗ Ziele geben dir eine Richtung aber keine Strategie.

✗ Ziele sind zukünftige Ergebnisse aber Gewohnheiten sind der Weg dorthin.

✗ Ziele machen dich abhängig von Motivation, Gewohnheiten machen dich unabhängig davon.

🚀 Die Lösung: Konzentriere dich auf die Gewohnheiten, die zu deinem Ziel führen.

2 Wie du aus einem Ziel eine konkrete Gewohnheit machst

▶ 1. Definiere dein Ziel klar und messbar

🚀 Problem: „Ich will fitter werden" ist kein klares Ziel.

☑ Lösung: „Ich will in 6 Monaten 5 km ohne Pause laufen können."

💡 Weitere Beispiele:

✗ „Ich will produktiver werden." → ☑ „Ich will täglich 30 Minuten an meinem Buch schreiben."

✗ „Ich will gesünder essen." → ☑ „Ich will jeden Tag eine Portion Gemüse essen."

🚀 Warum das funktioniert:

Klare Ziele helfen dir, konkrete Gewohnheiten zu entwickeln.

▶ 2. Finde die wichtigste Gewohnheit, die dich deinem Ziel näher bringt

🚀 Frage dich: Welche tägliche oder wöchentliche Handlung hat den größten Einfluss auf mein Ziel?

💡 Beispiele:

- Ziel: In 6 Monaten 5 km laufen → Gewohnheit: 3-mal pro Woche 10 Minuten joggen.
- Ziel: Ein Buch schreiben → Gewohnheit: Täglich 500 Wörter schreiben.
- Ziel: gesünder leben → Gewohnheit: Jeden Tag eine gesunde Mahlzeit kochen.

🚀 Warum das funktioniert:

Anstatt dich auf das Endergebnis zu fokussieren, konzentrierst du dich auf den Prozess.

▶ 3. Wandle deine Gewohnheit in eine Wenn-Dann-Regel um

🚀 Warum? Weil klare Wenn-Dann-Regeln das Verhalten fest in deinem Alltag verankern.

Beispiele:

Ziel: „Ich will jeden Tag 500 Wörter schreiben."

☑ Wenn ich morgens meinen Kaffee trinke, dann schreibe ich 5 Minuten lang.

Ziel: „Ich will fitter werden."

☑ Wenn ich von der Arbeit nach Hause komme, dann ziehe ich sofort meine Sportsachen an.

Ziel: „Ich will gesünder essen."

☑ Wenn ich meine Mahlzeiten plane, dann stelle ich sicher, dass mindestens eine Portion Gemüse dabei ist.

🚀 Warum das funktioniert:

Dein Gehirn braucht keine Entscheidung mehr zu treffen, die Gewohnheit passiert automatisch.

Deep Dive: Warum Systeme erfolgreicher sind als Ziele

🔬 **Wissenschaftlicher Hintergrund:**

Psychologen haben herausgefunden, dass Menschen, die sich auf Systeme statt auf Ziele konzentrieren, langfristig erfolgreicher sind.

💡 **Unterschied zwischen Ziel- und Systemdenken:**

Ziel-Fokus	System-Fokus
"Ich will 10kg abnehmen"	"Ich esse täglich eine gesunde Mahlzeit"
"Ich will ein Buch schreiben"	"Ich schreibe jeden Tag 500 Wörter"
"Ich will produktiver sein"	"Ich beginne meinen Tag mit einer klaren To-do-Liste"

🚀 **Warum das funktioniert:**

☑ **Ziele sind einmalig, Systeme sind dauerhaft.**

☑ **Ziele hängen von Motivation ab, Systeme machen dich unabhängig davon.**

☑ **Wenn du dein System optimierst, folgt der Erfolg automatisch.**

4️⃣ Wie du Gewohnheiten und Ziele langfristig verankerst

Hier sind drei bewährte Methoden, um deine neuen Gewohnheiten mit deinen Zielen zu verknüpfen:

▶️ 1. Nutze einen Habit Tracker für sichtbare Fortschritte

📌 Warum? Dein Gehirn liebt visuelle Belohnungen.

💡 Beispiel:
- Setze täglich ein Häkchen in eine Tabelle, wenn du deine Gewohnheit durchgezogen hast.
- Nutze eine App, z.B. Habitica, Streaks oder eine einfache Notiz.

🚀 Warum das funktioniert:

Dein Fortschritt ist sichtbar und du willst die Kette nicht unterbrechen.

▶️ 2. Koppel dein Ziel an eine Belohnung

📌 Warum? Dein Gehirn liebt Belohnungen, nutze das aus.

💡 Beispiele:
- Nach 7 Tagen täglichem Schreiben → Gönn dir einen besonderen Kaffee.
- Nach 4 Wochen regelmäßigem Training → Kauf dir ein neues Sport-Outfit.
- Nach 30 Tagen gesunder Ernährung → Genieße eine besondere Mahlzeit.

🚀 Warum das funktioniert:

Kurzfristige Belohnungen halten dich langfristig motiviert.

▶️ 3. Setze dir klare Meilensteine

📌 Warum? Große Ziele fühlen sich oft weit entfernt an, Meilensteine geben dir schnelle Erfolgserlebnisse.

💡 Beispiele:
- Ziel: „Ich will 5 km laufen."
- Meilenstein 1: 1 km joggen können
- Meilenstein 2: 3 km ohne Pause laufen
- Meilenstein 3: 5 km erreichen

🚀 Warum das funktioniert:

Jeder Meilenstein gibt dir eine kleine Erfolgserfahrung und hält dich am Ball.

5️⃣ Fazit: Gewohnheiten sind der Schlüssel zu deinen Zielen

☑️ Ziele geben dir die Richtung, Gewohnheiten bringen dich ans Ziel.

☑️ Systeme sind langfristig wichtiger als einmalige Erfolge.

☑️ Nutze klare Wenn-Dann-Regeln, Habit Tracker und Belohnungen, um dranzubleiben.

☑️ Mit kleinen täglichen Handlungen erreichst du langfristig gigantische Veränderungen.

💡 Erfolg ist nicht das Ergebnis großer Entscheidungen, sondern die Summe deiner täglichen Routinen.

🚀 Aufgabe für dich:

1️⃣ Was ist dein größtes Ziel?

2️⃣ Welche tägliche oder wöchentliche Gewohnheit bringt dich diesem Ziel näher?

3 Wie kannst du eine Wenn-Dann-Regel daraus machen?

4 Wie kannst du deinen Fortschritt sichtbar machen?

Denn wer seine Gewohnheiten klug mit seinen Zielen verknüpft, erreicht sie, ohne ständig nach Motivation zu suchen. 🚀

Kapitel 4: Die Macht des Umfelds

4.1 Wie dein Umfeld deine Gewohnheiten beeinflusst

Du hast dir eine neue Gewohnheit vorgenommen. Du bist motiviert. Doch nach ein paar Tagen oder Wochen fällt es dir schwer, dranzubleiben.

💡 Warum passiert das?

Nicht immer liegt es an fehlender Disziplin oder Motivation, oft liegt es an deinem Umfeld. Die Menschen, Orte und Dinge um dich herum bestimmen stärker, als du denkst, welche Routinen du entwickelst und welche du abbrichst.

In diesem Kapitel erfährst du, warum dein Umfeld über Erfolg oder Misserfolg entscheidet und wie du es gezielt so gestaltest, dass es dich automatisch in die richtige Richtung lenkt.

1️⃣ Warum dein Umfeld mächtiger ist als deine Willenskraft

🎯 Drei zentrale Einflussfaktoren deines Umfelds:

1️⃣ Physisches Umfeld → Die Dinge um dich herum beeinflussen deine Entscheidungen.

2️⃣ Soziales Umfeld → Die Menschen um dich herum verstärken oder sabotieren deine Gewohnheiten.

3️⃣ Mentales Umfeld → Die Informationen, die du konsumierst, formen dein Denken und Verhalten.

💡 Wenn dein Umfeld gegen dich arbeitet, ist es fast unmöglich, dranzubleiben.

🚀 Beispiel:

❌ Du willst gesünder essen, aber dein Kühlschrank ist voll mit ungesunden Snacks.

❌ Du willst produktiver sein, aber dein Handy liegt immer griffbereit für Ablenkungen.

❌ Du willst positiver denken, aber dein Umfeld ist voller Pessimismus und Beschwerden.

☞ Fazit: Wer sein Umfeld nicht verändert, wird immer gegen unsichtbare Widerstände kämpfen.

2️⃣ Physisches Umfeld: Dein Raum bestimmt dein Verhalten

🎯 Warum? Dein Gehirn reagiert automatisch auf visuelle und physische Reize, ob du willst oder nicht.

💡 Beispiele:
- Du willst mehr Wasser trinken? → Stelle eine Wasserflasche in Sichtweite.
- Du willst weniger Social Media nutzen? → Lege dein Handy außer Reichweite.
- Du willst öfter meditieren? → Lege eine Yogamatte in dein Zimmer.

🚀 Wie du dein Umfeld in 3 Schritten optimierst:

1️⃣ Mache gute Gewohnheiten sichtbar und leicht zugänglich.

2 Mache schlechte Gewohnheiten unsichtbar oder schwerer erreichbar.

3 Schaffe Orte für bestimmte Gewohnheiten z.B. eine „Leseecke" für Bücher.

☞ Tipp: Dein Umfeld sollte dich „automatisch" in die richtige Richtung lenken ohne Nachdenken.

3 Soziales Umfeld: Du bist der Durchschnitt der Menschen um dich herum

🔬 Psychologische Studien zeigen:

- Dein Gewicht, Einkommen und Verhalten hängen stark von deinem engsten Umfeld ab.
- Wenn deine Freunde regelmäßig Sport treiben, ist die Wahrscheinlichkeit höher, dass du es auch tust.
- Negativität, Pessimismus und Stress sind ansteckend, genauso wie Motivation und Erfolg.

💡 Warum? Menschen spiegeln unterbewusst das Verhalten anderer. Das nennt sich soziale Konditionierung.

🚀 Wie du dein soziales Umfeld optimierst:

☑ Verbringe mehr Zeit mit Menschen, die bereits die Gewohnheiten haben, die du entwickeln willst.

☑ Reduziere den Einfluss von Menschen, die dich zurückziehen oder negativ beeinflussen.

☑ Nutze Accountability-Partner: Finde jemanden, der dich unterstützt und motiviert.

☞ Tipp: Wenn du dein Verhalten ändern willst, ändere zuerst die Menschen um dich herum.

4 Mentales Umfeld: Die Informationen, die du konsumierst, formen dein Denken

📌 Warum? Dein Gehirn wird täglich mit Informationen überflutet und das beeinflusst deine Denkweise und deine Gewohnheiten.

💡 Beispiele:

- Du konsumierst ständig schlechte Nachrichten? → Höhere Stress Levels.
- Du folgst negativen Social-Media-Accounts? → Schlechtere Laune.
- Du liest inspirierende Bücher oder hörst motivierende Podcasts? → Höhere Motivation.

🚀 Wie du dein mentales Umfeld optimierst:

☑ Wähle bewusst, was du konsumierst (Bücher, Podcasts, Social Media).

☑ Ersetze Negativität durch inspirierende Inhalte.

☑ Vermeide unnötige Ablenkungen, die dein Gehirn überfluten.

☞ Tipp: Dein Denken wird durch das geformt, womit du dich täglich umgibst. Wähle es weise.

Deep Dive: Wie kleine Umweltveränderungen große Verhaltensänderungen bewirken
🔬 *Wissenschaftlicher Hintergrund:*
Die Verhaltensökonomie zeigt, dass kleine Umweltveränderungen große Effekte auf unser Verhalten haben.
💡 *Ein berühmtes Experiment:*
Forscher stellten in einer Kantine die gesunden Getränke auf Augenhöhe und die ungesunden Getränke an schwer erreichbare Stellen. Ergebnis? Die Menschen kauften automatisch mehr gesunde Getränke, ohne eine bewusste Entscheidung.
🚀 *Fazit: Wenn du dein Umfeld clever gestaltest, musst du dich nicht mehr auf Willenskraft verlassen. Dein Verhalten wird automatisch in die richtige Richtung gelenkt.*

5️⃣ Fazit: Dein Umfeld bestimmt deinen Erfolg, also gestalte es bewusst
☑️ Physisches Umfeld: Mache gute Gewohnheiten sichtbar, schlechte unsichtbar.
☑️ Soziales Umfeld: Umgib dich mit Menschen, die dich positiv beeinflussen.
☑️ Mentales Umfeld: Wähle bewusst, welche Informationen du konsumierst.
☑️ Wissenschaftlich bewiesen: Kleine Umweltveränderungen führen zu großen Verhaltensänderungen.
💡 Erfolgreiche Menschen verlassen sich nicht auf Willenskraft. Sie gestalten ihr Umfeld so, dass Erfolg unvermeidlich wird.
🚀 Aufgabe für dich:
1️⃣ Welche schlechte Gewohnheit wird durch dein Umfeld verstärkt?
2️⃣ Wie kannst du dein physisches Umfeld so verändern, dass es dich automatisch unterstützt?
3️⃣ Gibt es Menschen, die dich ausbremsen? Wie kannst du den Einfluss reduzieren?
4️⃣ Welche Informationen konsumierst du täglich und wie kannst du sie optimieren?
Denn wer sein Umfeld clever gestaltet, verändert sein Verhalten ohne es zu merken. 🚀

4.2 Strategien, um ein unterstützendes Umfeld zu schaffen

Du hast bereits gelernt, dass dein Umfeld eine riesige Rolle dabei spielt, ob du deine Gewohnheiten erfolgreich etablierst oder immer wieder zurück in alte Muster fällst. Doch wie kannst du dein Umfeld gezielt so gestalten, dass es dich nicht ausbremst, sondern unterstützt? In diesem Kapitel zeige ich dir konkrete Strategien, um dein physisches, soziales und mentales Umfeld so zu verändern, dass es dir leichter fällt, deine Gewohnheiten dauerhaft beizubehalten.

1 Physisches Umfeld: Mache gute Gewohnheiten sichtbar und schlechte unsichtbar

🔍 Dein Gehirn reagiert stark auf das, was in deiner Umgebung sichtbar ist.

Deshalb solltest du dein Umfeld so gestalten, dass es deine gewünschten Gewohnheiten unterstützt.

📌 Drei einfache Regeln zur Optimierung deines physischen Umfelds:

1 Erleichtere gute Gewohnheiten.

☑ Lege eine Wasserflasche sichtbar auf den Schreibtisch, wenn du mehr trinken willst.

☑ Stelle Laufschuhe neben die Tür, wenn du mehr joggen willst.

☑ Platziere gesunde Snacks auf Augenhöhe, ungesunde weiter weg.

2 Erschwere schlechte Gewohnheiten.

☑ Lagere ungesunde Snacks in einem schwer erreichbaren Schrank.

☑ Stelle dein Handy in einen anderen Raum, wenn du konzentriert arbeiten willst.

☑ Deaktiviere automatische Social-Media-Benachrichtigungen.

3 Schaffe „Zonen" für bestimmte Gewohnheiten.

☑ Eine Leseecke mit einem Buch und einer gemütlichen Lampe.

☑ Eine Workout-Zone, in der deine Yogamatte immer bereitliegt.

☑ Ein Arbeitsplatz, an dem du keine Ablenkungen hast.

🚀 Warum das funktioniert:

👉 Wenn eine gute Gewohnheit offensichtlich und leicht zugänglich ist, wirst du sie eher ausführen.

👉 Wenn eine schlechte Gewohnheit schwerer zugänglich ist, wirst du sie weniger oft tun.

2 Soziales Umfeld: Umgib dich mit den richtigen Menschen

🔍 Dein Verhalten wird stark von den Menschen beeinflusst, mit denen du am meisten Zeit verbringst.

Deshalb solltest du bewusst darauf achten, mit wem du dich umgibst.

📌 Drei Schritte, um dein soziales Umfeld positiv zu gestalten:

1 Identifiziere positive und negative Einflüsse.

☑ Welche Menschen motivieren dich?

✖ Welche Menschen bremsen dich aus oder ziehen dich runter?

2 Verbringe mehr Zeit mit Menschen, die bereits die Gewohnheiten haben, die du willst.

☑ Tritt Gruppen oder Communities bei, die dein Verhalten unterstützen z.B. Sportvereine, Buchclubs, Produktivitäts Gruppen.

☑ Suche dir einen Accountability-Partner, mit dem du dich gegenseitig motivierst.

3️⃣ Reduziere den Einfluss von Menschen, die dich zurückhalten.

✖️ Wenn jemand dich ständig zum Feiern überredet, obwohl du gesünder leben willst, schränke den Kontakt ein.

✖️ Wenn jemand deine Ambitionen belächelt, spreche weniger über deine Pläne mit dieser Person.

🚀 Warum das funktioniert:

☞ Dein Umfeld beeinflusst, was du als „normal" empfindest.

☞ Je mehr du dich mit erfolgreichen Menschen umgibst, desto wahrscheinlicher ist es, dass du ihr Verhalten übernimmst.

3️⃣ Mentales Umfeld: Filtere die Informationen, die du konsumierst

🔍 Die Inhalte, die du täglich liest, hörst und siehst, prägen deine Denkweise.

🚀 Drei Wege, dein mentales Umfeld bewusst zu gestalten:

1️⃣ Eliminiere negative Einflüsse.

✖️ Vermeide Nachrichten, die dich täglich stressen oder verärgern.

✖️ Entfolge Social-Media-Kanälen, die dich negativ beeinflussen.

2️⃣ Ersetze Negatives durch Inspirierendes.

☑️ Höre Podcasts oder Audiobücher, die deine Ziele unterstützen.

☑️ Lies Bücher über Themen, die dich weiterbringen.

☑️ Folge inspirierenden Menschen, die bereits das erreicht haben, was du willst.

3️⃣ Reduziere die Menge an Informationen.

✖️ Ständiger Nachrichtenkonsum und Social-Media-Scrolling überfluten dein Gehirn.

☑️ Setze feste Zeiten für den Medienkonsum.

☑️ Nutze Apps, um deine Bildschirmzeit zu begrenzen.

🚀 Warum das funktioniert:

☞ Dein Gehirn verarbeitet täglich hunderte Informationen. Wähle bewusst, welche dich beeinflussen sollen.

Deep Dive: Wie dein Umfeld dein Verhalten ohne dein Bewusstsein steuert

🔬 **Wissenschaftlicher Hintergrund:**

💡 *„Nudging" ist ein Konzept aus der Verhaltensökonomie, das zeigt, wie kleine Veränderungen im Umfeld unser Verhalten unbewusst beeinflussen.*

🚀 **Beispiele für Nudging in der Praxis:**

- *Supermärkte platzieren gesunde Lebensmittel auf Augenhöhe. → Kunden kaufen mehr davon.*
- *Apps wie Duolingo setzen tägliche Streaks ein. → Menschen lernen kontinuierlich.*
- *Banken bieten automatische Sparpläne an. → Menschen sparen mehr.*

✍️ **Was du daraus lernen kannst:**

☑️ *Nutze „Nudging" für dich selbst, optimiere dein Umfeld so, dass du gute Entscheidungen unbewusst triffst.*

☑️ *Verändere kleine Dinge in deiner Umgebung und dein Verhalten wird sich fast automatisch anpassen.*

4️⃣ Fazit: Dein Umfeld als Erfolgsfaktor für neue Gewohnheiten nutzen

☑️ Physisches Umfeld: Mache es einfach, gute Gewohnheiten zu entwickeln, und erschwere schlechte.

☑️ Soziales Umfeld: Umgib dich mit Menschen, die dich inspirieren und unterstützen.

☑️ Mentales Umfeld: Konsumiere Inhalte, die dich stärken, nicht schwächen.

☑️ Nutze „Nudging": Kleine Umweltveränderungen führen zu großen Verhaltensänderungen.

💡 Erfolg hängt nicht nur von Willenskraft ab, sondern davon, ob dein Umfeld dich in die richtige Richtung lenkt.

🚀 Aufgabe für dich:

1️⃣ Welche Umweltfaktoren halten dich gerade von einer positiven Gewohnheit ab?

2️⃣ Wie kannst du dein physisches Umfeld optimieren, um diese Gewohnheit zu erleichtern?

3️⃣ Welche Menschen in deinem Umfeld motivieren dich und wie kannst du mehr Zeit mit ihnen verbringen?

4️⃣ Welche negativen Informationsquellen kannst du reduzieren oder eliminieren?

Denn wenn dein Umfeld dich unterstützt, wird Veränderung nicht nur einfacher, sondern unvermeidlich. 🚀

4.3 Soziale Netzwerke: Die Rolle von Accountability-Partnern und Vorbildern

Es gibt Tage, an denen du hochmotiviert bist, an deinen Gewohnheiten zu arbeiten. Und dann gibt es Tage, an denen du einfach keine Lust hast.

💡 Was macht den Unterschied zwischen denen, die trotzdem weitermachen, und denen, die aufgeben?

Oft ist es soziale Verantwortung, das Gefühl, dass jemand anderes auf dich zählt. Accountability-Partner und Vorbilder können dein stärkster Erfolgsfaktor sein.

In diesem Kapitel erfährst du, wie du dir ein unterstützendes Netzwerk aufbaust, das dich in schwierigen Momenten motiviert und langfristig an deinen Zielen festhalten lässt.

1️⃣ Warum soziale Verantwortung so stark wirkt

🔍 Psychologische Studien zeigen:

- Menschen, die sich öffentlich zu einem Ziel verpflichten, haben eine bis zu 65 % höhere Erfolgsquote.
- Wenn sie mit einem Accountability-Partner arbeiten, steigt die Wahrscheinlichkeit auf bis zu 95 %!

💡 Warum funktioniert das?

☑ Du willst niemanden enttäuschen.

☑ Gemeinsame Ziele erzeugen Motivation.

☑ Du erhältst Unterstützung, wenn du strauchelst.

🏹 Fazit: Wer sein Umfeld aktiv nutzt, braucht weniger Disziplin weil die Gruppe ihn trägt.

2️⃣ Accountability-Partner: Dein persönlicher Erfolgs Booster

🏹 Ein Accountability-Partner ist jemand, der dich regelmäßig nach deinen Fortschritten fragt und umgekehrt.

💡 Beispiele für Accountability-Partnerschaften:

- Zwei Freunde, die sich täglich über ihre Sporteinheiten austauschen.
- Schreibgruppen, die sich gegenseitig motivieren, an ihren Büchern zu arbeiten.
- Kollegen, die sich gemeinsam zu mehr Produktivität verpflichten.

🏹 Wie du den richtigen Accountability-Partner findest:

☑ Wähle jemanden mit ähnlichen Zielen.

☑ Setzt klare Regeln z. B. wöchentliche Check-ins.

☑ Macht eure Fortschritte sichtbar z. B. eine gemeinsame Tabelle oder App.

☞ Tipp: Je klarer eure Abmachung ist, desto wahrscheinlicher bleibt ihr dran!

3 Vorbilder: Wie sie dein Verhalten beeinflussen

🔍 Warum Vorbilder so wichtig sind:

- Dein Gehirn ahmt unbewusst das Verhalten von Menschen nach, die du bewunderst.
- Du orientierst dich an deren Routinen, Erfolgen und Denkweisen.

💡 Beispiele für die Macht von Vorbildern:

- Ein junger Unternehmer verfolgt die täglichen Gewohnheiten von Elon Musk oder Jeff Bezos.
- Ein Sportanfänger nimmt sich einen Athleten zum Vorbild und richtet sein Training danach aus.
- Ein angehender Autor studiert die Schreibroutinen berühmter Schriftsteller.

🚀 Wie du ein starkes Vorbild findest:

☑ Wähle jemanden, der deine gewünschten Gewohnheiten bereits gemeistert hat.

☑ Studiere seine Routinen und Denkweisen, nicht nur die Endergebnisse.

☑ Lass dich inspirieren, aber entwickle deine eigene Version seiner Methoden.

👉 Tipp: Frage dich regelmäßig: „Was würde mein Vorbild in dieser Situation tun?"

Deep Dive: Warum Vorbilder und soziale Verpflichtung deine Identität formen

📚 **Wissenschaftlicher Hintergrund:**

💡 **Das Prinzip der „Identitätsbasierten Gewohnheitsbildung" besagt:**

👉 **Du wirst zu der Person, die du glaubst zu sein.**

🚀 **Beispiel:**

- *Jemand, der sich selbst als „Sportmuffel" sieht, wird nicht langfristig trainieren.*
- *Jemand, der sich als „Athlet" betrachtet, wird Sport als Teil seiner Identität sehen.*

🚀 **Wie du das für dich nutzt:**

☑ **Wähle Vorbilder, die deine gewünschte Identität verkörpern.**

☑ **Übernimm kleine Routinen von ihnen, sie formen dein Selbstbild langfristig.**

☑ **Nutze einen Accountability-Partner, um diese neue Identität im Alltag zu festigen.**

4 Wie du Accountability-Partner und Vorbilder in dein Leben integrierst

Hier sind drei praktische Methoden, um soziale Netzwerke für deine Gewohnheiten zu nutzen:

▶ 1. Tritt einer Community oder Gruppe bei

📌 Warum? Gleichgesinnte motivieren sich stärker als individuelle Anstrengung.

💡 Beispiele:

☑ Online-Communities für Fitness, Ernährung, Produktivität oder Lernen.

☑ Meetups oder Stammtische für deine Interessen.

☑ Buchclubs, Laufgruppen oder Kreativnetzwerke.

🚀 Tipp: Suche auf Plattformen wie Facebook, Reddit oder Meetup nach Gruppen zu deinen Interessen.

▶ 2. Nutze digitale Accountability-Tools

📌 Warum? Moderne Apps helfen dir, deine Gewohnheiten mit anderen zu tracken.

💡 Beispiele für Tools:

☑ StickK – Verpflichte dich zu einem Ziel und zahle Geld, wenn du scheiterst.

☑ Beeminder – Visualisiere deine Fortschritte und erhalte Erinnerungen.

☑ Coach.me – Finde einen Coach oder Accountability-Partner für deine Gewohnheiten.

🚀 Tipp: Wenn du ein Ziel mit Geld oder öffentlicher Verantwortung verknüpfst, steigt die Wahrscheinlichkeit, dass du dran bleibst!

▶ 3. Erstelle eine öffentliche Verbindlichkeit

📌 Warum? Öffentliche Ziele erhöhen den sozialen Druck und deine Erfolgswahrscheinlichkeit.

💡 Beispiele:

☑ Poste dein Ziel auf Social Media und berichte regelmäßig über deine Fortschritte.

☑ Erzähle Freunden oder Familie von deinem Vorhaben und bitte sie, nachzuhaken.

☑ Wette mit jemandem, dass du dein Ziel erreichst und setze eine Strafe für das Scheitern fest.

🚀 Warum das funktioniert:

- Niemand möchte vor anderen schlecht dastehen.
- Öffentliche Verbindlichkeit sorgt für zusätzliche Motivation.

☞ Tipp: Je mehr Menschen von deinem Ziel wissen, desto stärker ist dein Antrieb, es durchzuziehen.

6 Fazit: Soziale Netzwerke sind dein Erfolgshebel für neue Gewohnheiten

☑ Accountability-Partner erhöhen deine Erfolgswahrscheinlichkeit um bis zu 95 %.

☑ Vorbilder helfen dir, deine Identität und Routinen in die richtige Richtung zu formen.

☑ Digitale Tools und Communities können deine Motivation und dein Durchhaltevermögen massiv steigern.

☑ Öffentliche Verbindlichkeit sorgt für zusätzlichen Druck, dranzubleiben.

💡 Disziplin und Motivation sind gut, aber ein starkes soziales Netzwerk macht langfristigen Erfolg fast unvermeidlich.

🚀 Aufgabe für dich:

1️⃣ Wer könnte dein Accountability-Partner sein? Schreibe ihm heute eine Nachricht.

2️⃣ Welches Vorbild kannst du für deine gewünschte Gewohnheit wählen? Studiere seine Routinen.

3️⃣ Tritt einer Online-Community oder lokalen Gruppe bei, die deine Ziele unterstützt.

4️⃣ Setze eine öffentliche Verbindlichkeit (Social Media, Freunde, Wette).

Denn wer nicht allein kämpft, kommt schneller ans Ziel. 🚀

4.4 Negative Einflüsse erkennen und minimieren

Du hast dir neue Gewohnheiten aufgebaut, bist motiviert und willst langfristig dranbleiben. Doch irgendetwas hält dich zurück. Woran liegt das?

💡 Oft sind es unsichtbare negative Einflüsse in deinem Umfeld, die dich unbewusst sabotieren.

In diesem Kapitel lernst du, wie du schädliche Einflüsse erkennst, minimierst oder eliminierst und wie du dadurch deine Gewohnheiten langfristig stabil hältst.

1️⃣ Warum negative Einflüsse so gefährlich sind

🔍 Negative Einflüsse sind oft subtil, du bemerkst sie erst, wenn du bewusst darauf achtest.

🎯 Typische Anzeichen für negative Einflüsse:

✖ Du startest motiviert, doch nach einem Gespräch mit einer bestimmten Person hast du plötzlich Zweifel.

✖ Du willst weniger Social Media nutzen, doch dein Handy lenkt dich ständig ab.

✖ Du willst gesünder essen, doch dein Kühlschrank ist voller Junk Food.

🚀 Warum das passiert:

- Gewohnheiten sind nicht nur eine Frage der Disziplin, sie werden stark von deinem Umfeld geformt.
- Negative Einflüsse verstärken alte Muster und bremsen neue Routinen aus.

☞ Fazit: Wenn du deine Gewohnheiten wirklich ändern willst, musst du erst dein Umfeld verändern.

2️⃣ Die drei Arten negativer Einflüsse und wie du sie eliminierst

▶️ 1. Negative Menschen: Die unsichtbare Bremse für deine Gewohnheiten

🔍 Menschen können dich entweder motivieren oder ausbremsen.

🏹 Typische negative Personen:

❌ Der Pessimist: „Das klappt doch sowieso nicht."

❌ Der Neider: „Warum willst du dich überhaupt verändern?"

❌ Der Saboteur: „Ach komm, ein Cheat Day schadet nicht!"

❌ Der Dauernörgler: „Warum machst du dir so viel Stress?"

🚀 Wie du mit negativen Menschen umgehst:

☑️ Reduziere den Kontakt. Falls das nicht möglich ist, lenke Gespräche aktiv um.

☑️ Setze klare Grenzen. Sag freundlich, aber bestimmt, dass du dich auf dein Ziel fokussieren willst.

☑️ Umgib dich bewusst mit positiven Menschen, die dich unterstützen.

☞ Tipp: Wenn du dich mit erfolgreichen, motivierten Menschen umgibst, wirst du automatisch mehr in diese Richtung denken und handeln.

▶️ 2. Ablenkungen und Versuchungen: Die unsichtbaren Saboteure deiner Gewohnheiten

🔍 Oft ist es nicht deine Motivation, die versagt, sondern dein Umfeld, das dich ablenkt.

🏹 Typische Ablenkungen:

❌ Dein Handy liegt immer in Reichweite → Du greifst ständig danach.

❌ Dein Kühlschrank ist voller Süßigkeiten → Die Versuchung ist zu groß.

❌ Deine Netflix-App ist immer offen → Du prokrastinierst.

🚀 Wie du Ablenkungen eliminierst:

☑️ Mache schlechte Gewohnheiten schwerer: Lösche Social-Media-Apps, entferne Junk Food aus der Küche.

☑️ Mache gute Gewohnheiten leichter: Leg ein Buch sichtbar auf den Tisch, stelle eine Wasserflasche griffbereit.

☑️ Nutze Technik zu deinem Vorteil: Nutze App-Blocker für Social Media oder stelle dein Handy in einen anderen Raum.

☞ Tipp: „Was du nicht siehst, existiert nicht." Wenn du Ablenkungen aus deinem Sichtfeld entfernst, brauchst du keine Disziplin mehr.

▶️ 3. Mentale Blockaden: Deine eigenen Gedanken als größter Feind

🔍 Manchmal sind nicht äußere Einflüsse das Problem, sondern dein eigenes Denken.

🏹 Typische mentale Blockaden:

❌ „Ich bin nicht der Typ für Disziplin."

❌ „Ich habe das früher schon probiert, es hat nicht geklappt."

❌ „Ich bin nicht gut genug."

🚀 Wie du mentale Blockaden überwindest:

☑ Ersetze negative Gedanken durch neutrale oder positive.

✗ „Ich bin nicht diszipliniert." → ☑ „Ich entwickle gerade Disziplin."

✗ „Ich schaffe das nicht." → ☑ „Ich mache Fortschritte, Schritt für Schritt."

☑ Feiere kleine Erfolge. Jeder noch so kleine Fortschritt ist ein Beweis, dass du auf dem richtigen Weg bist.

☑ Nutze Affirmationen. Wiederhole täglich positive Aussagen über deine Gewohnheiten.

☛ Tipp: „Deine Gedanken formen deine Realität." Wenn du dein Mindset änderst, änderst du automatisch dein Verhalten.

Deep Dive: Warum unser Gehirn negativ beeinflusst wird und wie du es um programmierst

🔬 **Wissenschaftlicher Hintergrund:**

💡 *Das „Negativity Bias"-Phänomen erklärt, warum unser Gehirn negative Einflüsse stärker wahrnimmt als positive.*

🚀 **Was bedeutet das?**

- *Ein einziger kritischer Kommentar kann mehr Einfluss haben als zehn positive.*
- *Eine schlechte Erfahrung bleibt länger im Gedächtnis als eine gute.*

🚀 **Wie du dein Gehirn um programmierst:**

☑ *Schreibe täglich drei positive Dinge auf, die du erreicht hast.*

☑ *Lenke Gespräche aktiv in eine positive Richtung.*

☑ *Reduziere bewusste negative Einflüsse wie Nachrichten oder toxische Social-Media-Kanäle.*

☛ *Fazit: Dein Gehirn neigt dazu, negative Dinge stärker zu gewichten, steuere aktiv dagegen!*

4️⃣ Wie du ein starkes Schutzschild gegen negative Einflüsse aufbaust

Hier sind drei bewährte Methoden, um dich langfristig gegen negative Einflüsse zu schützen:

▶️ 1. Erstelle eine „positives Umfeld"-Liste

🚀 Warum? Wenn du dein Umfeld bewusst gestaltest, beeinflusst es dich automatisch positiv.

💡 Schreibe eine Liste mit Dingen, die dein Umfeld verbessern:

☑ Orte, die dich inspirieren, z.B. Bibliotheken, Parks, ruhige Cafés.

☑ Menschen, die dich motivieren, z.B. produktive Freunde, Vorbilder, Mentoren.

☑ Routinen, die dich stärken, z.B. tägliches Schreiben, Meditation, Sport.

🚀 Warum das funktioniert:

☞ Je mehr positive Einflüsse du in dein Leben holst, desto weniger Raum bleibt für negative.

▶️ 2. Nutze „Energie-Regeln" für deine Umgebung

🚀 Warum? Bestimmte Umgebungen rauben dir Energie, andere geben dir Kraft.

💡 Beispiele:

☑ Setze eine Regel für dein Schlafzimmer: Kein Handy oder TV, nur Entspannung.

☑ Definiere Arbeitsbereiche: Kein Social Media am Schreibtisch.

☑ Schaffe eine Morgenroutine, die dich direkt in einen positiven Zustand versetzt.

🚀 Warum das funktioniert:

☞ Dein Gehirn verbindet Orte mit bestimmten Handlungen, nutze das gezielt für deine Gewohnheiten.

▶️ 3. Baue ein „Anti-Negativitäts-Signal" ein

🚀 Warum? Manchmal brauchst du eine Erinnerung, um negative Einflüsse aktiv zu erkennen.

💡 Beispiele:

☑ Ein Post-it am Bildschirm: „Ist das gerade wirklich wichtig?"

☑ Eine tägliche Frage im Tagebuch: „Welche negativen Einflüsse habe ich heute reduziert?"

☑ Eine Notiz im Handy: „Ist diese Information hilfreich oder macht sie mich nur negativ?"

🚀 Warum das funktioniert:

☞ Je bewusster du negative Einflüsse wahrnimmst, desto leichter kannst du sie eliminieren.

5️⃣ Fazit: Negative Einflüsse kontrollieren, bevor sie dich kontrollieren

☑ Negative Menschen reduzieren oder Gespräche gezielt lenken.

☑ Ablenkungen aus dem Sichtfeld entfernen, um Disziplin unnötig zu machen.

☑ Mentale Blockaden aktiv durch positive Gedanken ersetzen.

☑ Dein Gehirn bewusst mit positiven Einflüssen trainieren.

💡 Dein Umfeld bestimmt deine Gewohnheiten – also gestalte es bewusst!

🚀 Aufgabe für dich:

1️⃣ Identifiziere einen negativen Einfluss in deinem Umfeld.

2️⃣ Ersetze ihn durch eine positive Alternative.

3️⃣ Erstelle deine eigene „positives Umfeld"-Liste.

4️⃣ Setze eine „Energie-Regel" für einen Bereich in deinem Leben.

Denn wer negative Einflüsse kontrolliert, hat mehr Energie für das, was wirklich zählt. 🚀

4.5 Arbeitsumfeld und Gewohnheiten: Wie dein Arbeitsplatz dich formt

Egal, ob du im Büro, im Homeoffice oder in einem Café arbeitest. Dein Arbeitsumfeld beeinflusst deine Produktivität und Konzentration massiv.

💡 Warum? Weil dein Gehirn auf bestimmte Reize in deiner Umgebung reagiert, oft unbewusst. Ist dein Arbeitsumfeld chaotisch, bist du weniger produktiv. Ist es optimiert, arbeitest du fokussierter und effizienter.

In diesem Kapitel lernst du, wie du dein Arbeitsumfeld gezielt so gestaltest, dass es dich automatisch produktiver macht ohne zusätzliche Willenskraft oder Disziplin.

1️⃣ Warum dein Arbeitsumfeld deine Gewohnheiten beeinflusst

🔍 Dein Arbeitsplatz kann zwei Dinge tun:

☑ Dich unterstützen, wenn er Ordnung, Klarheit und Fokus fördert.

✖ Dich sabotieren, wenn er Ablenkung, Chaos und Unruhe erzeugt.

📌 Beispiel:

- Dein Schreibtisch ist überfüllt mit Papier, Snacks und Notizen → Dein Gehirn fühlt sich gestresst.
- Dein Handy liegt neben dir → Ständige Unterbrechungen und weniger Fokus.
- Dein Raum ist dunkel und ungemütlich → Weniger Motivation zum Arbeiten.

🚀 Fazit: Dein Arbeitsumfeld formt deine Produktivität, also optimiere es bewusst!

2️⃣ Die 5-Schritte-Formel für ein produktives Arbeitsumfeld

▶️ 1. Reduziere visuelles Chaos

📌 Warum? Ein überladener Schreibtisch bedeutet ein überladenes Gehirn.

💡 Lösung:

☑ Entferne alles, was nicht täglich gebraucht wird.

☑ Ordne Kabel, Notizen und Dokumente.

☑ Nutze minimalistische Einrichtung für mehr Klarheit.

🚀 Tipp: Ein aufgeräumter Schreibtisch führt zu einem aufgeräumten Kopf.

▶️ 2. Minimiere Ablenkungen durch Technik

📌 Warum? Jedes „Pling" von Social Media oder jede E-Mail-Benachrichtigung kostet dich Konzentration.

💡 Lösung:

☑ Schalte Benachrichtigungen aus oder nutze den „Nicht stören"-Modus.

☑ Lege dein Handy in einen anderen Raum oder nutze Apps wie „Forest" oder „Focus Mode".

☑ Arbeite in Zeitblöcken z.B. 50 Minuten Fokus, 10 Minuten Pause.

🚀 Tipp: Jede Unterbrechung kostet dich bis zu 23 Minuten, um wieder in den Flow zu kommen.

▶ 3. Optimiere Licht, Farben und Geräusche

📌 Warum? Dein Gehirn reagiert stark auf Umgebungsreize.

💡 Lösung:

☑ Natürliches Licht fördert Produktivität, arbeite möglichst nahe an einem Fenster.

☑ Nutze helle, warme Farben für den Fokus, z.B. Blau und Grün für Konzentration.

☑ Hintergrundmusik oder weißes Rauschen (Apps wie „Noisli") helfen gegen Ablenkungen.

🚀 Tipp: Ein heller, ruhiger Arbeitsplatz steigert deine Konzentration enorm.

▶ 4. Nutze gezielt kleine Trigger für gute Arbeitsgewohnheiten

📌 Warum? Dein Gehirn liebt Gewohnheits-Anker, also nutze sie bewusst!

💡 Lösung:

☑ Immer eine bestimmte Playlist für konzentriertes Arbeiten nutzen.

☑ Eine feste Morgenroutine starten, um den Arbeitstag zu beginnen.

☑ Eine „Workzone" schaffen, dieser Ort ist nur zum Arbeiten da.

🚀 Tipp: Wenn dein Gehirn bestimmte Dinge mit Arbeit verknüpft, fällt dir der Einstieg leichter.

▶ 5. Belohnungssysteme für Durchhaltevermögen einbauen

📌 Warum? Dein Gehirn arbeitet lieber, wenn es eine kleine Belohnung erwartet.

💡 Lösung:

☑ Nach einer fokussierten Arbeitsphase 5 Minuten Pause machen.

☑ Nach einer abgeschlossenen Aufgabe einen kleinen Erfolg feiern.

☑ Den Tag mit einer kurzen Reflexion beenden („Was habe ich heute geschafft?").

🚀 Tipp: Selbst kleine Belohnungen helfen dir, langfristig produktiv zu bleiben.

Deep Dive: Warum kleine Änderungen dein Arbeitsverhalten revolutionieren können

📖 *Wissenschaftlicher Hintergrund:*

💡 *Die „Behavioral Design"-Theorie zeigt, dass selbst minimale Umweltveränderungen große Effekte haben.*

📌 *Experimente zeigen:*

- *Menschen arbeiten produktiver, wenn sie eine aufgeräumte Umgebung haben.*
- *Stehschreibtische fördern Bewegung und verringern Müdigkeit.*
- *Warme Lichtfarben steigern Kreativität, kalte Lichtfarben Fokus.*

🖋 Was du daraus lernen kannst:
☑ **Selbst kleinste Änderungen in deinem Arbeitsumfeld beeinflussen deine Gewohnheiten enorm.**

④ Praktische Checkliste: Optimiere dein Arbeitsumfeld jetzt
📌 Arbeitsplatz-Check:
☑ Mein Schreibtisch ist aufgeräumt und minimalistisch.
☑ Ich habe Ablenkungen (Handy, Social Media) reduziert.
☑ Meine Licht- und Geräusch Umgebung ist optimal für Konzentration.
☑ Ich nutze bestimmte Rituale, um in den Arbeitsmodus zu kommen.
☑ Ich belohne mich für erledigte Aufgaben.
🖋 Fazit: Je mehr Häkchen du setzt, desto produktiver wird dein Arbeitsumfeld dich machen!
⑤ Fazit: Dein Arbeitsplatz ist der Schlüssel zu produktiven Gewohnheiten
☑ Ein aufgeräumter Arbeitsplatz fördert mentale Klarheit.
☑ Weniger Ablenkung = mehr Fokus = bessere Gewohnheiten.
☑ Gezielte Umgebungsgestaltung macht Produktivität leichter.
☑ Kleine Änderungen haben oft die größte Wirkung.
💡 Produktivität ist keine Frage der Disziplin, sondern der richtigen Umgebung.
🚀 Aufgabe für dich:
① Identifiziere drei Dinge, die dich an deinem Arbeitsplatz ablenken.
② Eliminiere oder reduziere diese Ablenkungen heute.
③ Optimiere dein Licht, Geräuschkulisse oder Arbeits Ritual.
④ Nutze die Arbeitsplatz-Checkliste und verbessere mindestens einen Punkt.
Denn wer sein Arbeitsumfeld optimiert, verbessert seine Gewohnheiten und seine Ergebnisse. 🖋

4.6 Die Gestaltung deiner physischen Umgebung – Wie du Räume schaffst, die gute Gewohnheiten fördern

Hast du jemals bemerkt, dass du in bestimmten Räumen produktiver, konzentrierter oder entspannter bist als in anderen?
💡 Das liegt daran, dass deine Umgebung dein Verhalten unbewusst steuert.
Wenn du dein Umfeld bewusst gestaltest, kannst du deine Gewohnheiten automatisch verbessern ohne zusätzliche Willenskraft oder Disziplin.
In diesem Kapitel erfährst du, wie du deine Wohnung, dein Büro oder deine Alltags-Umgebung so einrichtest, dass gute Gewohnheiten fast von selbst entstehen.
① Warum deine physische Umgebung dein Verhalten beeinflusst
🔍 Dein Gehirn nimmt unbewusst Muster in deiner Umgebung wahr und reagiert darauf.

✈ Beispiele:

✖ Ein unaufgeräumter Raum → Gefühl von Chaos, weniger Fokus.

✖ Das Handy auf dem Tisch → Höhere Wahrscheinlichkeit, es ständig zu checken.

☑ Ein Buch neben deinem Bett → Erhöhte Chance, abends zu lesen.

☑ Eine Trinkflasche auf dem Schreibtisch → Automatisch mehr Wasser trinken.

🚀 Fazit: Deine Umgebung formt dein Verhalten, ob du willst oder nicht. Also nutze diesen Effekt bewusst!

2️⃣ Die 5 Prinzipien für eine umwelt basierte Gewohnheits Veränderung

✈ Diese Prinzipien helfen dir, dein Umfeld so zu gestalten, dass du mühelos bessere Gewohnheiten entwickelst.

▶ 1. „Mache es offensichtlich" – Gute Gewohnheiten sichtbar platzieren

✈ Warum? Dein Gehirn reagiert stark auf visuelle Reize, wenn du etwas siehst, denkst du eher daran.

💡 Beispiele:

☑ Laufschuhe neben die Tür stellen, wenn du mehr Sport machen willst.

☑ Gesunde Snacks in den Kühlschrank auf Augenhöhe legen.

☑ Geld sparen? Lege eine Sparbüchse auf deinen Schreibtisch.

☑ Mehr Lesen? Lege ein Buch sichtbar auf deinen Nachttisch.

🚀 Warum das funktioniert: „Out of sight, out of mind" was du nicht siehst, wirst du seltener tun.

▶ 2. „Mache es einfach" – Reduziere die Einstiegshürde

✈ Warum? Je einfacher eine Gewohnheit ist, desto wahrscheinlicher wird sie durchgeführt.

💡 Beispiele:

☑ Sport-Routine? Lege deine Sportkleidung am Vorabend bereit.

☑ Weniger Junk Food? Entferne ungesunde Snacks aus deiner Wohnung.

☑ Produktiver arbeiten? Richte einen festen Arbeitsplatz ohne Ablenkungen ein.

🚀 Warum das funktioniert: Je weniger Widerstand, desto höher die Chance, dass du es machst.

▶ 3. „Mache es schwer" – Schlechte Gewohnheiten unattraktiv machen

✈ Warum? Wenn eine schlechte Gewohnheit schwerer zugänglich ist, wirst du sie seltener ausführen.

💡 Beispiele:

☑ Social Media reduzieren? Lösche Apps oder nutze einen App-Blocker.

☑ Weniger Netflix? Entferne die Fernbedienung aus dem Wohnzimmer.

☑ Weniger ungesund essen? Kaufe keine Snacks mehr ein.

🚀 Warum das funktioniert: Wenn etwas unbequem ist, verlierst du automatisch das Interesse daran.

▶ 4. „Nutze Räume gezielt" – Ein bestimmter Ort für eine bestimmte Gewohnheit

✦ Warum? Dein Gehirn verbindet Orte mit bestimmten Handlungen.

💡 Beispiele:

☑ Eine „Leseecke" mit Büchern und guter Beleuchtung.

☑ Ein Workout-Bereich mit Yoga-Matte und Hanteln.

☑ Ein Arbeitsbereich, an dem nur gearbeitet wird.

🚀 Warum das funktioniert: Wenn du einen Ort mit einer Handlung verknüpfst, wird es zur Routine.

▶ 5. „Gestalte dein Umfeld für langfristige Veränderung"

✦ Warum? Je nachhaltiger dein Umfeld auf deine Gewohnheiten ausgerichtet ist, desto leichter hältst du sie durch.

💡 Beispiele:

☑ Arbeite mit Tageslichtlampen, um deine Energie zu steigern.

☑ Nutze Farbpsychologie z.B. Grün für Kreativität, Blau für Konzentration.

☑ Halte dein Zuhause sauber und ordentlich, das steigert den Fokus und das Wohlbefinden.

🚀 Warum das funktioniert: Ein durchdachtes Umfeld macht Veränderung dauerhaft.

Deep Dive: Warum kleine Veränderungen große Wirkung haben

📘 **Wissenschaftlicher Hintergrund:**

💡 *Die „Behavioral Design"-Theorie zeigt, dass selbst kleinste Umweltveränderungen tiefgreifende Auswirkungen auf unser Verhalten haben.*

✦ *Studien belegen:*

- *Menschen essen weniger, wenn sie kleinere Teller verwenden.*
- *Wer einen festen Arbeitsbereich hat, arbeitet produktiver.*
- *Das Entfernen von Ablenkungen steigert den Fokus um bis zu 40 %.*

🚀 *Fazit: Manchmal ist es nicht deine Willenskraft, die versagt. Sondern dein Umfeld, das falsch eingerichtet ist.*

4️⃣ Praktische Checkliste: Optimiere deine Umgebung für bessere Gewohnheiten

✦ Meine Umgebung unterstützt meine Gewohnheiten, weil...

☑ Meine guten Gewohnheiten sind sichtbar und leicht zugänglich.

☑ Ich habe schlechte Gewohnheiten schwerer gemacht.

☑ Ich habe bestimmte Orte für bestimmte Routinen geschaffen.

☑ Ich habe Ablenkungen reduziert und meinen Fokus verbessert.

☑ Ich habe meine Umgebung so gestaltet, dass sie mich langfristig unterstützt.

🚀 Je mehr Häkchen du setzen kannst, desto besser ist dein Umfeld optimiert!

5️⃣ Fazit: Dein Umfeld ist der geheime Schlüssel für erfolgreiche Gewohnheiten

☑️ Gute Gewohnheiten sichtbar machen → du tust sie öfter.

☑️ Schlechte Gewohnheiten schwerer machen → du lässt sie seltener zu.

☑️ Räume gezielt nutzen → dein Gehirn verknüpft sie mit bestimmten Handlungen.

☑️ Kleine Umweltveränderungen haben große Auswirkungen auf dein Verhalten.

💡 Erfolg ist nicht nur eine Frage der Willenskraft, sondern eine Frage der richtigen Umgebung.

🚀 Aufgabe für dich:

1️⃣ Identifiziere eine Gewohnheit, die du öfter tun willst.

2️⃣ Mache sie sichtbarer oder einfacher zugänglich.

3️⃣ Reduziere eine Ablenkung, die dich von deiner Routine abhält.

4️⃣ Schaffe einen speziellen Bereich für eine neue Gewohnheit.

Denn wer sein Umfeld clever gestaltet, muss sich nicht mehr auf Disziplin verlassen. Die Veränderung geschieht von selbst. 🚀

Kapitel 5: Emotionen und Belohnungen

5.1 Warum Emotionen der Schlüssel zur Gewohnheitsbildung sind

Du hast dir eine neue Gewohnheit vorgenommen – vielleicht gesünder essen, früher aufstehen oder täglich meditieren. Doch nach ein paar Tagen oder Wochen verlierst du die Motivation.

💡 Warum ist es so schwer, dranzubleiben?

Viele glauben, es liegt an fehlender Disziplin. Doch die Wahrheit ist: Deine Emotionen steuern dein Verhalten mehr als deine Willenskraft.

In diesem Kapitel erfährst du, warum Emotionen der wichtigste Faktor bei der Gewohnheitsbildung sind – und wie du sie gezielt nutzen kannst, um deine Routinen dauerhaft zu verankern.

1️⃣ Warum Emotionen stärker sind als Logik oder Disziplin

🔍 Hast du dich jemals gefragt, warum schlechte Gewohnheiten oft einfacher sind als gute?

📌 Beispiele:

❌ Du weißt, dass Fast Food ungesund ist, aber es fühlt sich sofort gut an.

❌ Du weißt, dass Social Media dich ablenkt, aber es gibt dir einen Dopamin-Kick.

❌ Du weißt, dass Sport gut für dich ist, aber es fühlt sich anfangs anstrengend an.

🏃 Warum passiert das?

👉 Unser Gehirn bevorzugt sofortige Belohnungen.

👉 Emotionen entscheiden oft schneller als rationale Überlegungen.

💡 Fazit: Wenn du deine Emotionen verstehst, kannst du deine Gewohnheiten besser steuern.

2️⃣ Die emotionale Mechanik hinter Gewohnheiten

🔬 Wissenschaftlicher Hintergrund:

💡 Gewohnheiten entstehen, wenn eine Handlung eine emotionale Reaktion auslöst.

📌 Die drei Phasen der emotionalen Gewohnheitsbildung:

1️⃣ Auslöser: Eine bestimmte Situation oder ein Gefühl aktiviert die Gewohnheit.

2️⃣ Handlung: Du führst die Gewohnheit aus z. B. Sport, Social Media, Essen.

3️⃣ Belohnung: Dein Gehirn bewertet, ob es sich gut oder schlecht anfühlt und speichert es.

🏃 Warum das wichtig ist:

☑ Wenn eine Gewohnheit positive Emotionen auslöst, wird sie verstärkt.

☑ Wenn eine Gewohnheit negative Emotionen auslöst, wird sie schwerer beizubehalten.

3️⃣ So nutzt du Emotionen, um deine Gewohnheiten zu verstärken

▶️ 1. Positive Emotionen mit neuen Gewohnheiten verknüpfen

🏹 Warum? Wenn eine Gewohnheit sich gut anfühlt, willst du sie wiederholen.

💡 Beispiele:

☑ Nach dem Sport ein Erfolgserlebnis notieren („Ich fühle mich stark!").

☑ Beim Meditieren bewusst die Entspannung genießen.

☑ Beim Lesen eine Tasse Lieblingstee trinken.

🏹 Warum das funktioniert:

☞ Dein Gehirn merkt sich: „Diese Handlung fühlt sich gut an – also mache ich sie wieder."

▶ 2. Vermeide negative Emotionen bei neuen Gewohnheiten

🏹 Warum? Wenn eine Gewohnheit anstrengend oder frustrierend ist, wirst du sie meiden.

💡 Beispiele:

✗ Wenn du dich nach einem Workout völlig erschöpft fühlst, wirst du unbewusst negativ darauf reagieren.

✗ Wenn du eine neue Routine als „Pflicht" empfindest, wird sie sich unangenehm anfühlen.

✗ Wenn du dich selbst kritisierst, wenn du einen Tag aussetzt, verstärkst du Frustration.

☑ Lösung:

- Starte mit kleinen, machbaren Schritten.
- Feiere Fortschritt statt Perfektion.
- Verknüpfe die neue Gewohnheit mit etwas Angenehmem.

🏹 Warum das funktioniert:

☞ Wenn eine Gewohnheit sich nicht nach „Arbeit" anfühlt, machst du sie viel lieber.

▶ 3. Nutze Emotionen als Gewohnheits-Auslöser

🏹 Warum? Manche Gefühle, z.B. Stress, Langeweile aktivieren oft unbewusst schlechte Gewohnheiten.

💡 Beispiele:

✗ Stress → Schokolade essen.

✗ Langeweile → Instagram scrollen.

✗ Frust → Netflix-Marathon.

☑ Lösung:

☞ Ersetze schlechte Gewohnheiten durch bessere Alternativen.

💡 Beispielhafte Alternativen:

- Stress → 5 Minuten spazieren gehen.
- Langeweile → Ein Kapitel in einem Buch lesen.
- Frust → Musik hören oder Atemübungen machen.

🚀 Warum das funktioniert:

☞ Wenn du bewusst bessere Alternativen wählst, ersetzt du schlechte Gewohnheiten langfristig.

Deep Dive: Wie Dopamin deine Gewohnheiten verstärkt

🔬 **Wissenschaftlicher Hintergrund:**

💡 *Dopamin ist der Neurotransmitter, der dich motiviert, eine Handlung zu wiederholen.*

🚀 **Wie Dopamin funktioniert:**

- *Vorfreude setzt Dopamin frei → Dein Gehirn will die Handlung ausführen.*
- *Belohnung setzt Dopamin frei → Dein Gehirn speichert, dass sich die Handlung lohnt.*
- *Wenn keine Belohnung kommt, sinkt die Motivation.*

🚀 **Wie du Dopamin gezielt für gute Gewohnheiten nutzen kannst:**

☑ *Mache deine Fortschritte sichtbar (Habit-Tracker, Erfolgsliste).*

☑ *Nutze kleine Belohnungen z. B. nach einer Woche durchgehender Routine.*

☑ *Erzeuge Vorfreude (Nach dem Training fühle ich mich immer großartig!).*

☞ *Fazit: Dopamin entscheidet, welche Gewohnheiten du behältst, nutze das für dich!*

5️⃣ Fazit: Emotionen sind der Schlüssel zur Gewohnheitsbildung

☑ Positive Emotionen verstärken Gewohnheiten, Negative bremsen sie aus.

☑ Wenn sich eine Gewohnheit gut anfühlt, wirst du sie wiederholen.

☑ Wenn eine Gewohnheit frustriert, wirst du sie unbewusst meiden.

☑ Dopamin ist der „Belohnung Booster" für dein Gehirn, nutze ihn gezielt!

💡 Erfolgreiche Gewohnheiten basieren nicht auf Disziplin, sondern auf positiven Emotionen.

🚀 Aufgabe für dich:

1️⃣ Welche neue Gewohnheit möchtest du aufbauen?

2️⃣ Wie kannst du sie mit einer positiven Emotion verbinden?

3️⃣ Welche negative Emotion hält dich aktuell zurück und wie kannst du sie umwandeln?

4️⃣ Wie kannst du Dopamin gezielt nutzen, um motiviert zu bleiben?

Denn wer Emotionen bewusst steuert, kann jede Gewohnheit nachhaltig etablieren. 🚀

5.2 Effektive Belohnungssysteme: Wann und wie man sich belohnen sollte

Hast du schon einmal versucht, eine neue Gewohnheit zu etablieren, aber nach kurzer Zeit die Motivation verloren?

💡 Das liegt oft daran, dass unser Gehirn sofortige Belohnungen liebt, während viele gute Gewohnheiten erst langfristig Erfolge zeigen.

Die Lösung?

☞ Ein kluges Belohnungssystem, das dich motiviert, dranzubleiben, bevor du die langfristigen Ergebnisse siehst.

In diesem Kapitel lernst du, wie du Belohnungen richtig nutzt, um deine Gewohnheiten dauerhaft zu verankern, ohne in die Falle schlechter Belohnung Muster zu tappen.

1️⃣ Warum Belohnungen funktionieren und warum viele sie falsch einsetzen

🔍 Psychologische Studien zeigen:

- Unser Gehirn ist auf sofortige Belohnungen programmiert, nicht auf langfristige Ziele.
- Ohne spürbare Erfolge gibt unser Gehirn auf, weil es keinen Anreiz sieht, weiterzumachen.

📌 Das Problem:

- Langfristige Ziele, z.B. Gewichtsverlust, Fitness, Lernen zeigen oft erst nach Wochen oder Monaten Erfolge.
- Schlechte Gewohnheiten, z B. Social Media und Fast Food liefern hingegen sofortige Belohnungen.

🚀 Die Lösung:

☞ Nutze bewusst Belohnungssysteme, um die Wartezeit bis zu den langfristigen Erfolgen zu überbrücken.

☞ Fazit: Ohne Belohnungen fehlt die Motivation, also gib deinem Gehirn regelmäßig einen Grund, dranzubleiben.

2️⃣ Die drei Arten von Belohnungen und wann du sie nutzen solltest

▶️ 1. Sofortige Belohnungen (direkt nach der Gewohnheit)

📌 Warum? Unser Gehirn braucht schnelle positive Verstärkung, um eine neue Routine als „lohnenswert" abzuspeichern.

💡 Beispiele:

☑ Nach dem Training: Eine erfrischende Dusche oder ein Proteinshake.

☑ Nach 30 Minuten Lernen: 5 Minuten Lieblingsmusik hören.

☑ Nach einer erfolgreichen Aufgabe: Eine kurze Pause mit einer Tasse Kaffee.

🚀 Warum das funktioniert:

☞ Sofortige Belohnungen helfen dir, anstrengende Anfangsphasen zu überbrücken.

▶ 2. Wöchentliche oder Meilenstein-Belohnungen

🚀 Warum? Größere Belohnungen motivieren dich, an einer Gewohnheit über längere Zeit festzuhalten.

💡 Beispiele:

☑ Nach einer Woche regelmäßigen Trainings: Ein neues Fitness-Outfit.

☑ Nach 30 Tagen täglichem Schreiben: Ein besonderes Abendessen.

☑ Nach einer bestandenen Prüfung: Ein kleines Geschenk an dich selbst.

🚀 Warum das funktioniert:

☛ Das Gehirn braucht sichtbare Fortschritte, diese Belohnungen setzen klare Meilensteine.

▶ 3. Langfristige Identitäts Belohnungen

🚀 Warum? Die stärkste Belohnung ist das Gefühl, eine neue Identität anzunehmen.

💡 Beispiele:

☑ „Ich bin jetzt jemand, der Sport macht." (nicht nur: „Ich trainiere manchmal.")

☑ „Ich bin ein produktiver Mensch." (nicht nur: „Ich habe heute produktiv gearbeitet.")

☑ „Ich bin ein Leser." (nicht nur: „Ich lese ein Buch.")

🚀 Warum das funktioniert:

☛ Wenn eine Gewohnheit Teil deiner Identität wird, brauchst du keine externen Belohnungen mehr.

☛ Fazit: Nutze sofortige, wöchentliche und langfristige Belohnungen gemeinsam für maximalen Erfolg.

3️⃣ Wie du ein Belohnungssystem aufbaust, das wirklich funktioniert

Hier sind drei einfache Regeln, um Belohnungen so einzusetzen, dass sie deine Gewohnheiten langfristig stärken.

▶ 1. Mache Belohnungen gesund und nachhaltig

🚀 Warum? Falsche Belohnungen können den Fortschritt sabotieren.

💡 Gute vs. schlechte Belohnungen:

☑ Nach 10.000 Schritten → Ein gesundes, leckeres Essen genießen.

✖ Nach 10.000 Schritten → Ein ungesunder Cheat-Day, der die Mühe zunichte macht.

☑ Nach einer Woche produktiver Arbeit → Ein inspirierendes Buch kaufen.

✖ Nach einer Woche produktiver Arbeit → 5 Stunden Netflix binge-watchen.

🚀 Tipp: Belohnungen sollten dein Ziel unterstützen, nicht ihm entgegenwirken.

▶ 2. Verknüpfe Belohnungen mit der Gewohnheit, nicht mit dem Ergebnis

🚀 Warum? Wenn du dich nur für große Erfolge belohnst, verlierst du auf dem Weg die Motivation.

💡 Beispiel:

❌ „Ich belohne mich erst, wenn ich 10 kg abgenommen habe." → Hohe Frustration, da das Ziel lange dauert.

☑ „Ich belohne mich nach jeder gesunden Mahlzeit mit einem kleinen mentalen Erfolgsmoment." → Motivation bleibt erhalten.

🚀 Tipp: Belohne konsequente Gewohnheiten, nicht nur Endergebnisse.

▶ 3. Baue Belohnungen direkt in die Gewohnheit ein

📌 Warum? Wenn die Handlung selbst angenehm ist, brauchst du weniger externe Belohnungen.

💡 Beispiele:

☑ Sport mit Lieblingsmusik kombinieren.

☑ Lernen mit leckerem Tee oder Kaffee verknüpfen.

☑ Hausarbeit mit einem spannenden Podcast verbinden.

🚀 Warum das funktioniert:

☞ Je angenehmer die Gewohnheit selbst ist, desto weniger brauchst du zusätzliche Belohnungen.

Deep Dive: Warum das Gehirn auf Belohnungen programmiert ist

🔬 **Wissenschaftlicher Hintergrund:**

💡 **Das „Dopamin-System" im Gehirn verstärkt Gewohnheiten, die mit Belohnungen verbunden sind.**

🚀 **Wie das funktioniert:**

Ohne Belohnung → Kein Dopamin → Kein Antrieb, die Gewohnheit fortzusetzen.

Mit Belohnung → Dopaminausschüttung → Höhere Wahrscheinlichkeit, die Gewohnheit zu wiederholen.

🚀 **Fazit: Dein Gehirn speichert Verhaltensweisen als „gut", wenn sie regelmäßig belohnt werden.**

☞ **Nutze das zu deinem Vorteil, baue gezielt Dopamin-Trigger in deine Gewohnheiten ein!**

4️⃣ Fazit: Richtig eingesetzte Belohnungen machen Gewohnheiten dauerhaft

☑ Sofortige Belohnungen helfen dir, den Einstieg leichter zu machen.

☑ Wöchentliche oder Meilenstein-Belohnungen halten dich langfristig motiviert.

☑ Langfristige Identitäts Belohnungen machen eine Gewohnheit zu einem Teil von dir.

☑ Die besten Belohnungen unterstützen dein Ziel, anstatt es zu sabotieren.

💡 Wer Belohnungen klug einsetzt, muss sich nicht auf Disziplin verlassen. Die Gewohnheit etabliert sich von selbst.

🚀 Aufgabe für dich:
1️⃣ Welche Gewohnheit möchtest du durch Belohnungen verstärken? 2️⃣ Welche sofortige Belohnung kannst du nach jeder Durchführung einbauen?
3️⃣ Welche wöchentliche oder Meilenstein-Belohnung könnte dich zusätzlich motivieren?
4️⃣ Wie kannst du die Gewohnheit selbst angenehmer gestalten, sodass sie sich wie eine Belohnung anfühlt?
Denn wer sein Gehirn richtig belohnt, trainiert es auf Erfolg und verändert sein Verhalten dauerhaft. 🚀

5.3 Die Vermeidung von „schlechten" Belohnungen

Belohnungen sind ein mächtiges Werkzeug, um neue Gewohnheiten zu festigen. Doch nicht jede Belohnung hilft dir wirklich weiter, manche können sogar deine Fortschritte sabotieren.

💡 Das Problem: Viele Menschen belohnen sich auf eine Weise, die genau das Gegenteil dessen bewirkt, was sie erreichen wollen.

👉 Beispiel:

- Du hast eine Woche gesund gegessen und „belohnst" dich mit einer riesigen Portion Fast Food.
- Du hast konzentriert gearbeitet und „belohnst" dich mit 3 Stunden Netflix-Binge-Watching.
- Du hast gespart und „belohnst" dich mit einem teuren, impulsiven Kauf.

🎯 Falsche Belohnungen können deine Fortschritte zunichte machen.

In diesem Kapitel lernst du, wie du schädliche Belohnungen vermeidest und welche Alternativen wirklich funktionieren.

1️⃣ Warum schlechte Belohnungen deine Gewohnheiten sabotieren

🔍 Das Hauptproblem mit falschen Belohnungen:

- Sie verstärken oft genau die Verhaltensweisen, die du eigentlich vermeiden willst.
- Sie führen zu Schuldgefühlen oder Frustration.
- Sie machen es schwieriger, langfristig dranzubleiben.

🚀 Beispiele für sabotierende Belohnungen:

❌ „Ich habe eine Woche Sport gemacht – jetzt gönne ich mir eine Pause." → Ergebnis: Du unterbrichst den Flow.

❌ „Ich habe produktiv gearbeitet – jetzt kann ich mich mal 2 Stunden auf Social Media entspannen." → Ergebnis: Du wirst unproduktiver.

❌ „Ich habe gut gespart – jetzt kann ich mir etwas richtig Teures kaufen." → Ergebnis: Dein Erspartes ist wieder weg.

🚀 Warum das problematisch ist:

☞ Dein Gehirn verknüpft die schlechte Belohnung mit der positiven Gewohnheit und entwickelt ein inkonsistentes Verhalten.

☞ Fazit: Schlechte Belohnungen fühlen sich kurzfristig gut an, aber bremsen deine langfristige Entwicklung.

2 Drei Arten schlechter Belohnungen und wie du sie ersetzt

▶ 1. Belohnungen, die deine Fortschritte rückgängig machen

🚀 Warum schädlich? Sie bremsen oder zerstören deine Entwicklung.

💡 Beispiel:

✗ Gesund gegessen → „Ich gönne mir einen Cheat Day mit Pizza und Eis."

✗ Regelmäßig Sport gemacht → „Ich brauche eine Woche Pause."

✗ Produktiv gewesen → „Jetzt verdaddel ich die ganze Nacht am Handy."

🚀 Alternative:

☑ Belohne dich mit etwas, das deinen Fortschritt unterstützt.

☑ Nach einer Woche gesunder Ernährung → Koche ein neues, leckeres Rezept.

☑ Nach regelmäßigem Sport → Kaufe dir coole Sportbekleidung.

☑ Nach produktiver Arbeit → Plane eine bewusste, entspannende Freizeitaktivität.

☞ Fazit: Die beste Belohnung ist eine, die deinen Fortschritt verstärkt. Nicht eine, die ihn rückgängig macht.

▶ 2. Belohnungen, die eine schlechte Gewohnheit verstärken

🚀 Warum schädlich? Sie führen dazu, dass du dein Verhalten mit einer negativen Routine verknüpfst.

💡 Beispiel:

✗ Gutes Workout → „Jetzt habe ich mir einen Schokoriegel verdient."

✗ Harte Arbeit → „Ich entspanne mit Social Media-Scrolling."

✗ Produktiv gewesen → „Ich belohne mich mit Shopping."

🚀 Alternative:

☑ Kopple deine Belohnung mit einer weiteren positiven Gewohnheit.

☑ Nach einem Workout → Gönne dir eine erfrischende Dusche mit deinem Lieblingsduft.

☑ Nach harter Arbeit → Ließ ein inspirierendes Buch oder höre Musik.

☑ Nach produktivem Arbeiten → Triff Freunde für ein wertvolles Gespräch.

☞ Fazit: Belohnungen sollten deine neue Gewohnheit ergänzen, nicht eine schlechte ersetzen.

▶ 3. Belohnungen, die nur kurzfristig funktionieren

🚀 Warum schädlich? Sie haben keinen langfristigen Nutzen und führen oft zu Reue.

💡 Beispiel:

✗ Harte Woche → Alkohol oder Junk Food als Belohnung.

✖ Stressige Zeit → Shopping als Frustbewältigung.

✖ Anstrengender Tag → Ständiges „Belohnen" mit Social Media.

✎ Alternative:

☑ Nutze Belohnungen, die dich langfristig aufbauen.

☑ Statt Junk Food → Genieße ein selbst gekochtes Lieblingsgericht.

☑ Statt Impulskäufen → Lege das Geld für ein bewusst gewähltes Ziel zur Seite.

☑ Statt Social Media → Mache einen bewussten Spaziergang oder höre Musik.

☞ Fazit: Wirklich gute Belohnungen stärken dich langfristig, nicht nur für einen Moment.

Deep Dive: Warum dein Gehirn falsche Belohnungen liebt und wie du es überlistest

🔬 **Wissenschaftlicher Hintergrund:**

💡 **Das „Instant Gratification"-Problem — unser Gehirn will Belohnungen JETZT, nicht später.**

📌 **Wie das funktioniert:**

- **Kurzfristige Belohnungen (Junk Food, Social Media, Shopping) aktivieren das Belohnungszentrum sofort.**
- **Langfristige Erfolge (Fitness, Lernen, Sparen) haben oft erst verzögerte Belohnungen.**

✎ **Wie du das überlistest:**

☑ **Nutze „kleine sofortige Belohnungen", die langfristig positiv sind.**

☑ **Kopple die Belohnung direkt mit deiner Gewohnheit, nicht danach.**

☑ **Baue eine Identitäts Belohnung auf: „Ich bin jemand, der gesunde Entscheidungen trifft."**

☞ **Fazit: Je mehr du dein Gehirn auf gesunde Belohnungen um programmierst, desto leichter hältst du neue Gewohnheiten durch.**

4️⃣ Checkliste: So erkennst du eine gute vs. eine schlechte Belohnung

📌 Gute Belohnungen:

☑ Unterstützen Deinen Fortschritt.

☑ Machen dich langfristig glücklicher.

☑ Sind nachhaltig und gesund.

☑ Motivieren dich weiterzumachen.

📌 Schlechte Belohnungen:

✖ Machen deine Fortschritte zunichte.

✖ Erzeugen Schuldgefühle oder negative Nebenwirkungen.

✖ Verstärken eine schlechte Gewohnheit.

✖ Funktionieren nur kurzfristig.

🚀 Tipp: Überprüfe immer: Hilft diese Belohnung wirklich oder macht sie mein Ziel schwieriger?

5️⃣ Fazit: Belohne dich klug, nicht destruktiv

☑️ Die richtige Belohnung verstärkt deine Gewohnheit.

☑️ Schlechte Belohnungen können deine Fortschritte zerstören.

☑️ Verknüpfe Belohnungen mit positiven Routinen, nicht mit schlechten.

☑️ Nutze langfristig sinnvolle Belohnungen, die dich wirklich voranbringen.

💡 Wer Belohnungen bewusst steuert, behält langfristig Kontrolle über seine Gewohnheiten und sein Leben.

🚀 Aufgabe für dich:

1️⃣ Welche Belohnung nutzt du aktuell für eine Gewohnheit und ist sie wirklich hilfreich?

2️⃣ Welche schlechte Belohnung kannst du durch eine bessere Alternative ersetzen?

3️⃣ Wie kannst du Belohnungen so gestalten, dass sie dich langfristig stärken?

4️⃣ Welche neue Belohnung wirst du ab heute ausprobieren?

Denn wer sich richtig belohnt, macht Fortschritt unvermeidlich. 🚀

5.4 Die Rolle von intrinsischen und extrinsischen Belohnungen

Warum bleiben manche Menschen mühelos an neuen Gewohnheiten dran, während andere nach kurzer Zeit aufgeben?

💡 Die Antwort: Es kommt darauf an, ob sie sich von innen heraus (intrinsisch) oder von äußeren Anreizen (extrinsisch) motivieren lassen.

Ein starkes Belohnungssystem nutzt beide Arten der Motivation, aber langfristiger Erfolg kommt nur, wenn du lernst, intrinsische Belohnungen zu entwickeln.

In diesem Kapitel erfährst du, wie du extrinsische Belohnungen nutzen kannst, um neue Gewohnheiten aufzubauen und wie du schließlich auf intrinsische Motivation umstellst, damit du dauerhaft dran bleibst.

1️⃣ Der Unterschied zwischen intrinsischen und extrinsischen Belohnungen

🔍 Es gibt zwei Arten von Motivation:

🚀 1. Extrinsische Belohnungen (äußere Anreize)

- Motivation durch äußere Faktoren wie Geld, Anerkennung oder materielle Belohnungen.
- Funktioniert gut für kurzfristige Ziele, aber nicht für langfristige Veränderungen.

🚀 2. Intrinsische Belohnungen (innere Anreize)

- Motivation kommt von innen: Freude an der Tätigkeit selbst, persönliche Entwicklung, Sinnhaftigkeit.
- Nachhaltig, weil sie nicht von äußeren Faktoren abhängt.

🚀 Fazit: Extrinsische Belohnungen helfen beim Start, aber nur intrinsische Motivation sorgt dafür, dass du wirklich dran bleibst.

2️⃣ Wann extrinsische Belohnungen sinnvoll sind und wann sie gefährlich werden

🔍 Extrinsische Belohnungen können sehr mächtig sein aber sie haben eine Schattenseite.

📌 Wann sie hilfreich sind:

☑️ Beim Aufbau einer neuen Gewohnheit.

☑️ Als kurzfristige Motivation für unangenehme Aufgaben.

☑️ Um anfangs eine Verhaltensroutine zu etablieren.

📌 Wann sie problematisch sind:

✖️ Wenn du nur noch für die Belohnung handelst, nicht für die Handlung selbst.

✖️ Wenn du die Belohnung als selbstverständlich ansiehst und sie keine Wirkung mehr hat.

✖️ Wenn du ohne äußere Belohnung die Gewohnheit nicht mehr durchführst.

🚀 Fazit:

☞ Nutze extrinsische Belohnungen als Starthilfe, aber arbeite gleichzeitig daran, eine intrinsische Motivation zu entwickeln.

3️⃣ Wie du intrinsische Motivation entwickelst

▶️ 1. Mache den Prozess selbst zur Belohnung

📌 Warum? Wenn die Gewohnheit selbst Spaß macht, brauchst du keine äußere Belohnung mehr.

💡 Beispiele:

☑️ Sport: Finde eine Sportart, die dir wirklich Spaß macht (statt dich zum Joggen zu zwingen).

☑️ Lernen: Entdecke das Thema als etwas Spannendes, nicht als Pflicht.

☑️ Ernährung: Sieh gesunde Ernährung als Genuss, nicht als Verzicht.

🚀 Warum das funktioniert:

☞ Wenn du den Prozess genießt, brauchst du keine externen Anreize mehr.

▶️ 2. Verknüpfe die Gewohnheit mit deiner Identität

📌 Warum? Menschen handeln langfristig nach dem Bild, das sie von sich selbst haben.

💡 Beispiele:

☑️ Statt „Ich muss trainieren" → „Ich bin jemand, der sich um seinen Körper kümmert."

☑️ Statt „Ich sollte mehr lesen" → „Ich bin ein Leser."

☑️ Statt „Ich sollte sparen" → „Ich bin jemand, der finanziell klug handelt."

🚀 Warum das funktioniert:

☞ Wenn eine Gewohnheit Teil deiner Identität wird, hältst du sie automatisch durch.

▶ 3. Nutze Neugier und persönliche Entwicklung als intrinsische Belohnung

🎯 Warum? Wenn du eine Gewohnheit als persönliche Weiterentwicklung siehst, bleibt sie spannend.

💡 Beispiele:

☑ Sport: „Ich will sehen, wozu mein Körper fähig ist."

☑ Lernen: „Ich liebe es, Neues zu entdecken."

☑ Disziplin: „Ich will mich jeden Tag ein bisschen weiterentwickeln."

🚀 Warum das funktioniert:

☞ Neugier treibt dich an, ohne dass du externe Belohnungen brauchst.

Deep Dive: Warum extrinsische Motivation oft versagt und wie du dich davon löst

🔬 **Wissenschaftlicher Hintergrund:**

💡 *Das „Overjustification"-Phänomen zeigt, dass externe Belohnungen intrinsische Motivation zerstören können.*

🎯 *Beispiel:*

- *Kinder, die gerne malen, wurden für ihre Bilder belohnt.*
- *Ergebnis: Sie malten später weniger, weil sie nur noch auf die Belohnung fokussiert waren.*

🚀 *Was du daraus lernen kannst:*

☑ *Nutze externe Belohnungen nur als Starthilfe, nicht als Dauermotivation.*

☑ *Finde einen tieferen Sinn in deinen Gewohnheiten, damit du langfristig dran bleibst.*

☞ *Fazit: Wenn du eine Gewohnheit langfristig durchhalten willst, musst du sie aus Freude an der Sache selbst tun, nicht für eine Belohnung.*

4️⃣ Fazit: Nutze extrinsische Belohnungen als Werkzeug aber werde nicht abhängig davon

☑ Extrinsische Belohnungen helfen dir, eine neue Gewohnheit zu starten.

☑ Langfristig brauchst du intrinsische Motivation, um dauerhaft dran zu bleiben.

☑ Der Schlüssel ist, den Prozess selbst zur Belohnung zu machen.

☑ Sobald eine Gewohnheit Teil deiner Identität wird, brauchst du keine externen Anreize mehr.

💡 Wer intrinsische Motivation entwickelt, bleibt nicht nur bei Gewohnheiten sondern wächst darüber hinaus.

🚀 Aufgabe für dich:

1️⃣ Welche Gewohnheit motiviert dich aktuell nur wegen einer extrinsischen Belohnung?

2️⃣ Wie kannst du den Prozess selbst angenehmer oder interessanter gestalten?

3️⃣ Welche intrinsische Motivation kannst du entwickeln, um langfristig dranzubleiben?

4️⃣ Welche Identität passt zu deiner neuen Gewohnheit und wie kannst du dich damit identifizieren?

Denn wer sich von innen heraus motiviert, bleibt nicht nur dran, sondern wächst über sich selbst hinaus. 🚀

5.5 Emotionale Auslöser identifizieren und nutzen

Hast du dich jemals gefragt, warum du manche Gewohnheiten fast automatisch ausführst, während du dich zu anderen zwingen musst?

💡 Die Antwort liegt in emotionalen Auslösern.

Unsere Gewohnheiten entstehen nicht zufällig, sie werden durch bestimmte emotionale Zustände aktiviert.

Wenn du verstehst, welche Emotionen dein Verhalten auslösen, kannst du diese bewusst steuern und gezielt für positive Veränderungen nutzen.

In diesem Kapitel erfährst du, wie du emotionale Auslöser erkennst, warum sie so mächtig sind und wie du sie bewusst für neue Gewohnheiten einsetzt.

1️⃣ Was sind emotionale Auslöser und warum sind sie so wichtig?

🔍 Ein emotionaler Auslöser ist ein Gefühl, das ein bestimmtes Verhalten aktiviert.

📌 Beispiele aus dem Alltag:
- Stress → Emotionales Essen. 🍩
- Langeweile → Social Media Scrollen. 📱
- Frustration → Prokrastination oder Ablenkung. 🎮
- Erfolgserlebnis → Motivation für mehr Disziplin. 🏅

🚀 Warum emotionale Auslöser so stark sind:

👉 Gewohnheiten sind emotional verankert, wenn du die Emotionen änderst, änderst du das Verhalten.

👉 Wenn du emotionale Auslöser bewusst steuerst, kannst du schlechte Routinen durch gute ersetzen.

👉 Fazit: Emotionale Auslöser sind der geheime Mechanismus hinter all deinen Gewohnheiten.

2 Wie du deine persönlichen emotionalen Auslöser erkennst

📌 Schritt 1: Beobachte deine automatischen Handlungen.
- Wann greifst du zum Handy, ohne nachzudenken?
- Wann bekommst du Heißhunger auf ungesunde Snacks?
- Wann prokrastinierst du bei wichtigen Aufgaben?

📌 Schritt 2: Identifiziere die Emotion dahinter.
- Fühlst du dich gestresst?
- Bist du gelangweilt?
- Suchst du Ablenkung von einer unangenehmen Aufgabe?

📌 Schritt 3: Notiere deine häufigsten emotionalen Auslöser.
- „Wenn ich mich gestresst fühle, greife ich zu Schokolade."
- „Wenn ich mich unsicher fühle, lenke ich mich mit Social Media ab."
- „Wenn ich mich motiviert fühle, gehe ich automatisch ins Fitnessstudio."

🚀 Tipp: Halte diese Beobachtungen ein paar Tage fest, du wirst klare Muster erkennen!

3 Emotionale Auslöser gezielt für neue Gewohnheiten nutzen

🔍 Sobald du deine emotionalen Trigger kennst, kannst du sie aktiv umprogrammieren.

📌 Schritt 1: Ersetze schlechte Reaktionen durch positive Handlungen.
- Statt bei Stress zu naschen → Tief atmen oder 5 Minuten spazieren gehen.
- Statt bei Langeweile aufs Handy zu schauen → Ein Buch lesen oder eine kleine Bewegungspause machen.

📌 Schritt 2: Verbinde positive Emotionen mit guten Gewohnheiten.
- Freude → Tanzen oder Bewegung nutzen, um Dopamin auszuschütten.
- Motivation → Sofort eine kleine produktive Handlung starten.
- Ruhige Momente → Nutzen, um neue Routinen bewusst zu verankern.

🚀 Warum das funktioniert:

👉 Wenn du positive Emotionen mit einer neuen Gewohnheit verknüpfst, führst du sie automatisch aus.

Deep Dive: Warum das Gehirn emotionale Routinen speichert

📖 **Wissenschaftlicher Hintergrund:**

💡 **Das limbische System im Gehirn speichert emotionale Muster und aktiviert sie automatisch.**

🏹 **Wie das funktioniert:**

- **Negative Emotion → Dein Gehirn sucht nach einer schnellen Lösung.**
- **Wenn du eine Gewohnheit oft mit einer Emotion verknüpfst, wird sie zur automatischen Reaktion.**
- **Daher sind viele schlechte Gewohnheiten mit Stress, Langeweile oder Frustration verbunden.**

🏹 **Wie du das für dich nutzt:**

☑ **Verbinde eine positive Gewohnheit mit einer Emotion, die dich oft triggert.**

☑ **Beispiel: Immer wenn du frustriert bist → Sport machen statt Junk Food essen.**

👉 **Fazit: Wenn du dein emotionales Belohnungssystem um programmierst, kannst du deine Gewohnheiten bewusst steuern.**

4️⃣ Praktische Übungen: So programmierst du deine emotionalen Auslöser um

🏹 Übung 1: Deine „Trigger-Map" erstellen

- Schreibe 3 Emotionen auf, die oft negative Gewohnheiten auslösen.
- Überlege, welche neue, positive Gewohnheit du stattdessen aktivieren willst.
- Notiere deine neue Reaktion und erinnere dich im Alltag daran.

💧 Beispiel:

- Emotion: Stress → Bisherige Reaktion: Social Media → Neue Reaktion: 5 Minuten Meditation.
- Emotion: Langeweile → Bisherige Reaktion: Snacks → Neue Reaktion: 10 Liegestütze.

🏹 Übung 2: Emotionen gezielt für positive Routinen nutzen

- Welche Emotionen hast du oft in deinem Alltag?
- Wie kannst du sie bewusst mit einer positiven Gewohnheit verknüpfen?

💧 Beispiele:

☑ Immer wenn du dich energiegeladen fühlst → Sofort eine produktive Aufgabe erledigen.

☑ Immer wenn du glücklich bist → Eine neue, sinnvolle Routine starten.

☑ Immer wenn du frustriert bist → Bewegung als Ventil nutzen.

🏹 Tipp: Je öfter du eine neue Handlung mit einer Emotion verknüpfst, desto schneller wird sie zur automatischen Reaktion.

5 Fazit: Emotionen bewusst für Gewohnheiten nutzen

☑ Emotionen steuern, welche Gewohnheiten du automatisch ausführst.

☑ Wenn du emotionale Auslöser erkennst, kannst du deine Reaktionen bewusst verändern.

☑ Schlechte Gewohnheiten entstehen durch negative Emotionen. Gute Gewohnheiten durch positive Verknüpfungen.

☑ Wer seine Emotionen gezielt für positive Routinen nutzt, verändert sein Verhalten dauerhaft.

💡 Erfolgreiche Menschen kontrollieren nicht nur ihre Handlungen, sie kontrollieren die Emotionen, die sie auslösen.

🚀 Aufgabe für dich:

1 Welche Emotionen lösen bei dir schlechte Gewohnheiten aus?

2 Welche neue Reaktion kannst du stattdessen etablieren?

3 Wie kannst du eine positive Emotion mit einer guten Gewohnheit verknüpfen?

4 Welche Emotion wirst du ab heute bewusst für eine neue Routine nutzen?

Denn wer seine emotionalen Trigger kontrolliert, kontrolliert seine Gewohnheiten und damit sein Leben. 🚀

5.6 Wie positive Emotionen deine Gewohnheiten verstärken

Warum sind manche Menschen scheinbar mühelos diszipliniert, während andere immer wieder in alte Muster zurückfallen?

💡 Die Antwort: Erfolgreiche Menschen verknüpfen ihre Gewohnheiten mit positiven Emotionen.

☞ Das Geheimnis langfristiger Veränderung ist nicht mehr Disziplin, sondern mehr Freude.

In diesem Kapitel erfährst du, wie du positive Emotionen gezielt nutzen kannst, um deine Gewohnheiten zu verstärken und langfristig motiviert zu bleiben.

1 Warum positive Emotionen der wahre Schlüssel zu nachhaltigen Gewohnheiten sind

🔍 Viele Menschen denken, dass Willenskraft das wichtigste Element für Gewohnheiten ist. Doch das stimmt nur kurzfristig.

🚀 Warum Disziplin allein nicht reicht:

✗ Willenskraft ist begrenzt, nach einem anstrengenden Tag ist sie oft aufgebraucht.

✗ Strenge Regeln und „Muss"-Denken erzeugen Widerstand und Stress.

✗ Sobald eine Gewohnheit unangenehm wird, sinkt die Motivation rapide.

🚀 Warum positive Emotionen so viel besser funktionieren:

☑ Positive Gefühle setzen Dopamin frei, das Belohnungssystem des Gehirns wird aktiviert.

☑ Wenn eine Handlung Freude macht, willst du sie von selbst wiederholen.

☑ Je stärker du eine Gewohnheit mit positiven Emotionen verbindest, desto schneller wird sie zur Routine.

☞ Fazit: Wer Freude in seine Gewohnheiten integriert, braucht keine Disziplin, es passiert automatisch.

▣ Wie du positive Emotionen gezielt in deine Gewohnheiten einbaust

▶ 1. Verknüpfe deine Gewohnheit mit etwas, das dir Freude macht

🖈 Warum? Dein Gehirn liebt es, wenn etwas Spaß macht, dann wiederholt es die Handlung freiwillig.

💡 Beispiele:

☑ Sport machen? Hör deine Lieblingsmusik dabei. 🎵

☑ Morgens aufstehen? Genieße eine heiße Tasse Kaffee als Belohnung. ☕

☑ Gesünder essen? Koche leckere Rezepte, die dich begeistern. 🥗

🚀 Tipp: Je mehr Freude eine Gewohnheit auslöst, desto schneller wird sie zur Routine.

▶ 2. Feiere kleine Erfolge sofort!

🖈 Warum? Dein Gehirn liebt Bestätigung, je schneller du sie bekommst, desto stärker wird die Gewohnheit gefestigt.

💡 Beispiele:

☑ Nach dem Training: Ein lautes „Yes!" oder ein kleines Siegeszeichen mit der Faust. ✊

☑ Nach 10 Minuten Meditation: Ein tiefes, bewusstes Lächeln. 😊

☑ Nach einer gesunden Mahlzeit: Eine kurze Dankbarkeitsübung für deinen Körper. 🙏

🚀 Warum das funktioniert:

☞ Kleine Erfolge feiern, setzen sofort Dopamin frei und machen die Gewohnheit lohnenswert.

▶ 3. Nutze Visualisierung und positive Selbstgespräche

🖈 Warum? Dein Unterbewusstsein beeinflusst deine Emotionen. Wenn du positiv über deine Gewohnheiten denkst, stärkst du sie automatisch.

💡 Beispiele:

☑ Vor dem Training: Stelle dir vor, wie gut du dich danach fühlen wirst.

☑ Beim Lernen: Sage dir: „Ich bin intelligent und lerne jeden Tag dazu."

☑ Beim Meditieren: Denke: „Ich werde entspannter und fokussierter mit jeder Minute."

🚀 Tipp: Sprich positiv über deine Gewohnheiten, dein Gehirn wird dir glauben.

▶ 4. Setze bewusst auf „Freude-Trigger"

🖈 Warum? Dein Gehirn speichert Erinnerungen an emotionale Höhepunkte besonders gut, also baue gezielt positive Momente in deine Routine ein.

💡 Beispiele:

☑ Training: Schließe dein Workout immer mit einer Lieblingsübung ab.

☑ Arbeiten: Beende den Tag mit einer kleinen Erfolgsliste.

☑ Meditation: Verknüpfe sie mit einer angenehmen Umgebung (Kerzen, angenehmer Duft).

🚀 Warum das funktioniert:

☞ Wenn du eine Gewohnheit immer mit einem positiven Gefühl beendest, wirst du sie wiederholen wollen.

Deep Dive: Warum das Gehirn positive Emotionen speichert und wie du das für dich nutzen kannst

🔬 **Wissenschaftlicher Hintergrund:**

💡 *Das „Peak-End"-Prinzip zeigt, dass unser Gehirn sich vor allem an zwei Dinge erinnert:*

1️⃣ *Den emotional stärksten Moment einer Erfahrung.*

2️⃣ *Das Ende der Erfahrung.*

🚀 *Was bedeutet das für deine Gewohnheiten?*

- *Wenn der stärkste Moment positiv ist, speichert dein Gehirn die Handlung als angenehm ab.*
- *Wenn das Ende positiv ist, wirst du dich darauf freuen, die Handlung zu wiederholen.*

🚀 *Wie du das für dich nutzt:*

☑ *Finde den emotional stärksten Moment in deiner Gewohnheit und mache ihn positiv.*

☑ *Sorge dafür, dass jede Routine mit einem guten Gefühl endet.*

☞ *Fazit: Dein Gehirn speichert emotionale Höhepunkte, also gestalte deine Gewohnheiten so, dass sie Spaß machen!*

3️⃣ Checkliste: Wie du positive Emotionen in deine Gewohnheiten einbaust

📌 Meine Gewohnheiten machen mir Freude, weil…

☑ Ich verbinde sie mit etwas, das mir Spaß macht.

☑ Ich feiere kleine Erfolge sofort.

☑ Ich spreche positiv über meine Routinen.

☑ Ich nutze „Freude-Trigger", um meine Gewohnheiten angenehmer zu machen.

☑ Ich beende jede Routine mit einem guten Gefühl.

🚀 Je mehr Häkchen du setzen kannst, desto leichter wird dir deine neue Gewohnheit fallen!

4️⃣ Fazit: Wer Freude in seine Gewohnheiten integriert, braucht keine Disziplin mehr

✅ Positive Emotionen verstärken jede Gewohnheit ohne Druck oder Zwang.

✅ Je mehr Freude du in eine Routine bringst, desto eher wird sie zur Selbstverständlichkeit.

✅ Wer kleine Erfolge feiert, bleibt motiviert, weil das Gehirn Dopamin ausschüttet.

✅ Gute Gewohnheiten sind keine Last, wenn du sie mit positiven Emotionen verknüpfst.

💡 Erfolgreiche Menschen haben nicht mehr Disziplin sie haben mehr Spaß an ihren Routinen.

🚀 Aufgabe für dich:

1️⃣ Welche neue Gewohnheit willst du etablieren und wie kannst du sie angenehmer gestalten?

2️⃣ Wie kannst du sofort nach jeder Durchführung eine kleine Erfolgsgeste einbauen?

3️⃣ Welche „Freude-Trigger" kannst du in deine Routine integrieren?

4️⃣ Wie kannst du sicherstellen, dass jede Routine mit einem positiven Gefühl endet?

Denn wer Freude in seine Gewohnheiten bringt, verändert sich spielerisch und dauerhaft. 🚀

Kapitel 6: Gewohnheiten in verschiedenen Lebensbereichen

6.1 Gesundheit und Fitness: Bewegung und Ernährung optimieren

Gesundheit und Fitness sind zwei der wichtigsten Säulen für ein glückliches und erfülltes Leben. Doch viele Menschen kämpfen damit, langfristig gesunde Gewohnheiten beizubehalten.

💡 Warum? Weil sie versuchen, ihre gesamte Ernährung oder ihr Trainingsprogramm auf einen Schlag zu ändern, anstatt sich auf kleine, nachhaltige Gewohnheiten zu konzentrieren.

☞ Die Lösung: Ersetze drastische Veränderungen durch clevere Mikrogewohnheiten, die sich leicht in deinen Alltag integrieren lassen.

In diesem Kapitel erfährst du, wie du deine Bewegung und Ernährung optimierst, ohne dich ständig überwinden zu müssen.

1️⃣ Warum kleine Gesundheits Gewohnheiten langfristig erfolgreicher sind

🔍 Viele Menschen machen den Fehler, ihre Gesundheitsziele zu groß anzusetzen.

🏹 Typische Fehler:

✖ „Ich gehe ab morgen jeden Tag ins Fitnessstudio." → Nach zwei Wochen bist du ausgebrannt.

✖ „Ich esse nie wieder Zucker." → Zu radikal, um langfristig durchzuhalten.

✖ „Ich mache eine 3-Monats-Diät." → Was passiert danach?

🚀 Warum kleine, stetige Veränderungen besser sind:

☑ Dein Gehirn hat weniger Widerstand gegen kleine Anpassungen.

☑ Du vermeidest den typischen Jojo-Effekt bei Ernährung oder Training.

☑ Nachhaltige Veränderungen sind einfacher beizubehalten.

☞ Fazit: Gesunde Gewohnheiten sollten so einfach sein, dass du sie ohne große Willenskraft ausführen kannst.

2️⃣ Bewegungsgewohnheiten: So integrierst du mehr Aktivität in deinen Alltag

🔍 Regelmäßige Bewegung verbessert nicht nur deine Fitness, sondern auch deine Energie, Laune und geistige Leistungsfähigkeit.

🏹 Häufige Hindernisse:

✖ „Ich habe keine Zeit für Sport."

✖ „Ich bin nicht sportlich."

✖ „Ich hasse Fitnessstudios."

🚀 Die Lösung: Integriere Bewegung in deinen Alltag ohne zusätzlichen Aufwand.

▶ 1. Die „1%-Methode" für mehr Bewegung

🏹 Warum? Schon kleine Änderungen können große Effekte haben.

💡 Mini-Gewohnheiten:

☑ Jeden Morgen eine Kniebeuge machen, klingt lächerlich, aber nach einer Woche machst du vielleicht 10.

☑ Jedes Mal die Treppe nehmen statt den Aufzug.

☑ Beim Telefonieren im Stehen oder Gehen sprechen.

☑ Beim Zähneputzen Kniebeugen oder Wadenheben machen.

🚀 Warum das funktioniert:

☞ Wenn Bewegung selbstverständlich wird, brauchst du kein extra Workout mehr.

▶ 2. Die „Wenn-Dann-Regel" für Sport-Routinen

📌 Warum? Dein Gehirn liebt klare Verknüpfungen.

💡 Beispiele:

☑ „Wenn ich morgens aufstehe, dann mache ich 10 Liegestütze."

☑ „Wenn ich von der Arbeit nach Hause komme, dann ziehe ich sofort meine Sportsachen an."

☑ „Wenn ich Netflix schaue, dann mache ich nebenbei Dehnübungen."

🚀 Warum das funktioniert:

☞ Je klarer die Verknüpfung, desto leichter fällt die Umsetzung.

▶ 3. Finde eine Sportart, die dir Spaß macht

📌 Warum? Bewegung muss keine Pflicht sein, sie kann ein Highlight deines Tages werden.

💡 Alternative Sportarten für mehr Spaß:

☑ Tanzen

☑ Trampolinspringen

☑ Kampfsport oder Boxen

☑ Klettern oder Bouldern

☑ Teamsport z.B. Volleyball, Basketball

🚀 Warum das funktioniert:

☞ Je mehr Spaß du an Bewegung hast, desto weniger brauchst du Disziplin.

③ Ernährungsgewohnheiten: Kleine Tricks für eine gesunde Ernährung

🔍 Gesunde Ernährung muss nicht kompliziert oder langweilig sein.

📌 Häufige Fehler:

✗ Strenge Diäten → Führen oft zum Jojo-Effekt.

✗ Radikale Verbote → Machen Lebensmittel nur noch verlockender.

✗ Unklare Regeln → Erschweren langfristige Veränderungen.

🚀 Die Lösung: Ersetze schlechte Gewohnheiten durch einfache, gesunde Alternativen.

▶ 1. Tausche ungesunde Lebensmittel schrittweise aus

📌 Warum? Dein Gehirn liebt Kontinuität, also ändere deine Ernährung langsam.

💡 Einfache Alternativen:

☑ Limonade → Sprudel Wasser mit Zitronenscheiben

☑ Weißbrot → Vollkornbrot

☑ Milchschokolade → Zartbitterschokolade

☑ Chips → Nüsse oder geröstete Kichererbsen

🎯 Warum das funktioniert:

☝ Langsame Anpassungen sind nachhaltiger als radikale Diäten.

▶️ 2. Nutze visuelle Tricks, um gesünder zu essen

📌 Warum? Unser Essverhalten wird stark von unserem Umfeld beeinflusst.

💡 Psychologisch bewiesene Hacks:

☑ Nutze kleinere Teller, dadurch isst du automatisch weniger.

☑ Platziere gesunde Snacks auf Augenhöhe im Kühlschrank.

☑ Bewahre ungesunde Snacks außer Sichtweite auf.

🎯 Warum das funktioniert:

☝ Du isst, was du siehst, also positioniere gesunde Optionen prominent.

▶️ 3. Mache gesunde Ernährung einfach und bequem

📌 Warum? Je weniger Aufwand, desto eher bleibst du dran.

💡 Beispiele:

☑ Meal Prep: Koche größere Portionen und lagere sie für schnelle Mahlzeiten.

☑ Einfache Rezepte: Gesunde Bowls, Smoothies oder Suppen gehen schnell und sind nahrhaft.

☑ Immer gesunde Snacks dabei haben: Eine Banane oder Nüsse für unterwegs.

🎯 Warum das funktioniert:

☝ Je bequemer gesunde Ernährung ist, desto leichter setzt du sie um.

Deep Dive: Warum unser Gehirn gesunde Gewohnheiten oft ablehnt und wie du es austrickst

🔬 **Wissenschaftlicher Hintergrund:**

💡 *Unser Gehirn bevorzugt schnelle Belohnungen genau deshalb sind ungesunde Lebensmittel und Faulenzen so verlockend.*

🎯 *Wie du dein Gehirn umprogrammierst:*

☑ *Nutze Belohnungen: Sage dir nach jedem gesunden Essen „Gut gemacht!".*

☑ *Visualisiere die langfristigen Vorteile: Stelle dir vor, wie gut du dich nach Bewegung und gesunder Ernährung fühlst.*

☑ *Mache neue Gewohnheiten so einfach wie möglich.*

🎯 *Fazit: Dein Gehirn liebt den einfachsten Weg also mache gesunde Gewohnheiten so leicht wie möglich.*

5️⃣ Fazit: Kleine Veränderungen für langfristige Gesundheit

☑ Mehr Bewegung muss nicht kompliziert sein, baue sie in deinen Alltag ein.

☑ Ernährungsumstellung gelingt besser durch kleine, schrittweise Veränderungen.

☑ Nutze clevere Tricks, um dein Gehirn in Richtung gesunder Entscheidungen zu lenken.

☑ Der Schlüssel zu nachhaltiger Gesundheit ist nicht Disziplin, sondern eine clevere Gewohnheit Gestaltung.

💡 Gesundheit ist kein Sprint, sie ist das Ergebnis der täglichen, kleinen Entscheidungen, die du triffst.

🚀 Aufgabe für dich:

1️⃣ Welche kleine Bewegungsgewohnheit kannst du heute in deinen Alltag integrieren?

2️⃣ Welche ungesunde Ess Gewohnheit kannst du durch eine bessere Alternative ersetzen?

3️⃣ Wie kannst du dein Umfeld so gestalten, dass gesunde Entscheidungen einfacher werden?

Denn wer seine Gesundheitsgewohnheiten klug gestaltet, lebt nicht nur gesünder, sondern auch glücklicher. 🚀

6.2 Produktivität im Beruf: Fokus und Zeitmanagement

Kennst du das Gefühl, dass dein Arbeitstag einfach nicht reicht, um alle Aufgaben zu erledigen? Du fängst mit einem klaren Plan an, doch plötzlich sind Stunden vergangen und du hast kaum etwas geschafft?

💡 Das Problem ist nicht mangelnde Disziplin sondern unbewusste Gewohnheiten, die deine Produktivität sabotieren.

👉 Die Lösung: Schaffe clevere Arbeitsroutinen, die den Fokus und Effizienz steigern ohne zusätzlichen Stress.

In diesem Kapitel erfährst du, wie du durch kleine Veränderungen deinen Fokus verbesserst, Zeit effizienter nutzt und beruflich produktiver wirst.

1️⃣ Warum Produktivität eine Frage der Gewohnheiten ist

🔍 Produktivität ist nicht das Ergebnis harter Arbeit, sondern kluger Systeme.

🚀 Typische Produktivitätskiller:

✖ Multitasking – Dein Gehirn kann nicht effektiv zwischen Aufgaben springen.

✖ Ständige Ablenkungen – E-Mails, Social Media und Kollegen zerstören deinen Fokus.

✖ Unklare Prioritäten – Ohne Struktur verlierst du Zeit mit unwichtigen Aufgaben.

🚀 Warum gute Gewohnheiten entscheidend sind:

☑ Sie automatisieren deinen Arbeitsprozess, weniger Stress, mehr Effizienz.

☑ Du sparst Energie, weil du nicht ständig Entscheidungen treffen musst.

☑ Kleine Änderungen summieren sich zu massiven Produktivitätssteigerungen.

👉 Fazit: Produktivität ist nicht, wie lange du arbeitest, sondern wie fokussiert du arbeitest.

2 Fokus-Gewohnheiten: So vermeidest du Ablenkungen

🔍 Ablenkungen sind der größte Feind der Produktivität.

📌 Warum sie so gefährlich sind:

- Jede Unterbrechung kostet bis zu 23 Minuten, um wieder in den Flow zu kommen.
- Viele Ablenkungen sind unsichtbare Gewohnheiten, du bemerkst sie gar nicht.

📌 Lösungen: Ersetze Ablenkungs Gewohnheiten durch Fokus-Routinen.

▶️ 1. Die „Goldene Morgenroutine" für Produktivität

📌 Warum? Dein Morgen bestimmt deine Energie und Konzentration für den ganzen Tag.

💡 Beispiele für eine produktive Morgenroutine:

☑ 5 Minuten planen: Notiere die drei wichtigsten Aufgaben des Tages.

☑ Keine E-Mails oder Social Media in der ersten Stunde.

☑ Bewegung oder Meditation für mentale Klarheit.

📌 Warum das funktioniert:

☞ Ein strukturierter Start verhindert, dass du in den Reaktions-Modus verfällst.

▶️ 2. Die „90-Minuten-Regel" für maximalen Fokus

📌 Warum? Dein Gehirn kann sich nur für begrenzte Zeit konzentrieren.

💡 Produktivitäts Rhythmus:

☑ Arbeite 90 Minuten fokussiert, dann 10-15 Minuten Pause.

☑ Nutze eine Timer-Methode z. B. Pomodoro-Technik: 25 Min. Arbeit, 5 Min. Pause.

☑ Schalte Benachrichtigungen aus und arbeite mit voller Konzentration.

📌 Warum das funktioniert:

☞ Kurze, intensive Arbeitsphasen sind effektiver als ein langer, unstrukturierter Arbeitstag.

▶️ 3. Nutze die „E-Mail-Zeitblock-Methode"

📌 Warum? Ständiges Checken von E-Mails zerstört deine Konzentration.

💡 Neue Regel:

☑ Setze feste Zeiten für E-Mails z.B. 10 Uhr und 15 Uhr.

☑ Beantworte Mails in Blöcken, nicht zwischendurch.

☑ Nutze eine Autoreply-Nachricht: „Ich checke E-Mails zweimal täglich, in dringenden Fällen bitte anrufen."

📌 Warum das funktioniert:

☞ Du reduzierst ständige Unterbrechungen und bleibst länger im Fokus.

3 Zeitmanagement-Gewohnheiten: So erledigst du mehr in weniger Zeit

🔍 Zeit ist deine wertvollste Ressource, nutze sie gezielt.

✗ Häufige Zeitfresser:

✗ Unklare Prioritäten, du arbeitest an unwichtigen Aufgaben.

✗ Zu viele Meetings, oft ineffektiv und zeitraubend.

✗ Perfektionismus, du verbringst zu viel Zeit mit Details.

🚀 Lösungen: Ersetze ineffektive Routinen durch produktive Zeitmanagement-Strategien.

▶ 1. Die „3x3-Regel" für effektive Priorisierung

🎯 Warum? Viele Menschen arbeiten den ganzen Tag, aber nicht an den richtigen Dingen.

💡 So funktioniert die 3x3-Regel:

☑ Jeden Morgen notierst du 3 Hauptaufgaben, die du unbedingt erledigen willst.

☑ Dann definierst du 3 kleinere Aufgaben, die wichtig, aber nicht dringend sind.

☑ Alles andere ist „Bonus" aber nicht essentiell.

🚀 Warum das funktioniert:

☞ Du arbeitest an dem, was wirklich zählt, nicht nur an dem, was dringend erscheint.

▶ 2. „Batching" Ähnliche Aufgaben zusammenfassen

🎯 Warum? Dein Gehirn braucht Zeit, um sich auf neue Aufgaben einzustellen, ständiges Springen kostet Energie.

💡 Beispiele für effektives Batching:

☑ Alle Telefonate und Meetings am Nachmittag bündeln.

☑ E-Mails und Schreibarbeiten in Blöcken erledigen.

☑ Kreative Aufgaben z.B. Präsentationen an bestimmten Tagen einplanen.

🚀 Warum das funktioniert:

☞ Du eliminierst mentale Wechselkosten und arbeitest effizienter.

▶ 3. Setze klare Grenzen für deine Arbeitszeit

🎯 Warum? Mehr Stunden bedeuten nicht automatisch mehr Produktivität.

💡 Neue Regel:

☑ Lege eine feste Endzeit für deinen Arbeitstag fest.

☑ Vermeide Überstunden, um langfristig leistungsfähig zu bleiben.

☑ Nutze Rituale, um bewusst in den Feierabend zu wechseln, z.B. Laptop schließen, To-Do-Liste für den nächsten Tag schreiben.

🚀 Warum das funktioniert:

☞ Ein klarer Arbeitsabschluss sorgt für mehr Erholung und weniger Stress.

Deep Dive: Warum unser Gehirn klare Strukturen für Produktivität braucht

🔬 *Wissenschaftlicher Hintergrund:*

💡 *Das „Zeigarnik-Effekt"-Prinzip zeigt, dass unser Gehirn sich offene Aufgaben merkt was Stress verursacht.*

📌 *Was bedeutet das für deinen Alltag?*

- *Unstrukturierte To-Do-Listen erzeugen Unruhe.*
- *Unklare Prioritäten führen zu Aufschieberitis.*
- *Regelmäßige Arbeitsblöcke geben deinem Gehirn Struktur und reduzieren die mentale Belastung.*

✒ *Wie du das für dich nutzt:*

☑ *Plane deine To-dos am Vortag, dein Gehirn startet entspannter in den Arbeitstag.*

☑ *Nutze Zeitblöcke für die Fokusarbeit, dein Gehirn liebt Routine.*

☑ *Erledige wichtige Aufgaben zuerst, dann bleibt dein Kopf frei.*

4️⃣ Fazit: Klare Gewohnheiten für maximale Produktivität

☑ Produktivität ist keine Frage der Arbeitszeit, sondern der richtigen Systeme.

☑ Ablenkungen eliminieren und Fokus Zeiten festlegen erhöht deine Effizienz enorm.

☑ Gezieltes Zeitmanagement spart Stunden pro Woche ohne zusätzlichen Stress.

☑ Strukturierte Arbeitsroutinen entlasten dein Gehirn und machen dich langfristig produktiver.

💡 Wer seine Arbeitsgewohnheiten optimiert, erledigt mehr in weniger Zeit.

🚀 Aufgabe für dich:

1️⃣ Welche Ablenkungsgewohnheit hält dich am meisten von fokussiertem Arbeiten ab?

2️⃣ Wie kannst du deine Morgenroutine optimieren, um produktiver zu starten?

3️⃣ Welche Zeitmanagement-Methode wirst du diese Woche ausprobieren?

4️⃣ Wie kannst du deine Arbeitszeiten klarer strukturieren, um Stress zu reduzieren?

Denn wer seine Gewohnheiten clever gestaltet, arbeitet smarter nicht härter. 🚀

6.3 Beziehungen stärken: Gewohnheiten für bessere Kommunikation und Empathie

Ob Freundschaften, Familie, Partnerschaft oder berufliche Kontakte, erfolgreiche Beziehungen sind kein Zufall, sondern das Ergebnis bewusster Gewohnheiten.

💡 Warum? Weil unsere zwischenmenschlichen Interaktionen oft aus Automatismen bestehen, sind manche positiv, andere destruktiv.

☞ Die Lösung: Entwickle gezielt Gewohnheiten, die deine Kommunikation verbessern, deine Empathie stärken und tiefere Verbindungen schaffen.

In diesem Kapitel erfährst du, wie du mit kleinen, aber wirkungsvollen Veränderungen deine zwischenmenschlichen Beziehungen verbessern kannst.

1 Warum gute Beziehungen das Ergebnis bewusster Gewohnheiten sind

🔍 Erfolgreiche Beziehungen entstehen nicht durch Glück sondern durch kleine, wiederholte Handlungen.

✖ Typische Beziehungskiller:

✖ Unaufmerksamkeit – Du bist physisch anwesend, aber geistig woanders.

✖ Fehlende Wertschätzung – Du drückst nicht aus, wie wichtig dir die andere Person ist.

✖ Reaktives Verhalten – Du kommunizierst impulsiv statt reflektiert.

🚀 Warum gute Beziehungsgewohnheiten entscheidend sind:

☑ Sie stärken Vertrauen und emotionale Nähe.

☑ Sie verhindern Missverständnisse und unnötige Konflikte.

☑ Sie machen Beziehungen langfristig erfüllender und stabiler.

☞ Fazit: Gute Beziehungen sind das Resultat kleiner, wiederholter Gesten, nicht großer einmaliger Aktionen.

2 Kommunikationsgewohnheiten: So wirst du ein besserer Gesprächspartner

🔍 Gute Kommunikation beginnt mit Zuhören, nicht mit Reden.

✖ Typische Fehler in Gesprächen:

✖ Du wartest nur darauf, selbst zu sprechen, statt wirklich zuzuhören.

✖ Du unterbrichst oder lenkst das Thema auf dich.

✖ Du bist mit dem Handy beschäftigt, während die andere Person spricht.

🚀 Lösung: Entwickle Gewohnheiten, die dich zu einem besseren Zuhörer und Gesprächspartner machen.

▶ 1. Die „3-Sekunden-Regel" für echtes Zuhören

✖ Warum? Viele Menschen hören nur halb zu, weil sie gedanklich schon bei ihrer Antwort sind.

💡 Neue Regel:

☑ Warte drei Sekunden, bevor du antwortest, so verarbeitest du das Gesagte wirklich.

☑ Stelle eine Rückfrage, um zu zeigen, dass du aktiv zuhörst.

☑ Paraphrasiere das Wichtigste, um Missverständnisse zu vermeiden.

🚀 Warum das funktioniert:

☞ Bewusstes Zuhören stärkt Beziehungen, weil sich die andere Person wertgeschätzt fühlt.

▶ 2. Die „Handyfreie-Zonen"-Gewohnheit für tiefere Gespräche

✖ Warum? Smartphones unterbrechen emotionale Verbindungen, auch wenn sie nur auf dem Tisch liegen.

- 💡 Neue Regel:
- ☑ Beim Essen → Handy weg.
- ☑ In tiefen Gesprächen → Kein Blick aufs Display.
- ☑ In Partnerschaft & Familie → Mindestens 30 Minuten „Offline-Zeit" täglich.

🚀 Warum das funktioniert:

☞ Volle Aufmerksamkeit signalisiert: „Du bist mir wichtig."

▶️ 3. Die „Ich-statt-Du"-Technik für weniger Streit

📌 Warum? „Du-Botschaften" lösen Abwehrreaktionen aus, während „Ich-Botschaften" Konflikte entschärfen.

💡 Beispiel:

✖ „Du hörst mir nie zu!" → ✖ Angriff, der Streit provoziert.

☑ „Ich fühle mich übergangen, wenn ich das Gefühl habe, nicht gehört zu werden." → ☑ Sachlich, lösungsorientiert.

🚀 Warum das funktioniert:

☞ Emotionale Konflikte werden konstruktiver gelöst, wenn man über eigene Gefühle spricht.

3️⃣ Gewohnheiten für mehr Empathie und emotionale Intelligenz

🔍 Empathie ist die Fähigkeit, die Perspektive anderer Menschen zu verstehen und ihre Gefühle nachzuvollziehen.

📌 Warum Empathie entscheidend ist:

- ☑ Sie stärkt Beziehungen, weil sich Menschen verstanden fühlen.
- ☑ Sie hilft, Konflikte zu lösen, bevor sie eskalieren.
- ☑ Sie macht dich zu einem besseren Partner, Freund oder Kollegen.

🚀 Wie du Empathie gezielt trainieren kannst:

▶️ 1. Die „Spiegeltechnik" für mehr Verständnis

📌 Warum? Menschen fühlen sich automatisch mehr verstanden, wenn ihre Emotionen reflektiert werden.

💡 Beispiele:

☑ „Ich merke, dass dich das gerade frustriert. "Habe ich das richtig verstanden?"

☑ „Du wirkst unsicher bei dieser Entscheidung, möchtest du darüber sprechen?"

🚀 Warum das funktioniert:

☞ Wenn sich Menschen emotional verstanden fühlen, sind sie offener für Lösungen.

▶️ 2. Die „1-Kompliment-pro-Tag"-Gewohnheit

📌 Warum? Lob und Wertschätzung sind der stärkste soziale Klebstoff.

💡 Neue Regel:

☑ Jeden Tag mindestens einer Person ein echtes, persönliches Kompliment machen.

☑ Keine Standardsätze („Du siehst gut aus"), sondern detaillierte Wertschätzung („Ich finde es toll, wie du Probleme analytisch löst").

🚀 Warum das funktioniert:

☞ Regelmäßige Wertschätzung stärkt jede Beziehung, egal ob beruflich oder privat.

▶ 3. Die „Frage-des-Tages"-Gewohnheit für tiefere Gespräche

📍 Warum? Tiefe Gespräche schaffen stärkere Verbindungen als oberflächlicher Smalltalk.

💡 Neue Regel:

☑ Stelle täglich eine interessante Frage, die über Alltagsgespräche hinausgeht.

💡 Beispiele:

- „Was hat dich heute am meisten zum Lächeln gebracht?"
- „Wenn du einen Tag ohne Verpflichtungen hättest, wie würdest du ihn verbringen?"
- „Was ist eine Lektion, die du in letzter Zeit gelernt hast?"

🚀 Warum das funktioniert:

☞ Interessante Fragen öffnen Türen zu tiefgründigeren Gesprächen.

Deep Dive: Warum unser Gehirn auf soziale Verbindungen programmiert ist

📚 *Wissenschaftlicher Hintergrund:*

💡 *Das menschliche Gehirn ist von Natur aus auf soziale Bindungen ausgerichtet weil sie evolutionär überlebenswichtig waren.*

📍 *Studien zeigen:*

- *Menschen mit starken sozialen Verbindungen sind glücklicher und gesünder.*
- *Gute Kommunikation und Empathie aktivieren das Belohnungssystem des Gehirns (Dopamin-Ausschüttung).*
- *Tiefere Gespräche führen nachweislich zu mehr Zufriedenheit in Freundschaften und Partnerschaften.*

🚀 *Fazit: Gute Beziehungen sind kein Zufall, sondern das Ergebnis emotionaler Gewohnheiten.*

4️⃣ Fazit: Gewohnheiten für bessere Beziehungen und Kommunikation

☑ Bessere Zuhörgewohnheiten sorgen für tiefere Verbindungen.

☑ Empathie-Gewohnheiten stärken Vertrauen und verhindern Konflikte.

☑ Kleine Wertschätzungen haben eine große Wirkung.

☑ Gute Beziehungen entstehen durch kleine tägliche Gesten, nicht durch große Aktionen.

◌ Wer bewusst an seinen Beziehungsgewohnheiten arbeitet, baut tiefere und erfüllendere Verbindungen auf.

🚀 Aufgabe für dich:

1️⃣ Welche Kommunikationsgewohnheit kannst du verbessern?

2️⃣ Wie kannst du heute jemandem bewusst Wertschätzung zeigen?

3️⃣ Welche „Tiefen Fragen" kannst du in Gespräche einbauen, um sie interessanter zu machen?

4️⃣ Wie kannst du dein Handy-Verhalten optimieren, um präsenter in Gesprächen zu sein?

Denn wer bessere Beziehungensgewohnheiten entwickelt, lebt nicht nur erfolgreicher, sondern auch glücklicher. 🚀

6.4 Persönliches Wachstum durch tägliche Reflexion

Hast du jemals das Gefühl, dass du durch den Alltag hetzt, ohne wirklich innezuhalten? Dass du zwar Dinge erledigst, aber selten bewusst darüber nachdenkst, ob du in die richtige Richtung gehst?

◌ Das Problem: Viele Menschen wachsen nicht, weil sie keine Zeit zur Reflexion einplanen.

☞ Die Lösung: Regelmäßige Reflexion Gewohnheiten helfen dir, bewusster zu leben, aus Erfahrungen zu lernen und gezielt zu wachsen.

In diesem Kapitel erfährst du, wie du Reflexion als tägliche Gewohnheit etablierst, um deine persönliche Entwicklung zu beschleunigen.

1️⃣ Warum Reflexion der Schlüssel zu persönlichem Wachstum ist

🔍 Erfolg entsteht nicht nur durch Aktion, sondern auch durch bewusstes Nachdenken.

🎯 Warum Reflexion so wichtig ist:

☑ Du erkennst, was gut läuft und kannst es verstärken.

☑ Du vermeidest es, dieselben Fehler immer wieder zu machen.

☑ Du gewinnst Klarheit über deine Ziele und Fortschritte.

🚀 Fazit: Wer sich täglich reflektiert, entwickelt sich schneller weil er bewusster handelt.

2️⃣ Die besten Reflexion Gewohnheiten für persönliches Wachstum

🔍 Wie kannst du Reflexion in deinen Alltag integrieren?

🎯 Regelmäßige Reflexion muss nicht kompliziert sein, kurze gezielte Fragen reichen oft aus.

▶️ 1. Die „3-Fragen-Abend-Reflexion" (Dauer: 5 Minuten)

🎯 Warum? Wenn du jeden Tag kurz inne hältst, erkennst du schneller Muster in deinem Verhalten.

◌ Drei Fragen für deine Abend Reflexion:

☑ Was ist mir heute gut gelungen? (Feiere deine Erfolge!)

☑ Was hätte ich besser machen können? (Lerne aus Fehlern.)

☑ Wofür bin ich heute dankbar? (Fokus auf Positives.)

🚀 Warum das funktioniert:

☞ Du trainierst dein Gehirn, Erfolge zu erkennen, aus Fehlern zu lernen und dankbarer zu sein.

▶ 2. Die „Wochenrückblick"-Gewohnheit (Dauer: 10 Minuten)

🚀 Warum? Ein wöchentlicher Check-in hilft dir, den Überblick über dein Leben zu behalten.

💡 Fragen für deinen Wochenrückblick:

☑ Was waren meine größten Fortschritte diese Woche?

☑ Welche Herausforderungen habe ich gemeistert?

☑ Wo habe ich meine Zeit verschwendet und wie kann ich das nächste Woche vermeiden?

🚀 Warum das funktioniert:

☞ Du erkennst Trends in deinem Verhalten und kannst gezielt justieren.

▶ 3. Die „Monats Reflexion" für langfristige Entwicklung

🚀 Warum? Große Veränderungen erkennt man oft erst mit etwas Abstand.

💡 Fragen für deine Monats Reflexion:

☑ Welche Ziele habe ich erreicht und warum?

☑ Was hat mich am meisten herausgefordert?

☑ Welche Gewohnheiten will ich im nächsten Monat verbessern?

🚀 Warum das funktioniert:

☞ Monatliche Reflexion hilft dir, große Entwicklungen zu erkennen und aktiv zu steuern.

Deep Dive: Warum Reflexion dein Denken neu programmiert

📖 **Wissenschaftlicher Hintergrund:**

💡 *Unser Gehirn lernt nicht nur durch Erfahrung sondern vor allem durch bewusste Analyse.*

🚀 *Das „Reflexions-Prinzip":*

- *Menschen, die regelmäßig reflektieren, lernen schneller aus Fehlern.*

- *Reflexion hilft, bewusste Entscheidungen zu treffen, statt nur auf äußere Umstände zu reagieren.*

- *Studien zeigen, dass Tagebuch-Schreiben das Gehirn auf Problemlösung und Selbstbewusstsein programmiert.*

🚀 *Wie du das für dich nutzt:*

☑ *Mache Reflexion zur Gewohnheit, täglich, wöchentlich und monatlich.*

☑ *Nutze gezielte Fragen, um tiefer über dein Leben nachzudenken.*

☑ *Schreibe deine Gedanken auf, Reflexion wird effektiver, wenn sie sichtbar ist.*

☞ *Fazit: Ohne Reflexion wiederholen wir dieselben Fehler. Mit Reflexion lernen wir aus ihnen.*

③ Praktische Übungen für mehr Selbstreflexion

🏹 Übung 1: Die „60-Sekunden-Stopp-Pause"

- Setze dir jeden Tag einen kurzen Timer z.B. um 12 Uhr.
- Stelle dir die Frage: „Handle ich heute so, wie ich es mir vorgenommen habe?"
- Falls nicht, korrigiere deinen Fokus für den restlichen Tag.

🚀 Warum das funktioniert:

☞ Bewusst innehalten verhindert, dass du den ganzen Tag auf Autopilot läufst.

🏹 Übung 2: Die „Zukunfts-Ich"-Technik

- Stell dir dein zukünftiges Ich in einem Jahr vor.
- Frage dich: „Was würde mein Zukunfts-Ich mir raten?"
- Schreibe eine kurze Nachricht an dich selbst mit den wichtigsten Erkenntnissen.

🚀 Warum das funktioniert:

☞ Du gewinnst eine neue Perspektive auf deine aktuellen Entscheidungen.

🏹 Übung 3: Die „5-Minuten-Schreibgewohnheit"

- Schreibe jeden Morgen oder Abend eine kurze Reflexion in ein Notizbuch.
- Kein Druck, einfach 5 Minuten frei schreiben, was dir in den Kopf kommt.
- Lies deine Einträge nach einer Woche durch, du wirst Muster erkennen.

🚀 Warum das funktioniert:

☞ Selbst kleine Schreibgewohnheiten helfen, Klarheit und Selbstbewusstsein zu entwickeln.

④ Fazit: Wer reflektiert, wächst schneller und bewusster

☑ Tägliche Reflexion macht dich bewusster und hilft dir, Muster in deinem Verhalten zu erkennen.

☑ Wöchentliche und monatliche Rückblicke ermöglichen gezielte Weiterentwicklung.

☑ Selbst einfache Reflexionsfragen können deine Denkweise langfristig verändern.

☑ Ohne Reflexion wiederholst du Fehler, mit Reflexion lernst du aus ihnen.

💡 Wer bewusster über sein Leben nachdenkt, trifft bessere Entscheidungen und wächst kontinuierlich.

📎 Aufgabe für dich:
1️⃣ Welche Reflexions Gewohnheit kannst du heute ausprobieren? (Tägliche 3-Fragen-Routine, Wochenrückblick oder Monatsanalyse?)
2️⃣ Wie kannst du einen festen Moment für Reflexion in deinen Alltag einbauen?
3️⃣ Wann hast du dich das letzte Mal bewusst mit deinen Fortschritten beschäftigt und was hast du dabei gelernt?
4️⃣ Welche Frage wirst du dir heute Abend stellen, um mehr Klarheit zu gewinnen?
Denn wer regelmäßig reflektiert, lenkt sein Leben aktiv, statt nur mit dem Strom zu treiben. 📎

6.5 Finanzen: Sparen, Investieren und Konsumgewohnheiten

Geld ist ein zentrales Element unseres Lebens, es beeinflusst unsere Sicherheit, Freiheit und Zukunft. Doch während viele Menschen ihr Einkommen steigern wollen, vernachlässigen sie die Macht finanzieller Gewohnheiten.

💡 Das Problem: Wer sich keine bewussten Spar-, Investitions- und Konsumgewohnheiten aneignet, verliert oft Geld durch schlechte Entscheidungen oder impulsiven Konsum.

👉 Die Lösung: Automatisiere deine Finanzen mit cleveren Gewohnheiten, um Vermögen aufzubauen, ohne dich ständig darum kümmern zu müssen.

In diesem Kapitel erfährst du, wie du mit einfachen, effektiven Routinen finanziell unabhängiger wirst.

1️⃣ Warum finanzielle Gewohnheiten wichtiger sind als dein Einkommen
🔍 Viele glauben, dass finanzieller Erfolg davon abhängt, wie viel man verdient doch das stimmt nur teilweise.
📌 Was wirklich zählt:
☑️ Wie viel du sparst und investierst, nicht nur, wie viel du verdienst.
☑️ Wie du dein Geld verwaltest, nicht nur, wie viel du ausgibst.
☑️ Ob du clevere Systeme hast, die deine Finanzen automatisieren.
📎 Fazit: Selbst ein hohes Einkommen bringt wenig, wenn du es falsch verwaltest aber mit den richtigen Gewohnheiten kannst du auch mit wenig Geld Vermögen aufbauen.

2️⃣ Spar Gewohnheiten: Wie du automatisch Vermögen aufbaust
🔍 Sparen fällt den meisten schwer weil sie sich auf Willenskraft verlassen statt auf Systeme.
📌 Typische Fehler beim Sparen:
✖ „Ich spare, was am Monatsende übrig bleibt." (Oft bleibt nichts übrig!)
✖ „Ich spare unregelmäßig, wenn ich daran denke."
✖ „Ich habe kein festes Sparziel, sondern spare einfach mal drauflos."

🚀 Bessere Spar Gewohnheiten:

▶️ 1. Die „Zahle zuerst dich selbst"-Methode

📌 Warum? Die meisten zahlen zuerst Rechnungen, Miete und Konsumausgaben und sparen nur, wenn etwas übrig bleibt.

💡 Neue Regel:

☑️ Sobald dein Gehalt eingeht, überweise sofort einen festen Betrag auf dein Sparkonto.

☑️ 10–20 % deines Einkommens als Standardziel.

☑️ Automatisiere diesen Prozess mit einem Dauerauftrag.

🚀 Warum das funktioniert:

👉 Sparen wird zur Priorität, nicht zum Nachgedanken.

▶️ 2. Das „3-Konten-Modell" für finanzielle Ordnung

📌 Warum? Viele haben nur ein Konto und verlieren dadurch den Überblick über ihr Geld.

💡 Neues System:

☑️ Girokonto: Für monatliche Fixkosten und Rechnungen.

☑️ Sparkonto: Für mittelfristige Rücklagen (Notgroschen, Anschaffungen).

☑️ Investmentkonto: Für langfristige Geldanlagen.

🚀 Warum das funktioniert:

👉 Klare Trennung verhindert, dass du versehentlich dein Spargeld ausgibst.

▶️ 3. Die „No-Spend-Tage"-Gewohnheit für bewussteren Konsum

📌 Warum? Viele Menschen geben Geld unbewusst für Kleinigkeiten aus, die sich summieren.

💡 Neue Regel:

☑️ Setze ein bis zwei Tage pro Woche fest, an denen du nichts ausgibst.

☑️ Falls du etwas kaufen willst, schreibe es auf eine Liste und überlege 24 Stunden.

🚀 Warum das funktioniert:

👉 Bewusstes Sparen beginnt damit, unnötige Ausgaben zu hinterfragen.

3️⃣ Investitions Gewohnheiten: Wie du dein Geld für dich arbeiten lässt

🔍 Sparen allein reicht nicht, durch kluge Investitionen kannst du langfristig finanziell unabhängig werden.

📌 Häufige Fehler beim Investieren:

❌ „Ich investiere später wenn ich mehr Geld habe."

❌ „Investieren ist zu kompliziert."

❌ „Ich vertraue nur meinem Sparbuch."

🚀 Bessere Investitions Gewohnheiten:

▶️ 1. Die „50-Euro-Startregel" für Investitionen

📌 Warum? Viele warten zu lange mit dem Investieren, weil sie denken, sie bräuchten viel Kapital.

💡 Neue Regel:

☑ Starte mit kleinen Beträgen z. B. 50 Euro/Monat, auch wenn es wenig erscheint.

☑ Nutze ETFs oder breit gestreute Fonds für den Anfang.

☑ Investiere regelmäßig, unabhängig von Marktschwankungen.

🚀 Warum das funktioniert:

☞ Kleine Beträge wachsen durch den Zinseszinseffekt über Jahre enorm.

▶ 2. „Investiere vor Konsum" die smarte Finanzregel

📌 Warum? Die meisten geben Geld für Konsum aus, bevor sie investieren und wundern sich, warum nichts übrig bleibt.

💡 Neue Regel:

☑ Jede größere Anschaffung sollte von Investitionserträgen bezahlt werden, nicht von deinem Gehalt.

☑ Beispiel: Willst du ein neues Smartphone? Investiere das Geld vorher, bis es sich durch Gewinne von selbst bezahlt.

🚀 Warum das funktioniert:

☞ Du baust Vermögen auf, bevor du es für Konsum ausgibst.

4️⃣ Konsumgewohnheiten: Wie du klüger mit Geld umgehst

🔍 Die meisten finanziellen Probleme entstehen durch schlechte Konsumgewohnheiten nicht durch zu wenig Einkommen.

📌 Typische Konsumfehler:

✘ Impulskäufe ohne Planung.

✘ Kreditkartenschulden durch unnötige Anschaffungen.

✘ Keine klare Budgetierung.

🚀 Bessere Konsumgewohnheiten:

▶ 1. Die „30-Tage-Regel" für größere Anschaffungen

📌 Warum? Die meisten Impulskäufe bereuen wir später.

💡 Neue Regel:

☑ Wenn du etwas Teures kaufen willst, warte 30 Tage.

☑ Wenn du nach 30 Tagen immer noch überzeugt bist, kauf es sonst nicht.

🚀 Warum das funktioniert:

☞ 90 % der Impulskäufe verschwinden nach kurzer Bedenkzeit.

▶ 2. Die „Nutzen pro Euro"-Technik für klügere Ausgaben

📌 Warum? Manche Ausgaben bringen langfristigen Wert, andere nur kurzfristige Befriedigung.

💡 Neue Regel:

☑ Frage dich vor jedem Kauf: „Wie lange wird mich das glücklich machen?"

☑ Bevorzuge Investitionen in Erlebnisse, Bildung oder Gesundheit.

🚀 Warum das funktioniert:

☞ Du gibst Geld für Dinge aus, die dein Leben langfristig verbessern.

5 Fazit: Clevere Finanz Gewohnheiten für nachhaltigen Wohlstand

☑ Sparen wird einfach, wenn du es automatisierst (zahle zuerst dich selbst).

☑ Investitionen sind nicht kompliziert, regelmäßige kleine Beträge machen den Unterschied.

☑ Bewusstes Konsumverhalten verhindert finanzielle Fehler.

☑ Finanzieller Erfolg ist das Ergebnis kluger Systeme, nicht nur harter Arbeit.

💡 Wer seine finanziellen Gewohnheiten optimiert, wird automatisch wohlhabender.

🚀 Aufgabe für dich:

1️⃣ Welche Spar Gewohnheit kannst du heute einführen? (Dauerauftrag, No-Spend-Tage?)

2️⃣ Wie kannst du deine Finanzen automatisieren, damit du dich nicht darum kümmern musst?

3️⃣ Wann wirst du deine ersten 50 Euro investieren?

4️⃣ Welche Konsumgewohnheit kannst du hinterfragen und optimieren?

Denn wer seine Geld Gewohnheiten verbessert, baut langfristig finanzielle Sicherheit und Freiheit auf. 🚀

6.6 Kreativität fördern: Gewohnheiten für innovative Ideen

Kreativität ist nicht nur für Künstler oder Schriftsteller wichtig, sie ist eine der wertvollsten Fähigkeiten in jedem Lebensbereich.

💡 Das Problem: Viele glauben, Kreativität sei eine angeborene Eigenschaft, entweder man hat sie oder nicht. Doch in Wahrheit ist Kreativität eine trainierbare Gewohnheit.

👉 Die Lösung: Mit den richtigen Routinen kannst du deine Kreativität gezielt fördern, innovative Ideen entwickeln und deine Problemlösungsfähigkeiten verbessern.

In diesem Kapitel erfährst du, wie du mit einfachen Gewohnheiten kreativer wirst, egal, ob in der Arbeit, beim Schreiben, Designen oder im Alltag.

1️⃣ Warum Kreativität eine Gewohnheit und keine magische Gabe ist

🔍 Viele denken, dass Kreativität durch plötzliche Geistesblitze entsteht, doch das stimmt nur teilweise.

🎯 Die Wahrheit über Kreativität:

☑ Kreative Menschen haben keine besseren Ideen, sie haben einfach mehr Ideen.

☑ Kreativität entsteht nicht durch Warten auf Inspiration, sondern durch regelmäßiges Arbeiten an neuen Ideen.

☑ Je öfter du kreativ wirst, desto leichter fällt es dir.

🚀 Fazit: Kreativität ist wie ein Muskel, je öfter du sie trainierst, desto stärker wird sie.

2 Kreative Routinen: Wie du regelmäßig neue Ideen entwickelst

🔍 Wie kannst du Kreativität zu einem festen Bestandteil deines Alltags machen?

📌 Wichtige Prinzipien:

☑ Kreativität braucht Struktur, ein System für Ideenfindung hilft dir, Inspiration gezielt zu erzeugen.

☑ Dein Gehirn muss sich entspannen können, Pausen sind für kreative Prozesse entscheidend.

☑ Kreativität entsteht durch Input, je mehr du dich inspirieren lässt, desto besser sind deine Ideen.

▶ 1. Die „10-Ideen-Regel" Jeden Tag kreativ sein

📌 Warum? Die meisten Menschen haben nicht zu wenige Ideen, sondern zu hohe Erwartungen an ihre Ideen.

💡 Neue Regel:

☑ Schreibe jeden Tag 10 Ideen zu einem beliebigen Thema auf.

☑ Es dürfen auch verrückte oder unlogische Ideen sein, Quantität ist wichtiger als Qualität.

☑ Beispielthemen: „10 Geschäftsideen", „10 Möglichkeiten, kreativer zu sein", „10 Ideen für ein Buch".

🚀 Warum das funktioniert:

☞ Je mehr Ideen du entwickelst, desto einfacher fällt dir kreatives Denken.

▶ 2. Die „Mind-Wandering-Technik" Bewusst Langeweile zulassen

📌 Warum? Kreative Ideen entstehen oft in entspannten Momenten, nicht wenn du angestrengt nachdenkst.

💡 Neue Regel:

☑ Nimm dir jeden Tag 10 Minuten „Langeweile-Zeit", in der du ohne Ablenkung einfach nur nachdenkst.

☑ Keine Musik, kein Handy, keine Ablenkung, einfach nur sitzen, spazieren gehen oder vor dich hinträumen.

☑ Beobachte, welche Ideen in deinem Kopf auftauchen.

🚀 Warum das funktioniert:

☞ Dein Gehirn beginnt automatisch, kreative Verbindungen zu bilden.

▶ 3. Die „Input-Output-Regel" Inspiration bewusst steuern

📌 Warum? Dein Gehirn kann nur das verarbeiten, womit du es fütterst, mehr Input bedeutet bessere Ideen.

💡 Neue Regel:

☑ Konsumiere bewusst kreative Inhalte (Bücher, Podcasts, Kunst, Filme).

☑ Nutze eine Ideen-Sammelliste, um interessante Gedanken festzuhalten.

☑ Kombiniere verschiedene Ideen, oft entstehen Innovationen durch das Verbinden von bestehenden Konzepten.

🚀 Warum das funktioniert:

👉 Je mehr Inspiration du aufnimmst, desto kreativer wirst du.

Deep Dive: Warum dein Gehirn kreative Ideen oft blockiert und wie du es überlistest

🔬 **Wissenschaftlicher Hintergrund:**

💡 *Unser Gehirn ist darauf programmiert, Effizienz statt Kreativität zu bevorzugen weil Routine sicherer ist.*

🚀 **Häufige Denkblockaden:**

✗ **„Ich bin nicht kreativ."** → *Kreativität ist eine Fähigkeit, die trainiert wird.*

✗ **„Meine Ideen sind nicht gut genug."** → *Erst viele Ideen machen es wahrscheinlicher, dass eine großartig ist.*

✗ **„Ich habe keine Zeit für Kreativität."** → *Schon 5 Minuten pro Tag reichen aus, um kreatives Denken zu trainieren.*

🚀 **Wie du das für dich nutzt:**

☑ *Lass schlechte Ideen zu, kreative Menschen haben viele schlechte Ideen, bevor sie gute finden.*

☑ *Nutze spielerische Methoden z.B. Kreativitätsspiele oder Brainstorming-Techniken.*

☑ *Setze dir eine feste Zeit für kreatives Arbeiten, Kreativität braucht Planung.*

👉 *Fazit: Wer bewusst seine kreativen Blockaden löst, wird automatisch innovativer.*

3️⃣ Praktische Übungen für mehr Kreativität

🚀 Übung 1: Die „Alternativ-Geschichten"-Technik

- Nimm eine alltägliche Situation z. B. „Ich trinke einen Kaffee" und erfinde drei alternative Szenarien dazu.
- Beispiel: „Was wäre, wenn mein Kaffee heute eine geheime Nachricht enthielt?"

Diese Übung trainiert dein Gehirn, unkonventionell zu denken.

🚀 Warum das funktioniert:

👉 Kreativität ist die Fähigkeit, neue Perspektiven auf Gewohntes zu entwickeln.

🚀 Übung 2: Die „Umgekehrte Lösung"-Technik

- Frage dich: „Wie würde ich mein Problem verschlimmern?"
- Dann drehe die Antworten um, oft steckt darin die beste Lösung.

Beispiel: „Wie könnte ich meine Produktivität zerstören?" → Diese Dinge vermeiden.

🚀 Warum das funktioniert:

👉 Ungewohnte Denkweisen erzeugen innovative Lösungen.

📌 Übung 3: Die „100-Ideen-Challenge"

- Nimm ein Thema und schreibe 100 Ideen dazu auf z.B. „100 Geschäftsideen", „100 Blog-Themen".
- Die ersten 30 werden einfach, die nächsten 30 schwieriger, aber die besten Ideen kommen oft erst gegen Ende.

🚀 Warum das funktioniert:

👉 Durch Quantität entsteht Qualität.

4️⃣ Fazit: Wer Kreativität als Gewohnheit etabliert, wird automatisch innovativer

☑️ Kreative Menschen haben nicht bessere Ideen, sie haben einfach mehr Ideen.

☑️ Kreativität ist ein Muskel, je mehr du sie trainierst, desto besser wirst du.

☑️ Inspiration, Reflexion und Langeweile sind Schlüssel zu kreativen Durchbrüchen.

☑️ Jeder kann kreativer werden, wenn er die richtigen Routinen aufbaut.

💡 Wer regelmäßig kreativ denkt, findet Lösungen, wo andere Probleme sehen.

🚀 Aufgabe für dich:

1️⃣ Welche Kreativ-Gewohnheit wirst du ausprobieren? (10-Ideen-Regel, Mind-Wandering, 100-Ideen-Challenge?)

2️⃣ Wie kannst du dein kreatives Umfeld verbessern? (Mehr Bücher, neue Erfahrungen, bewusst Langeweile zulassen?)

3️⃣ Wann wirst du dir feste Zeiten für kreatives Denken setzen?

4️⃣ Welche Kreativ-Blockade wirst du heute bewusst durchbrechen?

Denn wer seine Kreativität trainiert, hat einen unschätzbaren Vorteil, in jedem Bereich seines Lebens. 🚀

Kapitel 7: Rückschläge und Resilienz

7.1 Warum Rückschläge unvermeidbar sind

Ob du eine neue Gewohnheit aufbaust, ein großes Ziel verfolgst oder dein Leben positiv veränderst. Früher oder später wirst du auf Rückschläge treffen.

💡 Das Problem: Viele Menschen sehen Misserfolge als Zeichen, dass sie „nicht gut genug" sind oder dass ihre Strategie nicht funktioniert. Doch genau das Gegenteil ist der Fall!

☞ Die Wahrheit: Rückschläge sind kein Zeichen des Scheiterns, sie sind ein natürlicher Teil des Wachstumsprozesses.

In diesem Kapitel erfährst du, warum Rückschläge unvermeidlich sind, wie du mit ihnen umgehen kannst und wie du daraus stärker hervorgehst.

1️⃣ Warum Scheitern Teil jeder Erfolgsgeschichte ist

🔍 Kein Erfolg kommt ohne Rückschläge, sie sind Teil des Lernprozesses.

📌 Beispiele aus der Geschichte:

☑ Thomas Edison scheiterte über 1.000 Mal, bevor er die Glühbirne erfand.

☑ Michael Jordan wurde aus seinem High-School-Basketball Team geworfen, später wurde er zur Legende.

☑ J.K. Rowling wurde von 12 Verlagen abgelehnt, bevor Harry Potter ein Welterfolg wurde.

🏹 Was alle gemeinsam hatten:

☞ Sie ließen sich von Rückschlägen nicht aufhalten, sie nutzten sie als Sprungbrett.

2️⃣ Die Psychologie hinter Rückschlägen – Warum dein Gehirn sie falsch interpretiert

🔍 Unser Gehirn ist evolutionär darauf programmiert, Misserfolge negativ zu bewerten.

📌 Warum?

- Früher bedeuteten Fehler oft Lebensgefahr z.B. die falsche Nahrung essen.
- Deshalb signalisiert unser Gehirn bei Fehlern automatisch „Gefahr", auch wenn es um harmlose Dinge wie eine gescheiterte Diät oder einen verpassten Lauf geht.

🏹 Die Lösung: Du musst dein Gehirn umprogrammieren, damit es Rückschläge nicht als Gefahr, sondern als Lernchance sieht.

☞ Fazit: Erfolgreiche Menschen haben nicht weniger Rückschläge, sie interpretieren sie nur anders.

3️⃣ Die drei häufigsten Denkfehler bei Rückschlägen und wie du sie vermeidest

📌 Fehler 1: „Ich bin gescheitert, also bin ich nicht gut genug."

✗ Falsch: Rückschläge sagen nichts über deinen Wert als Person aus.

☑ Richtig: Betrachte Misserfolge als Feedback, nicht als Urteil über dich.

🚀 Fehler 2: „Es hat nicht funktioniert, also lasse ich es sein."

❌ Falsch: Die meisten Dinge funktionieren beim ersten Versuch nicht.

☑ Richtig: Wenn du hinfällst, analysiere, warum und versuche es anders.

🚀 Fehler 3: „Andere haben Erfolg, ich habe Pech."

❌ Falsch: Erfolg sieht von außen immer leicht aus aber jeder hat Rückschläge.

☑ Richtig: Vergleiche dich nicht mit anderen, konzentriere dich auf deinen eigenen Fortschritt.

🚀 Warum das funktioniert:

☞ Indem du deine Denkweise veränderst, machst du Rückschläge zu Wachstumsschritten.

Deep Dive: Warum Rückschläge eigentlich Fortschritt bedeuten

🔬 **Wissenschaftlicher Hintergrund:**

💡 **Das Gehirn lernt durch Fehler, nicht durch Perfektion.**

🚀 **Studien zeigen:**

- **Jeder Fehler stärkt neuronale Verbindungen im Gehirn, solange du daraus lernst.**
- **Sportler, Musiker und Künstler verbessern sich schneller, wenn sie Fehler bewusst analysieren.**
- **Menschen mit einer Wachstums-Mentalität (Growth Mindset) erreichen langfristig mehr Erfolg.**

🚀 **Was das für dich bedeutet:**

☑ **Fehler sind kein Rückschritt, sie sind ein notwendiger Schritt zum Erfolg.**

☑ **Je mehr du scheiterst, desto mehr lernst du und desto schneller kommst du voran.**

☞ **Fazit: Wer Fehler als Lernmöglichkeit sieht, entwickelt sich schneller als jemand, der versucht, immer perfekt zu sein.**

4️⃣ Fazit: Rückschläge sind der Preis für Wachstum

☑ Jeder erfolgreiche Mensch hatte Rückschläge, aber er hat sich davon nicht aufhalten lassen.

☑ Unser Gehirn bewertet Fehler oft falsch, aber du kannst diese Denkweise umtrainieren.

☑ Fehler sind nicht das Ende, sie sind eine Chance, deine Strategie zu verbessern.

☑ Wer Rückschläge akzeptiert, wird widerstandsfähiger und langfristig erfolgreicher.

💡 Scheitern ist nicht das Gegenteil von Erfolg, es ist ein Teil davon.

🖋 Aufgabe für dich:

1️⃣ Welche Rückschläge hast du in letzter Zeit erlebt und was kannst du daraus lernen?

2️⃣ Wie kannst du deine Denkweise über Fehler bewusst verändern?

3️⃣ Welchen Misserfolg kannst du heute als wertvolle Erfahrung umdeuten?

4️⃣ Wie kannst du eine neue Strategie ausprobieren, um aus deinem Fehler zu lernen?

Denn wer Rückschläge als Lernprozess betrachtet, wird unaufhaltsam. 🖋

7.2 Strategien, um nach einem Rückschlag wieder auf Kurs zu kommen

Ein Rückschlag kann sich anfühlen, als würdest du wieder ganz von vorne anfangen. Aber das stimmt nicht. Jeder Rückschlag ist eine wertvolle Erfahrung, die dir hilft, dich weiterzuentwickeln.

💡 Das Problem: Viele Menschen lassen sich von einem Rückschlag entmutigen und hören auf. Doch erfolgreiche Menschen haben gelernt, sich schneller zu erholen und weiterzumachen.

☞ Die Lösung: Nutze gezielte Strategien, um nach einem Rückschlag mental und praktisch wieder auf Kurs zu kommen.

In diesem Kapitel erfährst du, wie du aus Misserfolgen neue Energie ziehst und mit einem klaren Plan weiter machst.

1️⃣ Warum der erste Schritt nach einem Rückschlag entscheidend ist

🔍 Nach einem Rückschlag ist die größte Gefahr, in einer Negativspirale stecken zu bleiben.

🖋 Typische Reaktionen auf Rückschläge:

❌ Selbstzweifel: „Ich bin einfach nicht gut genug."

❌ Aufgeben: „Vielleicht ist das einfach nichts für mich."

❌ Ausreden suchen: „Ich hatte sowieso Pech."

🖋 Bessere Reaktion:

☑ Akzeptiere, dass Rückschläge normal sind.

☑ Erkenne an, dass du trotzdem Fortschritte gemacht hast.

☑ Plane bewusst den nächsten Schritt, bevor du zu lange in Frustration stecken bleibst.

☞ Fazit: Der erste Schritt nach einem Rückschlag bestimmt, ob du daran zerbrichst oder daran wächst.

2️⃣ Die 5-Schritte-Strategie, um nach einem Rückschlag wieder auf Kurs zu kommen

🔍 Erfolgreiche Menschen haben ein System, um mit Misserfolgen umzugehen.

✈ Hier sind fünf Schritte, die dir helfen, dich schneller zu erholen:

▶ 1. Akzeptiere den Rückschlag, ohne dich selbst zu verurteilen

✈ Warum? Viele Menschen machen den Fehler, sich selbst für ihre Misserfolge zu bestrafen.

💡 Neue Denkweise:

☑ Fehler sind nicht das Problem, die Art, wie du sie interpretierst, ist es.

☑ Erfolgreiche Menschen scheitern genauso oft, aber sie lernen daraus.

☑ Akzeptiere: „Das ist passiert und jetzt entscheide ich, was ich daraus mache."

🚀 Warum das funktioniert:

☞ Je schneller du den Rückschlag akzeptierst, desto schneller kannst du weitermachen.

▶ 2. Analysiere die Ursache, aber nicht zu lange

✈ Warum? Rückschläge enthalten wertvolle Lektionen, aber zu viel Grübeln führt zu Stillstand.

💡 Fragen zur Analyse:

☑ Was genau ist schiefgelaufen?

☑ Welche Faktoren hatte ich unter Kontrolle und welche nicht?

☑ Was kann ich nächstes Mal anders machen?

🚀 Warum das funktioniert:

☞ Lernen bedeutet nicht, sich zu bestrafen, sondern es beim nächsten Mal besser zu machen.

▶ 3. Finde den Silberstreif, was war trotzdem positiv?

✈ Warum? Dein Gehirn fokussiert sich nach einem Rückschlag auf das Negative, das musst du aktiv umdrehen.

💡 Neue Perspektive:

☑ Was habe ich trotz des Rückschlags gelernt?

☑ Gab es kleine Fortschritte, die ich übersehe?

☑ Wie könnte dieser Misserfolg langfristig sogar nützlich sein?

🚀 Warum das funktioniert:

☞ Rückschläge sind oft Umwege, keine Sackgassen.

▶ 4. Erstelle einen „Was-jetzt?"-Plan

✈ Warum? Nach einem Rückschlag brauchst du Klarheit, sonst bleibst du stecken.

💡 Neue Strategie:

☑ Lege eine konkrete, kleine Handlung fest, die du als Nächstes tun kannst.

☑ Brich große Ziele in kleine, umsetzbare Schritte herunter.

☑ Fokussiere dich auf Handlungen, die du direkt beeinflussen kannst.

🚀 Warum das funktioniert:

☞ Wer einen klaren Plan hat, kommt schneller aus der Frustration heraus.

▶ 5. Nutze den „Resilienz-Booster": Feiere kleine Erfolge

🎯 Warum? Dein Gehirn braucht Bestätigung, dass du wieder auf dem richtigen Weg bist.

💡 Neue Regel:

☑ Jeder kleine Fortschritt ist ein Sieg und muss gefeiert werden.

☑ Schreibe deine Erfolge auf, um sie sichtbar zu machen.

☑ Erinnere dich daran, dass Rückschläge nicht definieren, wer du bist, sondern wie du darauf reagierst.

🚀 Warum das funktioniert:

☞ Wenn du Fortschritte bewusst wahrnimmst, bekommst du Motivation, weiterzumachen.

Deep Dive: Warum schnelle Erholung nach Rückschlägen ein Gamechanger ist

📏 *Wissenschaftlicher Hintergrund:*

💡 *Studien zeigen, dass Menschen mit hoher Resilienz (mentaler Widerstandskraft) erfolgreicher und glücklicher sind.*

🎯 *Was resiliente Menschen anders machen:*

☑ *Sie lassen sich nicht von negativen Gedanken überwältigen, sie hinterfragen sie.*

☑ *Sie sehen Rückschläge als Chance für Wachstum, nicht als persönliche Niederlage.*

☑ *Sie kommen schneller zurück auf den richtigen Weg, weil sie sofort handeln.*

🚀 *Was das für dich bedeutet:*

☑ *Je schneller du dich von Rückschlägen erholst, desto schneller erreichst du deine Ziele.*

☑ *Resilienz kann trainiert werden und jeder kann sie entwickeln.*

☞ *Fazit: Rückschläge sind nicht das Problem, die Frage ist, wie lange du brauchst, um wieder aufzustehen.*

3️⃣ Praktische Übungen für mehr Resilienz nach Rückschlägen

🎯 Übung 1: Die „90-Sekunden-Regel" für emotionale Kontrolle

- Wenn ein Rückschlag passiert, atme tief ein und sage dir: „In 90 Sekunden entscheide ich, wie ich reagieren will."
- Diese Pause verhindert, dass du emotional über reagierst und negative Gedanken verstärkst.

🚀 Warum das funktioniert:

☞ Du übernimmst aktiv die Kontrolle über deine Reaktion.

✒ Übung 2: Die „Erfolgsliste" gegen das Gefühl des Scheiterns
- Schreibe 3 Dinge auf, die du in der Vergangenheit geschafft hast, trotz Rückschlägen.
- Lies diese Liste jedes Mal, wenn du dich nach einem Misserfolg entmutigt fühlst.

🚀 Warum das funktioniert:

☞ Du erinnerst dich daran, dass du schon oft bewiesen hast, dass du weitermachen kannst.

✒ Übung 3: Die „Wenn-dann-Strategie" für schnelles Handeln

Formuliere eine klare Strategie für zukünftige Rückschläge:

„Wenn ich einen Rückschlag erlebe, dann werde ich __ tun, um wieder auf Kurs zu kommen."

🚀 Warum das funktioniert:

☞ Du eliminierst Unsicherheit und hast einen klaren Notfallplan.

4 Fazit: Erfolgreiche Menschen meistern Rückschläge schneller, weil sie kluge Strategien nutzen

☑ Rückschläge sind unvermeidlich, aber du entscheidest, wie du darauf reagierst.

☑ Erfolgreiche Menschen kommen schneller zurück auf Kurs, weil sie klare Strategien haben.

☑ Resilienz kann trainiert werden und mit den richtigen Gewohnheiten wirst du unaufhaltsam.

☑ Wer nach einem Rückschlag aktiv handelt, wird stärker als zuvor.

💡 Nicht der Rückschlag zählt, sondern wie du damit umgehst.

🚀 Aufgabe für dich:

1 Welchen Rückschlag hast du erlebt und wie kannst du ihn in eine Lernerfahrung umwandeln?

2 Welche der 5 Schritte wirst du heute anwenden, um dich schneller zu erholen?

3 Wie kannst du dich darauf vorbereiten, in Zukunft resilienter auf Rückschläge zu reagieren?

4 Welchen kleinen Erfolg kannst du heute feiern, um dein Selbstvertrauen zu stärken?

Denn wer nach Rückschlägen klug reagiert, wird auf lange Sicht unschlagbar. 🚀

7.3 Die Bedeutung von Selbstmitgefühl und Geduld

Jeder kennt diesen inneren Kritiker: „Warum habe ich das nicht besser gemacht?", „Ich bin einfach nicht diszipliniert genug.", „Andere schaffen das doch auch, warum scheitere ich?"

Das Problem: Nach einem Rückschlag behandeln wir uns oft härter als wir es bei einem Freund tun würden. Wir kritisieren uns, zweifeln an uns und setzen uns unter Druck.

☞ Die Lösung: Selbst Mitgefühl und Geduld, zwei der stärksten Werkzeuge, um aus Fehlern zu lernen und langfristig erfolgreich zu bleiben.

In diesem Kapitel erfährst du, warum Selbstmitgefühl keine Schwäche ist, wie es dich tatsächlich widerstandsfähiger macht und warum Geduld der Schlüssel zu dauerhafter Veränderung ist.

1️⃣ Warum Selbstmitgefühl kein Luxus, sondern eine Notwendigkeit ist

🔍 Viele Menschen glauben, dass sie sich hart bestrafen müssen, um sich zu verbessern aber das ist ein Irrtum.

🎯 Studien zeigen:

☑ Menschen, die sich selbst mitfühlend behandeln, sind langfristig motivierter und erfolgreicher.

☑ Zu harte Selbstkritik führt zu Angst, Selbstzweifeln und oft sogar zu Aufgabe.

☑ Selbstmitgefühl reduziert Stress und hilft, konstruktiv mit Fehlern umzugehen.

🏃 Fazit: Wer sich selbst wie einen guten Freund behandelt, bleibt resilienter und erreicht seine Ziele schneller.

2️⃣ Der Unterschied zwischen Selbstmitgefühl und Selbstmitleid

🔍 Viele verwechseln Selbstmitgefühl mit Selbstmitleid, doch es gibt einen entscheidenden Unterschied.

🎯 Selbstmitleid:

✗ „Warum passiert das immer mir?"

✗ „Ich bin einfach nicht gut genug."

✗ „Ich werde das nie schaffen."

🎯 Selbstmitgefühl:

☑ „Es ist okay, dass ich einen Fehler gemacht habe, ich bin nicht perfekt, und das muss ich auch nicht sein."

☑ „Ich lerne aus dieser Erfahrung und gebe mir die Zeit, besser zu werden."

☑ „Ich bin genauso wertvoll wie jeder andere, egal ob ich gerade Erfolg oder Misserfolg erlebe."

🏃 Warum das funktioniert:

☞ Selbstmitgefühl hilft dir, aus Fehlern zu lernen, ohne dich selbst zu sabotieren.

3 Drei Strategien für mehr Selbstmitgefühl im Alltag

🔍 Selbstmitgefühl ist keine „weiche" Eigenschaft, es ist eine bewusste Gewohnheit, die trainiert werden kann.

📌 Hier sind drei bewährte Methoden, um dich selbst besser zu behandeln:

▶ 1. Die „Sprich-mit-dir-wie-mit-einem-Freund"-Methode

📌 Warum? Würdest du mit einem engen Freund so hart sprechen, wie du oft mit dir selbst sprichst? Wahrscheinlich nicht.

💡 Neue Regel:

☑ Wenn du dich selbst kritisierst, frage dich: „Was würde ich einem Freund in dieser Situation sagen?"

☑ Ersetze Selbstvorwürfe durch aufbauende, realistische Worte.

☑ Erinnere dich daran, dass Fehler normal sind, nicht das Ende der Welt.

🚀 Warum das funktioniert:

☞ Diese einfache Technik verändert, wie du mit dir selbst umgehst und stärkt deine Resilienz.

▶ 2. Die „Erfolgstagebuch"-Technik für mehr Selbstvertrauen

📌 Warum? Unser Gehirn speichert negative Erlebnisse stärker als positive, deshalb vergessen wir oft, was wir bereits geschafft haben.

💡 Neue Regel:

☑ Schreibe jeden Abend drei Dinge auf, die du an diesem Tag gut gemacht hast.

☑ Es können kleine Dinge sein („Ich habe eine schwierige E-Mail geschrieben") oder große Erfolge („Ich bin heute trotz Stress zum Sport gegangen").

☑ Lies diese Einträge regelmäßig, um dein Selbstvertrauen zu stärken.

🚀 Warum das funktioniert:

☞ Wenn du dich auf deine Fortschritte konzentrierst, fällt es dir leichter, geduldig mit dir selbst zu sein.

▶ 3. Die „Akzeptanz-Atmung" für weniger Selbstkritik

📌 Warum? Unser Gehirn reagiert oft auf Fehler mit Stress, durch eine bewusste Atemtechnik kannst du diesen Reflex stoppen.

💡 Neue Regel:

☑ Wenn du dich über einen Fehler ärgerst, halte kurz inne und atme tief durch.

☑ Sage dir innerlich: „Es ist okay. "Ich bin auf dem richtigen Weg."

☑ Fokussiere dich auf die nächste Handlung, statt auf die Fehler.

🚀 Warum das funktioniert:

☞ Bewusste Atmung hilft, den negativen Kreislauf aus Selbstkritik und Stress zu durchbrechen.

4 Die Rolle der Geduld: Warum Veränderung Zeit braucht

🔍 Viele Menschen überschätzen, was sie in einer Woche erreichen können, aber unterschätzen, was sie in einem Jahr schaffen können.

🏹 Typische Ungeduld-Fallen:

❌ „Ich habe eine Woche trainiert, warum sehe ich noch keine Ergebnisse?"

❌ „Ich habe meine Gewohnheit für einen Monat durchgezogen, warum fällt sie mir noch schwer?"

❌ „Ich habe so hart gearbeitet, warum bin ich noch nicht da, wo ich sein will?"

🚀 Die Wahrheit:

☑ Jede große Veränderung beginnt mit kleinen, unscheinbaren Fortschritten.

☑ Geduld bedeutet nicht, nichts zu tun, sondern langfristig zu denken.

☑ Selbst wenn du Rückschritte machst, solange du weitermachst, kommst du voran.

☞ Fazit: Langfristige Erfolge entstehen durch Geduld, nicht durch Perfektion.

Deep Dive: Warum Selbstmitgefühl und Geduld dein Gehirn stärken

📐 **Wissenschaftlicher Hintergrund:**

💡 *Studien zeigen, dass Selbstmitgefühl Stresshormone senkt und das Gehirn widerstandsfähiger macht.*

🏹 **Was das für dich bedeutet:**

☑ **Selbstmitgefühl fördert Wachstum, weil es dein Gehirn offen für neue Lösungen hält.**

☑ **Geduld sorgt dafür, dass du an langfristigen Zielen dran bleibst, anstatt frustriert aufzugeben.**

☑ **Wer geduldig mit sich selbst ist, hält länger durch und erreicht deshalb mehr.**

🚀 **Wie du das für dich nutzt:**

☑ **Erlaube dir, Fehler zu machen, aber lerne daraus.**

☑ **Gib dir Zeit für Veränderungen, ohne Perfektionismus.**

☑ **Sei so nett zu dir selbst, wie du es bei einem engen Freund wärst.**

5️⃣ Fazit: Selbstmitgefühl und Geduld sind der Schlüssel zu langfristigem Erfolg

☑ Selbstmitgefühl hilft dir, aus Fehlern zu lernen, ohne dich selbst zu sabotieren.

☑ Geduld sorgt dafür, dass du langfristig an deinen Zielen dran bleibst.

☑ Veränderung braucht Zeit, aber jeder kleine Schritt bringt dich weiter.

☑ Erfolgreiche Menschen sind nicht nur diszipliniert, sie sind auch geduldig mit sich selbst.

💡 Wer sich selbst mit Respekt und Geduld behandelt, kommt weiter als jemand, der sich ständig kritisiert.

🏹 Aufgabe für dich:

1️⃣ Wie sprichst du mit dir selbst nach einem Fehler und wie könntest du das verändern?

2 Welche kleine Sache hast du heute gut gemacht? (Schreibe sie auf!)

3 Wo in deinem Leben kannst du geduldiger mit dir selbst sein?

4 Wie kannst du deine innere Stimme so verändern, dass sie dich aufbaut, statt dich runterzuziehen?

Denn wer sich selbst mit Geduld und Mitgefühl begegnet, entwickelt wahre innere Stärke. 🚀

7.4 Rückschläge als Lernchancen nutzen

Jeder erlebt Rückschläge. Doch während manche daran zerbrechen, nutzen andere sie als Sprungbrett für zukünftige Erfolge.

💡 Das Problem: Viele sehen Fehler als Zeichen des Scheiterns, statt als Chance zur Weiterentwicklung.

☞ Die Lösung: Jeder Rückschlag enthält eine wertvolle Lektion. Wer ihn bewusst analysiert und daraus lernt, wird langfristig erfolgreicher und widerstandsfähiger.

In diesem Kapitel erfährst du, wie du Rückschläge gezielt in Wachstum umwandelst und wie du mit einer neuen Denkweise aus jedem Fehler gestärkt hervorgehst.

1 Warum Rückschläge ein Zeichen von Fortschritt sind

🔍 Die meisten Menschen denken, Erfolg verläuft linear, doch in Wirklichkeit sieht der Weg nach oben so aus:

📉 Fehler → ✅ Anpassung → 📉 Rückschlag → ✅ Wachstum

🚀 Beispiel aus der Natur:

- Ein Muskel wächst erst, nachdem er durch Belastung zerstört wurde.
- Ein Baum wird stärker, wenn er Wind ausgesetzt ist.
- Ein Immunsystem wird durch Konfrontation mit Keimen robuster.

🚀 Fazit: Widerstand macht dich stärker, solange du daraus lernst.

2 Die „Fehlermanagement-Formel": So nutzt du Rückschläge zum Wachsen

🔍 Jeder Fehler kann dir helfen, wenn du ihn mit dem richtigen System analysierst.

📌 Hier sind fünf Schritte, um aus jedem Rückschlag eine Lektion zu ziehen:

▶️ 1. Akzeptiere den Fehler, ohne Drama

🚀 Warum? Viele verschwenden Energie damit, sich über Fehler zu ärgern, anstatt sie zu nutzen.

💡 Neue Regel:

☑️ Sag dir: „Fehler sind normal, die Frage ist nur, was ich daraus lerne."

☑️ Vermeide Selbstkritik, konzentriere dich auf den nächsten Schritt.

☑️ Erinnere dich: Alle erfolgreichen Menschen sind oft gescheitert.

🚀 Warum das funktioniert:

☞ Wenn du einen Fehler akzeptierst, kannst du ihn rational analysieren, statt emotional zu reagieren.

▶ 2. Identifiziere die Ursache und nicht nur das Symptom

📌 Warum? Viele korrigieren nur die offensichtlichen Folgen eines Fehlers, anstatt die Wurzel des Problems zu finden.

💡 Neue Strategie:

☑ Stelle dir diese Fragen:
- Was genau ist passiert? (Die Fakten, ohne Emotionen.)
- Warum ist es passiert? (Welche Gewohnheit oder Entscheidung hat dazu geführt?)
- Wie hätte ich es verhindern können? (Was hätte ich anders machen können?)

🚀 Warum das funktioniert:

☞ Wer den Ursprung eines Fehlers versteht, macht ihn in Zukunft seltener.

▶ 3. Erstelle eine „Wenn-dann-Strategie" für die Zukunft

📌 Warum? Viele machen denselben Fehler immer wieder, weil sie keinen klaren Plan für das nächste Mal haben.

💡 Neue Regel:

☑ Definiere einen präventiven Plan:
- „Wenn ich wieder in diese Situation komme, dann werde ich __ tun."
- „Wenn ich merke, dass ich abschweife, dann werde ich __ tun."
- „Wenn ich einen Fehler mache, dann werde ich __ als ersten Schritt tun."

🚀 Warum das funktioniert:

☞ Vorbereitung reduziert das Risiko, den Fehler zu wiederholen.

▶ 4. Finde das Positive – Was hat der Fehler mir beigebracht?

📌 Warum? Unser Gehirn merkt sich Fehler besser, wenn sie mit einer positiven Lektion verknüpft sind.

💡 Neue Regel:

☑ Schreibe nach jedem Fehler drei Dinge auf, die du daraus gelernt hast.

☑ Frage dich: „Wie kann mir dieser Fehler langfristig sogar helfen?"

☑ Nutze den Fehler als Anlass, dein Wissen oder deine Strategie zu verbessern.

🚀 Warum das funktioniert:

☞ Wenn du in jedem Fehler eine wertvolle Lektion siehst, entwickelst du eine resiliente Denkweise.

▶ 5. Setze sofort eine kleine Handlung um, um wieder auf Kurs zu kommen

📌 Warum? Zu langes Grübeln über Fehler führt zu Stillstand, eine sofortige Handlung bringt dich wieder in Bewegung.

💡 Neue Regel:

☑ Setze eine konkrete Verbesserung direkt um, auch wenn sie klein ist.

☑ Beispiel:

- Fehler: Ich habe eine wichtige Deadline verpasst.
- Sofortige Handlung: Ich richte einen täglichen Erinnerungs-Timer ein.

🚀 Warum das funktioniert:

☞ Jede kleine Verbesserung gibt dir das Gefühl, die Kontrolle zurückzugewinnen.

Deep Dive: Warum Menschen, die aus Fehlern lernen, langfristig erfolgreicher sind

📚 **Wissenschaftlicher Hintergrund:**

💡 *Menschen mit einer „Growth Mindset" (Wachstums Mentalität) sehen Fehler als Sprungbrett, nicht als Hindernis.*

🏹 **Was Forschung dazu sagt:**

☑ **Fehler führen zu stärkeren neuronalen Verbindungen, wenn man daraus lernt.**

☑ **Wer Fehler bewusst reflektiert, verbessert sich schneller als jemand, der Perfektion erwartet.**

☑ **Die erfolgreichsten Unternehmer, Sportler und Künstler hatten oft die meisten Fehlschläge.**

🚀 **Was das für dich bedeutet:**

☑ **Jeder Fehler bringt dich näher an dein Ziel, wenn du ihn analysierst.**

☑ **Je mehr du lernst, desto weniger Angst hast du vor dem Scheitern.**

☑ **Wer Fehler als Lernchancen sieht, entwickelt sich schneller als jemand, der sie vermeiden will.**

☞ **Fazit: Nicht der Fehler entscheidet über deinen Erfolg, sondern deine Reaktion darauf.**

3️⃣ Praktische Übungen, um aus Rückschlägen zu lernen

🏹 Übung 1: Die „Fehlertagebuch"-Methode

Schreibe jeden Abend eine kurze Reflexion:

„Welcher Fehler oder Rückschlag ist mir heute passiert und was habe ich daraus gelernt?"

Lies deine Einträge wöchentlich durch, um Fortschritte zu sehen.

🚀 Warum das funktioniert:

☞ Du entwickelst eine bewusste Lernroutine für den Umgang mit Fehlern.

🏹 Übung 2: Die „Fehler Spiele"-Technik für schnelleres Lernen

Mache absichtlich kleine Fehler und versuche, so schnell wie möglich daraus zu lernen.

Beispiele:

- Schreibe absichtlich einen Satz falsch und korrigiere ihn sofort.
- Mache beim Sport eine falsche Bewegung und analysiere sie.

🚀 Warum das funktioniert:

☞ Wer Fehler aktiv übt, verliert die Angst davor.

🎯 Übung 3: Die „Erfolgsformel"-Reflexion

Stelle dir nach jedem Fehler diese Frage:

„Was würde ich jemand anderem raten, der denselben Fehler gemacht hat?"

🚀 Warum das funktioniert:

☞ Diese Außenperspektive macht es einfacher, kluge Lösungen zu finden.

4️⃣ Fazit: Fehler sind keine Hindernisse, sie sind Bausteine für deinen Erfolg

☑ Rückschläge sind unvermeidbar, aber du entscheidest, ob du daran wächst oder zerbrichst.

☑ Fehler enthalten wertvolle Lektionen, wenn du sie bewusst analysierst.

☑ Jede erfolgreiche Person hat aus Fehlschlägen gelernt, oft mehr als aus Erfolgen.

☑ Wer Fehler als Wachstumschancen sieht, hat einen unschätzbaren Vorteil im Leben.

💡 Nicht die Fehler zählen, sondern, was du aus ihnen machst.

🚀 Aufgabe für dich:

1️⃣ Welchen Fehler hast du zuletzt gemacht und was hast du daraus gelernt?

2️⃣ Wie kannst du eine „Wenn-dann-Strategie" für zukünftige Fehler entwickeln?

3️⃣ Welche positive Lektion kannst du aus einem Rückschlag ziehen?

4️⃣ Welche sofortige Handlung kannst du umsetzen, um einen Fehler nicht zu wiederholen?

Denn wer Fehler klug nutzt, wird mit jeder Herausforderung besser. 🚀

7.5 Wie du emotionale Widerstände überwindest

Kennst du das Gefühl, dass du genau weißt, was du tun solltest, aber innerlich blockiert bist?

Vielleicht hast du Angst vor dem nächsten Schritt, zweifelst an dir selbst oder fühlst dich einfach überfordert.

💡 Das Problem: Emotionale Widerstände sind oft der größte Grund, warum wir Dinge aufschieben, an alten Gewohnheiten festhalten oder nach Rückschlägen nicht weitermachen.

☞ Die Lösung: Lerne, emotionale Blockaden zu erkennen, zu hinterfragen und bewusst aufzulösen.

In diesem Kapitel erfährst du, wie du dich von negativen Emotionen nicht länger ausbremsen lässt und wieder ins Handeln kommst.

1 Warum emotionale Widerstände oft unsichtbar sind

🔍 Viele Menschen denken, dass ihr Problem mangelnde Disziplin ist, in Wahrheit sind es unbewusste emotionale Blockaden.

📌 Typische emotionale Widerstände:

✖ Angst vor Misserfolg („Was, wenn ich scheitere?")

✖ Perfektionismus („Ich darf keinen Fehler machen.")

✖ Selbstzweifel („Bin ich wirklich gut genug?")

✖ Unbewusste Ängste („Was, wenn ich erfolgreich bin, kann ich das dann halten?")

✖ Überforderung („Es ist zu viel, ich weiß nicht, wo ich anfangen soll.")

🚀 Fazit: Oft ist nicht die Aufgabe selbst das Problem sondern unsere Emotionen, die sie begleiten.

2 Die 3-Schritt-Methode, um emotionale Blockaden zu lösen

🔍 Erfolgreiche Menschen haben genauso Ängste und Zweifel, aber sie haben gelernt, klug damit umzugehen.

📌 Hier sind drei bewährte Schritte, um emotionale Widerstände aufzulösen:

▶️ 1. Erkenne und benenne den Widerstand

📌 Warum? Emotionale Blockaden sind oft unbewusst, erst wenn du sie benennst, kannst du sie auflösen.

💡 Neue Regel:

☑️ Stelle dir diese Fragen:
- „Was genau hält mich gerade zurück?"
- „Welche Emotion empfinde ich, wenn ich an die Aufgabe denke?"
- „Welche Gedanken verstärken dieses Gefühl?"

🚀 Beispiel:

✖ „Ich kann mich nicht motivieren." → Das ist keine echte Ursache.

☑️ „Ich habe Angst zu scheitern, weil ich mich dann schlecht fühlen würde." → Jetzt hast du das echte Problem erkannt.

👉 Warum das funktioniert:

Sobald du deinen Widerstand konkret benennst, verliert er an Macht.

▶️ 2. Hinterfrage den emotionalen Widerstand – Ist er wirklich wahr?

📌 Warum? Unsere Ängste sind oft übertrieben oder irrational, aber unser Gehirn behandelt sie, als wären sie real.

💡 Neue Regel:

☑️ Stelle dir diese Fragen:
- „Ist meine Angst oder mein Zweifel wirklich berechtigt?"
- „Was wäre das schlimmste Szenario und wie wahrscheinlich ist es?"
- „Was würde ich einem Freund in dieser Situation raten?"

🚀 Beispiel:

✖ „Wenn ich diese Aufgabe nicht perfekt mache, wird alles schiefgehen."

☑ „Niemand erwartet Perfektion, Fortschritt ist wichtiger als Perfektion."

☞ Warum das funktioniert:

Dein Gehirn überprüft den Widerstand und erkennt, dass er oft irrational ist.

▶ 3. Handle bewusst, trotz des Widerstands

📌 Warum? Emotionale Widerstände verschwinden nicht von selbst, aber sie verlieren ihre Kraft, wenn du handelst.

💡 Neue Regel:

☑ Mache eine kleine, bewusste Handlung, auch wenn du dich noch nicht bereit fühlst.

☑ Setze einen Mini-Schritt um, anstatt auf die „perfekte Motivation" zu warten.

☑ Erinnere dich daran: Emotionen sind temporäre Handlungen und haben langfristige Auswirkungen.

🚀 Beispiel:

✖ „Ich bin zu müde für Sport." → Stattdessen: „Ich mache 2 Minuten Bewegung, dann entscheide ich weiter."

✖ „Ich habe Angst vor der Präsentation." → Stattdessen: „Ich schreibe die ersten drei Stichpunkte auf."

☞ Warum das funktioniert:

Sobald du ins Handeln kommst, nimmt der Widerstand automatisch ab.

Deep Dive: Warum dein Gehirn emotionale Widerstände erzeugt und wie du es überlistest

🔬 **Wissenschaftlicher Hintergrund:**

💡 **Das limbische System (dein emotionales Gehirn) will dich vor „Gefahren" schützen, aber oft blockiert es dich unnötig.**

📌 **Warum emotionale Widerstände entstehen:**

☑ **Dein Gehirn liebt Komfort und Gewohnheit, Veränderung fühlt sich bedrohlich an.**

☑ **Unbewusste Ängste vor Versagen oder Kritik aktivieren das Stresszentrum.**

☑ **Perfektionismus und Vergleiche mit anderen verstärken negative Emotionen.**

🚀 **Wie du das für dich nutzt:**

☑ **Erkenne, dass dein Gehirn dich nicht sabotieren will, sondern dich „beschützen" möchte.**

☑ **Geh trotzdem los, nach ein paar Minuten verliert der Widerstand an Kraft.**

☑ **Nutze bewusste Selbstgespräche, um dein Gehirn umzuprogrammieren.**

☞ *Fazit: Emotionale Widerstände sind kein Zeichen von Schwäche, sie sind ein Signal für Wachstum.*

3️⃣ Praktische Übungen, um emotionale Widerstände zu überwinden
📌 Übung 1: Der „5-Minuten-Trick" gegen Aufschieberitis
- Setze dir die Regel: „Ich arbeite 5 Minuten an der Aufgabe, danach darf ich aufhören."
- In 90 % der Fälle wirst du weitermachen, weil der Widerstand verschwunden ist.

🚀 Warum das funktioniert:
☞ Der erste Schritt ist immer der schwierigste, danach wird es leichter.
📌 Übung 2: Die „Angst-neu-bewerten"-Methode
- Schreibe deine Angst oder deinen Zweifel auf.
- Dann schreibe drei positive Dinge auf, die passieren könnten, wenn du es trotzdem tust.

🚀 Warum das funktioniert:
☞ Du lenkst dein Gehirn auf mögliche Chancen, statt nur Risiken zu sehen.
📌 Übung 3: Die „Handlungs-Checkliste" für schnelle Entscheidungen
- Stelle dir vor, du musst JETZT eine Entscheidung treffen, was wäre dein erster Schritt?
- Setze diesen Schritt direkt um, ohne zu viel nachzudenken.

🚀 Warum das funktioniert:
☞ Je mehr du handelst, desto weniger Raum gibst du Zweifel.
4️⃣ Fazit: Emotionale Widerstände verlieren ihre Kraft, wenn du bewusst mit ihnen umgehst
☑️ Widerstände sind normal, aber sie müssen dich nicht kontrollieren.
☑️ Wenn du deinen Widerstand erkennst und hinterfragst, verliert er an Macht.
☑️ Mini-Handlungen durchbrechen Blockaden schneller als Nachdenken.
☑️ Jeder, der große Ziele erreicht, hat gelernt, seine Emotionen bewusst zu steuern.

💡 Nicht die Abwesenheit von Angst oder Zweifel macht dich erfolgreich, sondern deine Fähigkeit, trotz dieser Gefühle zu handeln.
🚀 Aufgabe für dich:
1️⃣ Welche Aufgabe schiebst du auf und welche Emotion steckt dahinter?
2️⃣ Wie kannst du deinen Widerstand hinterfragen? Ist er wirklich berechtigt?
3️⃣ Welche Mini-Handlung kannst du JETZT umsetzen, um ins Handeln zu kommen?
4️⃣ Wie kannst du dein Denken so verändern, dass emotionale Widerstände dich nicht länger ausbremsen? Denn wer seine Emotionen bewusst steuert, erreicht seine Ziele, egal, wie groß sie sind. 🚀

7.6 Resilienz aufbauen: Mentale Stärke trainieren

Ob im Beruf, in Beziehungen oder bei persönlichen Zielen, der wichtigste Erfolgsfaktor ist nicht Talent oder Glück, sondern mentale Widerstandskraft.

💡 Das Problem: Viele Menschen lassen sich von Rückschlägen entmutigen, anstatt sie als Trainingsmöglichkeit für ihre innere Stärke zu nutzen.

☞ Die Lösung: Resilienz ist keine angeborene Eigenschaft, sie kann gezielt trainiert werden.

In diesem Kapitel erfährst du, wie du deine mentale Stärke Schritt für Schritt ausbaust, um Krisen gelassener zu meistern und langfristig erfolgreicher zu sein.

1️⃣ Was ist Resilienz und warum ist sie entscheidend?

🔍 Resilienz bedeutet nicht, dass du keine Probleme hast sondern dass du dich schneller davon erholst.

🎯 Merkmale mental starker Menschen:

☑️ Sie lassen sich nicht von Fehlschlägen definieren, sondern wachsen daran.

☑️ Sie wissen, dass Emotionen temporär sind und lassen sich nicht von ihnen kontrollieren.

☑️ Sie haben klare Werte und ein starkes „Warum", das sie durch schwierige Zeiten trägt.

☑️ Sie akzeptieren, was sie nicht ändern können und konzentrieren sich auf das, was in ihrer Kontrolle liegt.

🏃 Fazit: Resilienz ist die Fähigkeit, nach einem Sturz schneller wieder aufzustehen.

2️⃣ Die fünf Säulen der Resilienz und wie du sie stärkst

🔍 Resilienz basiert auf fünf Schlüsselbereichen, die du bewusst trainieren kannst.

🎯 Hier sind die fünf Säulen und konkrete Strategien, um sie zu stärken:

▶️ 1. Selbstbewusstsein: Deine innere Stärke erkennen

🎯 Warum? Wer sich selbst vertraut, übersteht Krisen besser, weil er weiß, dass er es schon einmal geschafft hat.

💡 Neue Regel:

☑️ Schreibe drei Herausforderungen auf, die du in der Vergangenheit gemeistert hast.

☑️ Erinnere dich daran, dass du bereits stärker bist, als du denkst.

☑️ Setze dir täglich eine kleine Herausforderung, um dein Selbstvertrauen zu trainieren.

🏃 Warum das funktioniert:

☞ Je öfter du dir beweist, dass du Schwierigkeiten überstehen kannst, desto resilienter wirst du.

▶ 2. Akzeptanz: Die Kontrolle über deine Reaktion übernehmen

🏹 Warum? Widerstand gegen Dinge, die du nicht ändern kannst, kostet unnötige Energie.

💡 Neue Regel:

☑ Unterscheide zwischen Dingen, die du beeinflussen kannst und solchen, die du akzeptieren musst.

☑ Frage dich: „Kann ich das ändern?" Wenn nein, lasse es los.

☑ Trainiere dich darauf, aus jeder Situation das Beste zu machen.

🚀 Warum das funktioniert:

☞ Mentale Stärke entsteht, wenn du dich auf Lösungen konzentrierst, statt auf Probleme.

▶ 3. Lösungsorientiertes Denken: Wege statt Hindernisse sehen

🏹 Warum? Resiliente Menschen denken nicht in Problemen, sondern in Möglichkeiten.

💡 Neue Regel:

☑ Stelle dir nach jedem Rückschlag diese Fragen:
- „Was kann ich aus dieser Situation lernen?"
- „Welche Chance könnte sich daraus ergeben?"
- „Wie kann ich es beim nächsten Mal anders machen?"

🚀 Warum das funktioniert:

☞ Wer in Lösungen denkt, fühlt sich weniger machtlos und bleibt handlungsfähig.

▶ 4. Emotionale Steuerung: Gefühle bewusst managen

🏹 Warum? Emotionen sind wichtig, aber sie sollten nicht über deine Entscheidungen bestimmen.

💡 Neue Regel:

☑ Nutze die „90-Sekunden-Regel" atme tief durch, bevor du emotional reagierst.

☑ Erinnere dich: Kein Gefühl hält ewig, alles geht vorüber.

☑ Lenke deine Aufmerksamkeit bewusst auf das, was du beeinflussen kannst.

🚀 Warum das funktioniert:

☞ Je besser du deine Emotionen steuerst, desto weniger Macht haben äußere Umstände über dich.

▶ 5. Soziales Netzwerk: Unterstützung bewusst nutzen

🏹 Warum? Menschen mit starken sozialen Verbindungen sind widerstandsfähiger gegenüber Stress und Krisen.

💡 Neue Regel:

☑ Baue bewusst starke Beziehungen auf, sie sind dein Sicherheitsnetz.

☑ Suche nach Menschen, die dich unterstützen und inspirieren.

☑ Erkenne, wann du Hilfe annehmen solltest, Resilienz bedeutet nicht, alles allein zu schaffen.

✈ Warum das funktioniert:

☞ Ein starkes Netzwerk hilft dir, schneller aus Tiefpunkten herauszukommen.

Deep Dive: Warum Resilienz Trainierte Menschen langfristig erfolgreicher sind

📖 **Wissenschaftlicher Hintergrund:**

💡 *Studien zeigen, dass resiliente Menschen stressresistenter sind, schneller lernen und langfristig zufriedener sind.*

✈ **Was das für dich bedeutet:**

☑ **Mentale Stärke ist nicht angeboren, sie kann entwickelt werden.**

☑ **Je mehr du deine Resilienz trainierst, desto weniger werfen dich Rückschläge aus der Bahn.**

☑ **Resilienz schützt nicht vor Problemen, aber sie hilft dir, schneller wieder aufzustehen.**

✈ **Fazit: Erfolgreiche Menschen haben nicht weniger Probleme, sie gehen nur besser damit um.**

③ Praktische Übungen, um Resilienz im Alltag zu stärken

✈ Übung 1: Die „Mentale-Stärke-Liste"

- Schreibe täglich eine Herausforderung auf, die du gemeistert hast, egal wie klein.
- Lies diese Liste regelmäßig durch, um dein Selbstvertrauen zu stärken.

✈ Warum das funktioniert:

☞ Dein Gehirn wird darauf trainiert, dich als widerstandsfähig zu sehen.

✈ Übung 2: Die „3-Perspektiven-Technik"

- Denke an einen aktuellen Rückschlag.
- Betrachte ihn aus drei Blickwinkeln:

① Wie fühlt es sich jetzt an?

② Wie werde ich in einem Jahr darauf zurückblicken?

③ Wie würde ein guter Freund die Situation bewerten?

✈ Warum das funktioniert:

☞ Du entwickelst eine objektivere, langfristigere Sichtweise.

✈ Übung 3: Die „Extremfall-Technik" gegen Sorgen

Frage dich:

„Was wäre das absolut Schlimmste, das passieren könnte?"

„Wie wahrscheinlich ist das?"

„Wie würde ich damit umgehen, wenn es wirklich passiert?"

🚀 Warum das funktioniert:

👉 Dein Gehirn erkennt, dass du auch mit dem schlimmsten Szenario umgehen könntest.

4️⃣ Fazit: Resilienz ist der Schlüssel zu langfristigem Erfolg und Glück

✅ Mentale Stärke ist nicht angeboren, sie wird trainiert.

✅ Resiliente Menschen sind nicht unverwundbar, aber sie erholen sich schneller von Rückschlägen.

✅ Wer Emotionen bewusst steuert, behält auch in Krisen einen klaren Kopf.

✅ Erfolgreiche Menschen lassen sich nicht von Problemen bremsen, sie wachsen daran.

💡 Nicht die Umstände bestimmen dein Leben, sondern wie du darauf reagierst.

🚀 Aufgabe für dich:

1️⃣ Welche der fünf Resilienz-Säulen möchtest du gezielt stärken?

2️⃣ Welche kleine Übung kannst du heute ausprobieren, um deine mentale Stärke zu trainieren?

3️⃣ Wie kannst du deine Sichtweise auf Rückschläge ändern, um sie als Lernchancen zu nutzen?

4️⃣ Welche Person in deinem Leben kann dir als Vorbild für Resilienz dienen?

Denn wer Resilienz trainiert, kann alles überwinden und wächst mit jeder Herausforderung. 🚀

Kapitel 8: Gewohnheiten und Technologie

8.1 Der Einfluss von Technologie auf unsere Gewohnheiten

Wir leben in einer Zeit, in der Technologie nicht mehr nur ein Werkzeug ist, sie gestaltet aktiv unsere Gewohnheiten.

💧 Das Problem: Während Technologie uns helfen kann, produktiver, gesünder und besser vernetzt zu sein, kann sie uns auch ablenken, süchtig machen oder negative Routinen verstärken.

☞ Die Lösung: Bewusster Umgang mit Technologie, nutze sie als Verstärker für positive Gewohnheiten, anstatt dich von ihr kontrollieren zu lassen.

In diesem Kapitel erfährst du, wie Technologie dein Verhalten beeinflusst und wie du sie so einsetzt, dass sie deine Ziele unterstützt.

1️⃣ Warum Technologie unser Verhalten so stark beeinflusst

🔍 Technologie verändert unser Gehirn, oft ohne, dass wir es merken.

📌 Drei Hauptfaktoren beeinflussen unsere Gewohnheiten durch Technologie:

☑ Dopamin & Belohnungssystem: Social Media, Apps und Spiele sind darauf ausgelegt, uns mit kleinen „Belohnungen" zu fesseln.

☑ Automatisierung & Bequemlichkeit: Je einfacher eine Handlung ist, desto eher wird sie zur Gewohnheit.

☑ Benachrichtigungen & Unterbrechungen: Ständige Signale lenken uns ab und erschweren fokussiertes Arbeiten.

🏴 Fazit: Technologie ist nicht neutral, sie kann uns helfen oder uns manipulieren, je nachdem, wie wir sie nutzen.

2️⃣ Wie Technologie negative Gewohnheiten verstärkt

🔍 Viele unserer schlechten Angewohnheiten sind direkt mit Technologie verbunden.

📌 Typische „digitale" Gewohnheiten Fallen:

❌ Endloses Social-Media-Scrollen: Designed, um uns möglichst lange festzuhalten.

❌ Ständige Ablenkungen durch Benachrichtigungen: Unterbrechen unseren Fokus und machen produktives Arbeiten schwer.

❌ Dopamin-Schleifen: Likes, Nachrichten und neue Inhalte triggern unser Belohnungssystem, ähnlich wie Glücksspiel.

❌ Schlafstörungen durch Bildschirmzeit: Blaulicht von Bildschirmen stört den Schlafrhythmus.

🏴 Warum das ein Problem ist:

☞ Je häufiger wir negative digitale Routinen ausführen, desto stärker verankern sie sich in unserem Gehirn.

3️⃣ Wie du Technologie gezielt für positive Gewohnheiten nutzt

🔍 Die gute Nachricht: Du kannst Technologie bewusst so einsetzen, dass sie dich unterstützt, statt dich zu kontrollieren.

✈ Hier sind einige Strategien, um Technologie als Verstärker für gute Gewohnheiten zu nutzen:

▶ 1. Nutze Technologie zur Automatisierung positiver Routinen

✈ Warum? Je einfacher eine Gewohnheit ist, desto wahrscheinlicher wird sie ausgeführt.

💡 Beispiele für Automatisierung:

☑ Kalender-Erinnerungen: Setze feste Zeiten für gesunde Routinen z. B. Sport, Lesen, Meditation.

☑ Apps für Gewohnheits-Tracking: Nutze Apps wie Habitica, Streaks oder Loop, um Fortschritte sichtbar zu machen.

☑ Smart-Home-Geräte: Licht, Musik oder Wecker automatisch so einstellen, dass sie deine Morgenroutine unterstützen.

✍ Warum das funktioniert:

☚ Wenn Technologie dir die Arbeit abnimmt, ist es leichter, an Gewohnheiten dranzubleiben.

▶ 2. Setze gezielt digitale Barrieren gegen schlechte Gewohnheiten

✈ Warum? Schlechte Gewohnheiten entstehen oft, weil sie zu einfach sind.

💡 Beispiele für digitale Barrieren:

☑ Screen Time Limits: Setze Zeitlimits für Social Media oder andere Ablenkungen.

☑ Grayscale-Modus: Mach dein Smartphone schwarz-weiß, das reduziert die Reizwirkung von Apps.

☑ Passwortschutz für Zeitfresser-Apps: Wenn du eine App erst freischalten musst, nutzt du sie bewusster.

✍ Warum das funktioniert:

☚ Kleine Hürden helfen, impulsives Verhalten zu kontrollieren.

▶ 3. Nutze gezielt digitale Belohnungssysteme

✈ Warum? Technologie kann unser Belohnungssystem positiv triggern, wenn wir sie richtig einsetzen.

💡 Beispiele:

☑ Gamification: Nutze Apps, die Fortschritte spielerisch belohnen z.B. Duolingo für Sprachen, Zombies, Run! für Sport.

☑ Digitale Belohnungen setzen: Erlaube dir erst nach einer produktiven Aufgabe, 10 Minuten YouTube oder Social Media zu nutzen.

☑ Produktivitäts-Tracker nutzen: Tools wie „Forest" oder „Pomodone" zeigen dir, wie oft du fokussiert gearbeitet hast.

✍ Warum das funktioniert:

☚ Positive Verstärkung hilft, neue Gewohnheiten schneller zu verankern.

Deep Dive: Warum wir süchtig nach Technologie sind und wie du dich davon löst

🔬 ***Wissenschaftlicher Hintergrund:***

💡 *Unser Gehirn liebt Belohnungen und Technologie wurde so entwickelt, dass sie unser Belohnungssystem maximal ausnutzt.*

🎯 ***Wie das funktioniert:***

☑️ *Social-Media-Apps nutzen variable Belohnungen, du weißt nie, ob du eine spannende Nachricht oder einen neuen Like bekommst (ähnlich wie Glücksspiel).*

☑️ *Dopamin Schübe sorgen für Gewöhnung, je öfter du eine Handlung wiederholst, desto stärker wird die neuronale Verbindung.*

☑️ *Tech-Unternehmen designen Apps bewusst so, dass sie schwer zu ignorieren sind.*

🚀 *Wie du das für dich nutzt:*

☑️ *Ersetze unbewusstes Scrollen mit bewusster Nutzung.*

☑️ *Plane technikfreie Zeiten in deinen Tag ein.*

☑️ *Nutze Tools, die dir helfen, deine Bildschirmzeit zu reduzieren.*

☞ ***Fazit: Technologie ist mächtig, aber du entscheidest, ob du sie nutzt oder ob sie dich benutzt.***

4️⃣ Fazit: Technologie als Werkzeug für bewusste Gewohnheiten nutzen

☑️ Technologie beeinflusst unsere Gewohnheiten, bewusst oder unbewusst.

☑️ Schlechte digitale Routinen, z.B. Ablenkungen, Dopamin-Schleifen schwächen den Fokus und die Produktivität.

☑️ Technologie kann als Verstärker für gute Gewohnheiten genutzt werden, durch Automatisierung, Tracking und Belohnungssysteme.

☑️ Wer bewusst entscheidet, wie er Technologie nutzt, hat mehr Kontrolle über seine Zeit und Energie.

💡 Nicht Technologie ist das Problem, sondern unser Umgang mit ihr.

🚀 Aufgabe für dich:

1️⃣ Welche schlechte digitale Gewohnheit möchtest du verändern und welche Strategie kannst du dafür nutzen?

2️⃣ Welche Technologie-Tools kannst du bewusst für positive Routinen einsetzen?

3️⃣ Wann kannst du eine „digitale Detox-Zeit" in deinen Tag einbauen?

4️⃣ Wie kannst du deine Bildschirmzeit reduzieren, um mehr Kontrolle über dein Verhalten zu haben?

Denn wer Technologie bewusst nutzt, kann seine Gewohnheiten gezielt in eine positive Richtung lenken. 🚀

8.2 Nützliche Apps und Tools zur Unterstützung der Gewohnheitsbildung

Technologie kann uns ablenken oder sie kann uns dabei helfen, bessere Gewohnheiten schneller und nachhaltiger aufzubauen.

💡 Das Problem: Viele Menschen haben gute Vorsätze, verlieren aber schnell den Überblick oder vergessen ihre Ziele im Alltag.

☞ Die Lösung: Apps und digitale Tools können uns dabei unterstützen, Gewohnheiten zu tracken, Fortschritte sichtbar zu machen und uns konsequent an unsere Ziele zu erinnern.

In diesem Kapitel erfährst du, welche Apps und Tools dir helfen können, deine Gewohnheiten gezielt zu stärken, sei es für Produktivität, Fitness, Achtsamkeit oder persönliche Entwicklung.

1️⃣ Warum digitale Unterstützung die Gewohnheitsbildung erleichtert

🔍 Apps und Tools helfen dir, weil sie drei wichtige Prinzipien der Gewohnheitsbildung unterstützen:

📌 1. Sichtbarkeit: Fortschritt wird sichtbar gemacht, was motiviert.

📌 2. Erinnerung: Automatische Benachrichtigungen verhindern, dass du neue Routinen vergisst.

📌 3. Belohnung: Gamification-Elemente machen das Durchhalten einfacher und angenehmer.

🚀 Fazit: Je einfacher du eine Gewohnheit verfolgen kannst, desto wahrscheinlicher wird sie zur Routine.

2️⃣ Die besten Apps für Gewohnheitsbildung, nach Kategorien

▶️ 1. Allgemeine Gewohnheits-Tracker

📌 Warum? Wer seine Fortschritte sieht, bleibt eher dran.

💡 Beste Apps:

☑️ Habitica (iOS/Android/Web) – Gamifiziert deine Gewohnheiten mit RPG-Elementen.

☑️ Streaks (iOS) – Minimalistischer Gewohnheits-Tracker mit Fokus auf tägliche Routinen.

☑️ Loop Habit Tracker (Android) – Kostenlose App mit übersichtlicher Statistikanzeige.

🚀 Warum das funktioniert:

☞ Regelmäßige Erfolge sichtbar zu machen, hält die Motivation hoch.

▶️ 2. Apps für Fokus & Produktivität

📌 Warum? Ständige Ablenkungen ruinieren jede produktive Gewohnheit.

💡 Beste Apps:

☑️ Forest (iOS/Android) – Pflanze einen virtuellen Baum, wenn du fokussiert arbeitest.

☑ Pomodone (iOS/Android/Web) – Verbindet die Pomodoro-Technik mit To-do-Listen.

☑ Freedom (iOS/Android/Desktop) – Blockiert Ablenkungen wie Social Media während der Arbeit.

🏄 Warum das funktioniert:

☞ Ablenkungen bewusst zu reduzieren hilft, fokussierter zu arbeiten.

▶️ 3. Apps für Fitness & Gesundheit

📌 Warum? Fitness- und Ernährungsgewohnheiten brauchen Beständigkeit.

💡 Beste Apps:

☑ MyFitnessPal (iOS/Android) – Trackt Ernährung und Kalorienverbrauch.

☑ Strava (iOS/Android) – Verfolgt Läufe und Radfahrten mit sozialen Challenges.

☑ Seven (iOS/Android) – Sieben-Minuten-Workouts für einfache Fitness-Routinen.

🏄 Warum das funktioniert:

☞ Kleine tägliche Einheiten erleichtern das langfristige Dranbleiben.

▶️ 4. Apps für Achtsamkeit & mentale Stärke

📌 Warum? Mentale Gesundheit ist genauso wichtig wie physische Gesundheit.

💡 Beste Apps:

☑ Headspace (iOS/Android) – Geführte Meditationen für mehr Fokus und Gelassenheit.

☑ Calm (iOS/Android) – Bietet Atemübungen, Meditation und Schlafgeschichten.

☑ Daylio (iOS/Android) – Ein Stimmungs- und Tagebuch-Tracker zur Reflexion.

🏄 Warum das funktioniert:

☞ Regelmäßige Reflexion verbessert das emotionale Wohlbefinden.

▶️ 5. Apps für Schlafoptimierung

📌 Warum? Guter Schlaf ist essentiell für eine starke Gewohnheitsbildung.

💡 Beste Apps:

☑ Sleep Cycle (iOS/Android) – Analysiert Schlafmuster und weckt im idealen Moment.

☑ Pzizz (iOS/Android) – Bietet entspannende Klänge für besseren Schlaf.

☑ Noisli (iOS/Android/Web) – Erzeugt beruhigende Hintergrundgeräusche zum Einschlafen.

🏄 Warum das funktioniert:

☞ Guter Schlaf verbessert Konzentration, Gedächtnis und Energie.

▶️ 6. Digitale Notiz- & Planungstools

📌 Warum? Strukturierte Planung hilft, neue Gewohnheiten in den Alltag zu integrieren.

💡 Beste Apps:

☑ Notion (iOS/Android/Web) – Flexibles digitales Notizbuch für persönliche Entwicklung.

☑ Evernote (iOS/Android/Web) – Organisiert Notizen und Ideen.

☑ Todoist (iOS/Android/Web) – Leistungsstarke To-Do-Listen-App mit Erinnerungsfunktionen.

🚀 Warum das funktioniert:

☞ Wer seine Ziele klar vor Augen hat, bleibt eher dran.

Deep Dive: Warum kleine digitale Erinnerungen einen großen Unterschied machen

📘 ***Wissenschaftlicher Hintergrund:***

💡 *Gewohnheiten werden durch Wiederholung und Belohnung verstärkt, digitale Tools können diesen Prozess automatisieren.*

🚀 ***Wie Apps unser Gehirn beim Aufbau neuer Routinen unterstützen:***

☑ ***Erinnerungen und visuelle Fortschrittsanzeigen aktivieren das Belohnungssystem.***

☑ ***Kleine, tägliche Erfolge erzeugen Motivation, weiterzumachen.***

☑ ***Statistiken zeigen, dass Menschen mit Gewohnheit Trackern länger an ihren Zielen festhalten.***

🚀 ***Was das für dich bedeutet:***

☑ ***Je sichtbarer dein Fortschritt, desto motivierter bleibst du.***

☑ ***Digitale Unterstützung hilft, Dranbleiben einfacher zu machen.***

☑ ***Technologie kann dein stärkster Verbündeter sein, wenn du sie bewusst nutzt.***

☞ ***Fazit: Apps können als mentale „Stützräder" dienen, bis deine Gewohnheiten zur Routine werden.***

3️⃣ Praktische Tipps für die Nutzung von Gewohnheits-Apps

🚀 Tipp 1: Starte mit nur einer App

Zu viele Apps können überwältigend sein. Wähle eine, die deine wichtigste Gewohnheit unterstützt.

🚀 Tipp 2: Setze klare Zeitlimits für App-Nutzung

Nutze Apps als Unterstützung, nicht als Ablenkung. Stelle sicher, dass sie dich nicht vom eigentlichen Ziel ablenken.

🚀 Tipp 3: Nutze die „Erinnerungs-Funktion" sinnvoll

Setze gezielte Reminder für positive Routinen z.B. „Zeit für deine 5-Minuten-Meditation".

🖈 Tipp 4: Kombiniere Apps mit analogen Methoden

Notiere deine Fortschritte zusätzlich in einem physischen Notizbuch, um mehr Bewusstsein zu schaffen.

📝 Warum das funktioniert:

☞ Technologie sollte dein Werkzeug sein, nicht dein Chef.

4️⃣ Fazit: Die richtige Technologie als Verstärker deiner Gewohnheiten nutzen

☑ Digitale Tools können dir helfen, Gewohnheiten sichtbar, strukturiert und belohnend zu machen.

☑ Apps für Produktivität, Fitness, Achtsamkeit und Schlaf optimieren deinen Alltag.

☑ Die besten Tools sind diejenigen, die du regelmäßig nutzt, wähle gezielt aus.

☑ Technologie ist mächtig, aber du entscheidest, wie du sie für dich einsetzt.

💧 Nutze Apps als Booster, aber verliere nie den Fokus auf dein eigentliches Ziel.

📝 Aufgabe für dich:

1️⃣ Welche App möchtest du ausprobieren, um eine neue Gewohnheit zu stärken?

2️⃣ Wie kannst du deine Technologie-Nutzung bewusster gestalten?

3️⃣ Welche App kannst du gezielt einsetzen, um eine bestehende schlechte Gewohnheit zu reduzieren?

4️⃣ Wie kannst du Apps so nutzen, dass sie dich unterstützen, aber nicht ablenken?

Denn wer Technologie klug einsetzt, kann seine Gewohnheiten schneller und nachhaltiger verändern. 📝

8.3 Digitaler Detox: Wie man ungesunde digitale Gewohnheiten durchbricht

Smartphones, Social Media, Streaming-Dienste. Unsere digitale Welt ist so gestaltet, dass sie unsere Aufmerksamkeit fesselt.

💧 Das Problem: Viele Menschen verbringen täglich mehrere Stunden mit unbewusstem Scrollen, ständigen Benachrichtigungen und endlosen Ablenkungen. Das zerstört Fokus, Kreativität und mentale Erholung.

☞ Die Lösung: Ein digitaler Detox hilft dir, die Kontrolle über deine Bildschirmzeit zurückzugewinnen, digitale Abhängigkeiten zu reduzieren und bewusstere Technologie-Gewohnheiten zu entwickeln.

In diesem Kapitel erfährst du, wie du die digitale Unruhe minimierst, Ablenkungen reduzierst und mehr mentale Klarheit gewinnst.

1️⃣ Warum digitale Überlastung unser Gehirn stresst

🔍 Moderne Technologie ist darauf ausgelegt, unsere Aufmerksamkeit maximal zu binden.

🚀 Drei Hauptprobleme der digitalen Welt:

❌ Dopamin-Überflutung: Social Media, YouTube und Nachrichten-Apps triggern unser Belohnungssystem ähnlich wie Glücksspiel.

❌ Fokus-Zerstörung: Ständige Benachrichtigungen und Multitasking machen es schwer, konzentriert zu arbeiten.

❌ Mentale Erschöpfung: Zu viel Bildschirmzeit raubt Energie und stört erholsamen Schlaf.

✎ Fazit: Wenn du unbewusst Technologie nutzt, verliert dein Gehirn die Fähigkeit, sich zu erholen und tief zu denken.

2️⃣ Anzeichen, dass du einen digitalen Detox brauchst

🔍 Wann ist es Zeit, digitale Gewohnheiten zu überdenken?

🚀 Wenn du eines oder mehrere dieser Anzeichen bemerkst, kann ein Detox dir helfen:

❌ Du greifst automatisch zum Handy, ohne zu wissen, warum.

❌ Deine Bildschirmzeit ist höher, als du bewusst wahrnimmst.

❌ Du checkst Social Media oder Nachrichten, bevor du überhaupt aus dem Bett steigst.

❌ Du fühlst dich oft gestresst oder unruhig, wenn du dein Handy nicht in Reichweite hast.

❌ Du kannst dich nur schwer längere Zeit auf eine Aufgabe konzentrieren.

✎ Fazit: Wenn Technologie dich kontrolliert, statt umgekehrt, ist es Zeit für eine bewusste Veränderung.

3️⃣ Die 7-Schritte-Strategie für einen erfolgreichen digitalen Detox

🔍 Ein digitaler Detox bedeutet nicht, Technologie komplett zu vermeiden, sondern sie bewusster zu nutzen.

🚀 Hier sind sieben konkrete Schritte, um ungesunde digitale Gewohnheiten zu durchbrechen:

▶️ 1. Analysiere deine digitale Nutzung

🚀 Warum? Die meisten Menschen unterschätzen ihre Bildschirmzeit.

💡 Neue Regel:

☑️ Nutze Screen Time (iOS) oder Digital Wellbeing (Android), um deine Nutzung sichtbar zu machen.

☑️ Finde heraus, welche Apps die meiste Zeit fressen.

☑️ Frage dich: Welche digitalen Aktivitäten tun mir wirklich gut und welche nicht?

✎ Warum das funktioniert:

☞ Erst wenn du deine Nutzung kennst, kannst du sie bewusst optimieren.

▶️ 2. Setze klare digitale Grenzen

🚀 Warum? Ohne klare Regeln fällt es schwer, den Konsum einzuschränken.

💡 Neue Regel:

☑ Definiere technologie-freie Zeiten z.B. morgens nach dem Aufstehen oder abends vor dem Schlafengehen.

☑ Nutze „Nicht stören"-Modi, um Ablenkungen zu reduzieren.

☑ Verbanne dein Handy aus dem Schlafzimmer, nutze stattdessen einen analogen Wecker.

🚀 Warum das funktioniert:

☞ Weniger Ablenkung bedeutet mehr Fokus und bessere Erholung.

▶️ 3. Setze bewusste Zeitlimits für Social Media & Co.

📌 Warum? Unbegrenzte Nutzung führt oft zu stundenlangem Scrollen ohne Mehrwert.

💡 Neue Regel:

☑ Setze App-Zeitlimits, maximal 30-60 Minuten für Social Media pro Tag.

☑ Nutze Browser-Erweiterungen wie „News Feed Eradicator", um Ablenkungen zu minimieren.

☑ Plane bewusste Social-Media-Zeiten ein, anstatt wahllos zu scrollen.

🚀 Warum das funktioniert:

☞ Begrenzte Nutzung führt zu mehr Achtsamkeit und bewussteren Konsum.

▶️ 4. Entferne digitale Trigger für unbewusstes Verhalten

📌 Warum? Viele greifen aus reiner Gewohnheit zum Handy, ohne Grund.

💡 Neue Regel:

☑ Deaktiviere unnötige Push-Benachrichtigungen.

☑ Platzierst du dein Handy nicht direkt neben dir, wird die Versuchung kleiner.

☑ Setze den Bildschirm auf Graustufen, um das Handy weniger attraktiv zu machen.

🚀 Warum das funktioniert:

☞ Weniger visuelle Reize bedeuten weniger Ablenkung und weniger unbewusste Nutzung.

▶️ 5. Ersetze Bildschirmzeit durch bewusste Alternativen

📌 Warum? Digitale Gewohnheiten lassen sich leichter durch neue Routinen ersetzen als durch bloßen Verzicht.

💡 Neue Regel:

☑ Lies ein physisches Buch statt auf dem Handy Nachrichten zu lesen.

☑ Führe eine analoge Morgenroutine ein, ohne Bildschirm.

☑ Mache einen Spaziergang oder trainiere, anstatt automatisch Social Media zu öffnen.

🚀 Warum das funktioniert:

☞ Neue Gewohnheiten ersetzen die alten, statt sie nur zu unterdrücken.

▶ 6. Mache einen echten „Digital Detox Day"

🖈 Warum? Eine komplette Pause kann helfen, neue Perspektiven auf deine Gewohnheiten zu gewinnen.

💡 Neue Regel:

☑ Wähle einen Tag pro Woche z.B. Sonntag ohne Social Media oder Bildschirmzeit.

☑ Schalte dein Handy für mehrere Stunden oder den ganzen Tag aus.

☑ Beobachte, wie sich dein Fokus, dein Stresslevel und dein Wohlbefinden verändern.

🚀 Warum das funktioniert:

☞ Bewusste Offline-Zeiten helfen, die Kontrolle über digitale Routinen zurückzugewinnen.

▶ 7. Nutze Technologie bewusst als Werkzeug, nicht als Ablenkung

🖈 Warum? Technologie ist nicht per se schlecht, es kommt darauf an, wie wir sie nutzen.

💡 Neue Regel:

☑ Nutze Apps, die deine Gewohnheiten verbessern, nicht verschlechtern.

☑ Setze dir bewusste Ziele für deine Bildschirmzeit.

☑ Überlege vor jeder digitalen Aktivität: „Bringt mir das jetzt wirklich einen Mehrwert?"

🚀 Warum das funktioniert:

☞ Bewusstes Technologie-Management führt zu mehr Produktivität und mentaler Klarheit.

4️⃣ Fazit: Digitale Freiheit statt digitale Abhängigkeit

☑ Ein digitaler Detox bedeutet nicht, Technologie zu meiden. Sondern sie bewusst zu nutzen.

☑ Ständige Ablenkungen durch Smartphone & Co. reduzieren den Fokus, Energie und die Schlafqualität.

☑ Kleine digitale Veränderungen können großen Einfluss auf deine mentale Klarheit haben.

☑ Technologie ist ein Werkzeug, aber du entscheidest, ob sie dich unterstützt oder kontrolliert.

💡 Mehr Zeit ohne Ablenkungen bedeutet mehr Fokus, Kreativität und echte Erholung.

🚀 Aufgabe für dich:

1️⃣ Welche digitale Gewohnheit möchtest du bewusst verändern?

2️⃣ Welche digitale Grenze kannst du heute setzen? z.B. kein Handy nach 21 Uhr

3️⃣ Wann planst du deinen ersten „Digital Detox Day" ein?

4️⃣ Wie kannst du Technologie bewusst als Werkzeug nutzen, statt als Ablenkung?

Denn wer Technologie klug einsetzt, gewinnt die Kontrolle über seine Zeit, Energie und mentale Freiheit zurück. 🚀

8.4 Die Schattenseite der Technologie: Abhängigkeiten erkennen

Technologie ist aus unserem Leben nicht mehr wegzudenken. Sie macht vieles einfacher, verbindet uns mit anderen und ermöglicht uns unglaubliche Fortschritte. Doch was passiert, wenn sie uns nicht mehr hilft, sondern uns kontrolliert?

💡 Das Problem: Viele Menschen verbringen unbewusst Stunden mit Social Media, Streaming-Diensten oder Online-Gaming, ohne zu merken, dass sie längst in einer technologischen Abhängigkeit stecken.

☛ Die Lösung: Technologie bewusst nutzen, digitale Abhängigkeiten frühzeitig erkennen und gegensteuern, bevor sie unser Verhalten bestimmen.

In diesem Kapitel erfährst du, wie Technologie süchtig machen kann, welche Anzeichen auf eine Abhängigkeit hindeuten und wie du wieder die Kontrolle über dein digitales Verhalten gewinnst.

1️⃣ Warum Technologie süchtig machen kann

🔍 Hast du dich jemals gefragt, warum du so oft zum Handy greifst, selbst wenn du es gar nicht brauchst?

🏹 Technologie nutzt drei psychologische Mechanismen, um uns zu fesseln:

☑ Dopamin & Belohnungssystem: Social Media, Gaming und Streaming geben uns kleine, schnelle Belohnungen genau wie Glücksspiel.

☑ Endlose Verfügbarkeit: Es gibt immer neue Inhalte, kein „Ende" wie bei einem Buch oder Film.

☑ Soziale Bestätigung: Likes, Kommentare und Nachrichten erzeugen das Gefühl, etwas zu verpassen („FOMO" – Fear of Missing Out).

🏹 Fazit: Die digitale Welt wurde bewusst so gestaltet, dass wir möglichst lange dort bleiben, oft ohne es zu merken.

2️⃣ Anzeichen für eine digitale Abhängigkeit

🔍 Wie erkennst du, ob du Technologie noch bewusst nutzt, oder ob sie dich bereits kontrolliert?

🏹 Typische Warnsignale:

✖ Du greifst unbewusst zum Handy, selbst wenn es keinen Grund gibt.

✖ Du fühlst dich unruhig oder gereizt, wenn du dein Smartphone nicht griffbereit hast.

✖ Du verlierst die Zeit beim Scrollen oder Zocken „nur 5 Minuten" werden plötzlich eine Stunde.

✖ Du checkst dein Handy als erstes nach dem Aufwachen und als letztes vor dem Schlafengehen.

✖ Arbeit, Schlaf oder soziale Kontakte leiden unter deinem digitalen Verhalten.

🚀 Fazit: Wenn du digitale Medien nicht bewusst nutzt, sondern impulsiv darauf reagierst, könnte es Zeit für eine Veränderung sein.

③ Die Psychologie hinter digitaler Abhängigkeit und wie du sie durch brichst

🔬 Wissenschaftlicher Hintergrund:

💡 Technologische Abhängigkeit funktioniert ähnlich wie andere Süchte, durch Konditionierung.

🚀 Warum es so schwer ist, aufzuhören:

☑ Jede Benachrichtigung gibt dir einen kleinen Dopamin Schub, ähnlich wie eine Belohnung.

☑ Social Media und Games arbeiten mit „variable rewards", du weißt nie, was du bekommst (ähnlich wie Spielautomaten).

☑ Apps und Plattformen sind darauf optimiert, deine Aufmerksamkeit maximal lange zu binden.

🚀 Wie du dich davon befreist:

☑ Setze bewusste Grenzen für die Nutzung, z. B. feste Social-Media-Zeiten.

☑ Reduziere Benachrichtigungen, um die ständigen Reize zu minimieren.

☑ Ersetze digitale Gewohnheiten durch bewusstere Offline-Aktivitäten.

👉 Fazit: Wer versteht, wie Technologie unser Gehirn manipuliert, kann bewusst gegensteuern.

④ 5-Schritte-Strategie, um digitale Abhängigkeiten zu reduzieren

🔍 Digitale Gewohnheiten zu ändern, ist schwer aber mit klaren Strategien möglich.

🚀 Hier sind fünf Schritte, um dich von digitaler Abhängigkeit zu lösen:

▶ 1. Bewusstsein schaffen: Tracke deine Bildschirmzeit

🚀 Warum? Die meisten unterschätzen, wie viel Zeit sie wirklich mit dem Handy oder Computer verbringen.

💡 Neue Regel:

☑ Nutze Screen Time (iOS) oder Digital Wellbeing (Android), um deine Nutzung sichtbar zu machen.

☑ Notiere eine Woche lang, wie oft du dein Handy nutzt und für welche Apps.

☑ Frage dich: Welche digitale Nutzung bringt mir echten Mehrwert und welche nicht?

🚀 Warum das funktioniert:

👉 Nur wer seine Gewohnheiten kennt, kann sie bewusst ändern.

▶ 2. Digitale Trigger entfernen

🚀 Warum? Viele greifen aus purer Gewohnheit zum Handy, nicht aus echtem Interesse.

💡 Neue Regel:

☑ Schalte alle nicht notwendigen Benachrichtigungen aus.

☑ Verschiebe Social-Media-Apps in einen Ordner, damit sie nicht sofort sichtbar sind.

☑ Lege dein Handy bewusst außer Reichweite, wenn du konzentriert arbeiten möchtest.

🚀 Warum das funktioniert:

☞ Weniger digitale Reize bedeuten weniger unbewusstes Verhalten.

▶ 3. Setze bewusste Bildschirmzeiten und Pausen

📌 Warum? Ohne klare Grenzen verlieren wir schnell den Überblick über unsere Nutzung.

💡 Neue Regel:

☑ Lege Social-Media-freie Zeiten fest z.B. morgens oder abends.

☑ Nutze Techniken wie die Pomodoro-Methode, um Fokus-Zeiten zu erhöhen.

☑ Probiere einen kompletten „Digital Detox Day" einmal pro Woche aus.

🚀 Warum das funktioniert:

☞ Bewusst gesetzte Grenzen helfen, den Konsum in gesunde Bahnen zu lenken.

▶ 4. Ersetze digitale Gewohnheiten durch bewusste Alternativen

📌 Warum? Der Schlüssel ist nicht, einfach nur auf Technologie zu verzichten, sondern neue Gewohnheiten zu etablieren.

💡 Neue Regel:

☑ Lies ein physisches Buch statt auf dem Handy Nachrichten zu konsumieren.

☑ Mache einen Spaziergang anstelle von Social-Media-Scrollen.

☑ Pflege echte, persönliche Gespräche, statt nur online zu kommunizieren.

🚀 Warum das funktioniert:

☞ Ersatz Routinen machen es leichter, schlechte digitale Gewohnheiten zu durchbrechen.

▶ 5. Nutze Technologie bewusster, anstatt dich von ihr kontrollieren zu lassen

📌 Warum? Technologie ist nicht das Problem, es geht darum, wie wir sie nutzen.

💡 Neue Regel:

☑ Nutze Apps gezielt für Lernen, Fitness oder Produktivität, statt nur für Unterhaltung.

☑ Lege feste „Onlinezeiten" fest, anstatt ständig erreichbar zu sein.

☑ Erinnere dich regelmäßig daran: DU entscheidest, wie du Technologie nutzt.

🚀 Warum das funktioniert:

☞ Digitale Selbstkontrolle führt zu mehr Freiheit, Fokus und Lebensqualität.

5️⃣ Fazit: Digitale Kontrolle zurückgewinnen

☑ Technologie ist mächtig, aber sie sollte ein Werkzeug sein, nicht eine Abhängigkeit.

☑ Social Media, Gaming und Streaming sind bewusst so gestaltet, dass sie süchtig machen.

☑ Bewusst gesetzte Grenzen helfen, den digitalen Konsum zu kontrollieren.

☑ Wer Technologie gezielt für Wachstum nutzt, anstatt sich davon ablenken zu lassen, gewinnt Freiheit zurück.

💡 Du bestimmst, wie du Technologie nutzt, nicht umgekehrt.

🚀 Aufgabe für dich:

1️⃣ Wie oft nutzt du dein Handy oder Computer und für welche Zwecke? (Tracke eine Woche lang deine Nutzung!)

2️⃣ Welche digitale Gewohnheit möchtest du bewusst reduzieren? z.B. weniger Social Media, weniger Nachrichten-Apps

3️⃣ Welche bewusste Alternative kannst du für deine digitale Routine einführen? Z. B. Buch lesen statt Handy-Scrollen

4️⃣ Wie kannst du Technologie bewusst so einsetzen, dass sie dir nutzt, statt dich zu kontrollieren?

Denn wer Technologie bewusst steuert, gewinnt Kontrolle über seine Zeit, Aufmerksamkeit und Lebensqualität. 🚀

8.5 Gamification: Wie spielerische Ansätze Gewohnheiten fördern

Hast du jemals bemerkt, dass du in einem Videospiel stundenlang eine Aufgabe verfolgst, aber im echten Leben oft mit Motivation kämpfst?

💡 Das Problem: Viele Menschen scheitern an der langfristigen Umsetzung neuer Gewohnheiten, weil ihnen die Motivation fehlt oder sie zu früh aufgeben.

☞ Die Lösung: Gamification, das Anwenden von Spielelementen auf echte Herausforderungen, um Motivation, Fortschritt und Spaß zu steigern.

In diesem Kapitel erfährst du, wie spielerische Ansätze deine Gewohnheitsbildung verstärken, deine Motivation steigern und dein Dranbleiben erleichtern.

1️⃣ Was ist Gamification und warum funktioniert sie so gut?

🔍 Gamification bedeutet, Elemente aus Spielen (wie Punkte, Levels oder Belohnungen) auf den Alltag zu übertragen.

🚀 Warum das unser Gehirn anspricht:

☑ Belohnungen aktivieren das Dopaminsystem, wir fühlen uns motiviert, weiterzumachen.

☑ Klare Ziele und Fortschritt sorgen für Orientierung, wir sehen, dass sich unser Einsatz lohnt.

☑ Herausforderungen halten uns engagiert, wir lieben es, Aufgaben zu „meistern".

☑ Soziale Vergleiche steigern den Ehrgeiz, Wettkämpfe oder Teamziele erhöhen die Motivation.

🚀 Fazit: Wenn eine Aufgabe sich wie ein Spiel anfühlt, bleibt sie spannender und wird leichter zur Gewohnheit.

2 Wie du Gamification nutzt, um neue Gewohnheiten zu stärken

🔍 Es gibt verschiedene Wege, Gamification gezielt für deine Gewohnheiten zu nutzen.

📌 Hier sind vier bewährte Prinzipien, die du sofort anwenden kannst:

▶️ 1. Setze Belohnungen & Fortschritts Systeme ein

📌 Warum? Unser Gehirn liebt es, Fortschritte sichtbar zu machen.

💡 Neue Regel:

☑️ Nutze einen Habit-Tracker, um tägliche Fortschritte zu dokumentieren.

☑️ Erstelle Levels für deine Gewohnheiten, z. B. Anfänger, Fortgeschrittener, Experte.

☑️ Belohne dich für Meilensteine, z. B. nach 30 Tagen Meditation eine besondere Belohnung.

🚀 Warum das funktioniert:

☞ Wenn du Fortschritt siehst, bleibt die Motivation hoch.

▶️ 2. Nutze Punktesysteme & Herausforderungen

📌 Warum? Punkte und Herausforderungen geben einen spielerischen Anreiz.

💡 Neue Regel:

☑️ Erstelle ein einfaches Punktesystem für deine Gewohnheiten z.B. 10 Punkte für einen erfolgreichen Tag, 100 Punkte für einen kompletten Monat).

☑️ Führe kleine Challenges ein, z. B. „30 Tage ohne Zucker" oder „7 Tage Meditation in Folge".

☑️ Nutze „Strafen" für verpasste Tage, z. B. eine kleine Spende für einen guten Zweck.

🚀 Warum das funktioniert:

☞ Unser Gehirn liebt Belohnungen und kleine Wettkämpfe, selbst gegen uns selbst.

▶️ 3. Nutze soziale Dynamik & Accountability

📌 Warum? Spiele machen mehr Spaß, wenn sie mit anderen gespielt werden.

💡 Neue Regel:

☑️ Teile deine Fortschritte mit Freunden oder einer Online-Community.

☑️ Erstelle kleine „Duelle" mit Freunden, z. B. wer am meisten Schritte in einer Woche sammelt.

☑️ Nutze Accountability-Partner, die dich motivieren, dranzubleiben.

🚀 Warum das funktioniert:

☞ Soziale Vergleiche und Unterstützung verstärken die Motivation.

▶️ 4. Integriere Gamification-Apps in deinen Alltag

📌 Warum? Es gibt Apps, die speziell entwickelt wurden, um Gamification für Gewohnheiten zu nutzen.

💡 Beste Gamification-Apps:

☑ Habitica (iOS/Android/Web) – Verwandelt Gewohnheiten in ein Rollenspiel mit Quests und Belohnungen.

☑ Forest (iOS/Android) – Pflanze virtuelle Bäume, wenn du fokussiert bleibst – dein Wald wächst mit deiner Disziplin.

☑ Zombies, Run! (iOS/Android) – Macht Joggen spannender, indem du vor virtuellen Zombies wegläufst.

☑ Duolingo (iOS/Android) – Lerne Sprachen mit einem Level- und Punktesystem.

🚀 Warum das funktioniert:

☛ Spielelemente machen selbst langweilige Aufgaben unterhaltsam.

Deep Dive: Warum Gamification unser Belohnungssystem austrickst

📖 *Wissenschaftlicher Hintergrund:*

💡 *Gamification nutzt gezielt Mechanismen, die unser Gehirn auf Motivation und Belohnung programmieren.*

🎯 *Drei zentrale psychologische Prinzipien:*

☑ *Variable Belohnungen (wie in Videospielen) machen Fortschritte spannend.*

☑ *Das „Level-up"-Gefühl gibt uns das Gefühl, in einer Entwicklung zu stecken.*

☑ *Dopaminausschüttung sorgt dafür, dass wir weiter dranbleiben wollen.*

🚀 *Was das für dich bedeutet:*

☑ *Wenn du dein eigenes Verhalten wie ein Spiel gestaltest, hältst du länger durch.*

☑ *Das Belohnungssystem lässt sich bewusst für Produktivität und Selbstentwicklung nutzen.*

☛ *Fazit: Gamification ist ein Trick, um das Gehirn für positive Routinen zu programmieren.*

3️⃣ Praktische Übungen für mehr Gamification im Alltag

🎯 Übung 1: Erstelle dein eigenes Punktesystem

- Vergib Punkte für verschiedene Aktivitäten z.B. 10 Punkte für Sport, 5 für Lesen.
- Setze Belohnungen für erreichte Punktestände, z.B. 500 Punkte = ein neues Buch kaufen.

🚀 Warum das funktioniert:

☛ Du machst deinen Fortschritt messbar und bleibst motiviert.

📌 Übung 2: Die „Missionsmethode" für langweilige Aufgaben

- Setze dir eine Aufgabe als Mission („Ich muss 10 Minuten meditieren, um Level 2 zu erreichen").
- Nutze Timer oder Challenges, um die Spannung zu erhöhen.

📎 Warum das funktioniert:

☞ Unser Gehirn liebt Herausforderungen mehr als langweilige Routinen.

📌 Übung 3: Erstelle eine persönliche „Quests"-Liste

- Schreibe eine Liste mit Herausforderungen, die du im Alltag bewältigen möchtest.
- Ordne ihnen verschiedene Schwierigkeitsgrade und Belohnungen zu.

📎 Warum das funktioniert:

☞ Dein Leben wird zu einem Spiel, in dem du dich ständig weiter entwickelst.

4️⃣ Fazit: Gamification als Gamechanger für Gewohnheiten

☑ Unser Gehirn liebt Spiele, wenn wir Aufgaben spielerisch gestalten, bleiben wir motivierter.

☑ Punkte, Challenges und Belohnungen machen selbst langweilige Routinen spannender.

☑ Mit Apps und spielerischen Methoden kannst du deine Gewohnheitsbildung effektiver und unterhaltsamer gestalten.

☑ Wer Gamification klug nutzt, trickst sein Gehirn aus für mehr Motivation, Erfolg und Spaß.

💡 Nutze das Spielprinzip, um dein echtes Leben spannender und produktiver zu machen!

🚀 Aufgabe für dich:

1️⃣ Welche neue Gewohnheit kannst du mit Gamification unterhaltsamer machen?

2️⃣ Welches Punktesystem oder welche Challenges kannst du in deinen Alltag integrieren?

3️⃣ Welche App oder Methode kannst du testen, um spielerisch an deiner Gewohnheit dranzubleiben?

4️⃣ Wie kannst du dich selbst für Fortschritte belohnen, um die Motivation zu steigern?

Denn wer sein eigenes Verhalten spielerisch gestaltet, bleibt motivierter und erreicht seine Ziele mit mehr Spaß. 🚀

8.6 Technologien der Zukunft: KI und Gewohnheitsbildung

Wir stehen an der Schwelle einer neuen Ära: Künstliche Intelligenz (KI) wird unser Verhalten mehr beeinflussen, als wir es uns heute vorstellen können.

💡 Das Problem: Viele Menschen nutzen Technologie unbewusst, doch KI wird unsere Entscheidungen zunehmend automatisieren und damit unsere Gewohnheiten steuern.

☞ Die Lösung: KI gezielt nutzen, um positive Gewohnheiten zu verstärken, statt sich passiv von Algorithmen lenken zu lassen.

In diesem Kapitel erfährst du, wie künstliche Intelligenz dir helfen kann, bessere Routinen zu etablieren und welche Risiken du dabei beachten solltest.

1️⃣ Wie KI unser Verhalten beeinflussen wird

🔍 Künstliche Intelligenz ist bereits tief in unseren Alltag integriert, oft ohne, dass wir es merken.

🚀 Wo KI unsere Gewohnheiten bereits steuert:

☑ Social-Media-Feeds & Video-Algorithmen, Entscheiden, was wir konsumieren.

☑ Gesundheits- & Fitness-Apps – Optimieren Training und Ernährung.

☑ Sprachassistenten (Siri, Alexa, Google Assistant) – Erleichtern uns alltägliche Aufgaben.

☑ Smart-Home-Geräte – Automatisieren Licht, Temperatur und Zeitpläne.

🚀 Fazit: KI kann unsere Gewohnheiten positiv verstärken oder uns in unbewusste Muster drängen.

2️⃣ Wie KI uns helfen kann, bessere Gewohnheiten zu etablieren

🔍 Die richtigen KI-gestützten Systeme können dich gezielt beim Aufbau gesunder Routinen unterstützen.

🚀 Hier sind drei konkrete Wege, wie KI deine Gewohnheitsbildung verbessern kann:

▶️ 1. Personalisierte Coaching-Apps für Gewohnheiten

🚀 Warum? KI kann Verhaltensmuster analysieren und individuelle Vorschläge machen.

💡 Beispiele für KI-Coaching:

☑ Noom (iOS/Android) – Nutzt KI, um personalisierte Ernährungspläne zu erstellen.

☑ Fabulous (iOS/Android) – Erstellt basierend auf deinem Verhalten einen maßgeschneiderten Habit-Plan.

☑ Mindsera (iOS/Android) – KI-gestütztes Journaling, das deine Denkmuster analysiert.

🚀 Warum das funktioniert:

☞ Je individueller die Empfehlungen, desto leichter fällt es, an einer Gewohnheit dranzubleiben.

▶️ 2. KI als Erinnerungs- und Motivations Tool

🚀 Warum? Automatische Erinnerungen helfen, Routinen nicht zu vergessen.

💡 Wie du KI als Motivations Tool nutzt:

☑ Setze Chatbots oder Sprachassistenten als Gewohnheits-Reminder ein.

☑ Nutze Smartwatches, die deine Aktivität tracken und dich daran erinnern.

☑ Verwende KI-gesteuerte Kalender, um Routinen smarter zu planen.

🚀 Warum das funktioniert:

☞ Automatisierte Erinnerungen machen es einfacher, Gewohnheiten nicht zu unterbrechen.

▶️ 3. KI zur Analyse und Optimierung deines Verhaltens

🚀 Warum? Künstliche Intelligenz kann dir Muster aufzeigen, die du selbst nicht erkennst.

💡 Beispiele für KI-gestützte Analysen:

☑ WHOOP (iOS/Android) – Analysiert Schlaf, Stresslevel und Aktivitätsmuster für eine bessere Regeneration.

☑ RescueTime (PC/Mac) – Misst deine Bildschirmzeit und gibt KI-gestützte Optimierungsvorschläge.

☑ Oura Ring – Nutzt KI, um Schlafqualität und Tagesenergie vorherzusagen.

🚀 Warum das funktioniert:

☞ Datenbasierte Entscheidungen helfen, langfristig nachhaltigere Gewohnheiten zu etablieren.

Deep Dive: Die Risiken von KI in der Gewohnheitsbildung

📖 *Wissenschaftlicher Hintergrund:*

💡 *KI kann dir helfen, aber sie kann dich auch in unerwünschte Verhaltensmuster lenken.*

🚀 *Drei Risiken, die du beachten solltest:*

✗ *Abhängigkeit von Algorithmen: Wenn KI alles für dich entscheidet, verlierst du Eigenverantwortung.*

✗ *Datenmissbrauch: KI-basierte Apps sammeln riesige Mengen an persönlichen Informationen.*

✗ *Manipulation durch gezielte Werbung: Unternehmen nutzen KI, um deine Entscheidungen subtil zu beeinflussen.*

🚀 *Wie du dich davor schützt:*

☑ *Nutze KI bewusst, als Werkzeug, nicht als Entscheidungsträger.*

☑ *Achte auf Datenschutzrichtlinien von KI-gestützten Apps.*

☑ *Reflektiere regelmäßig dein Nutzungsverhalten, um unbewusste Manipulation zu vermeiden.*

☞ *Fazit: KI kann deine Gewohnheiten verbessern, aber du musst bewusst entscheiden, wie du sie nutzt.*

3️⃣ Praktische Übungen für eine bewusste Nutzung von KI

🚀 Übung 1: Erstelle eine „KI-Checkliste" für deine Apps

- Welche KI-gestützten Apps nutzt du bereits?

- Helfen sie dir tatsächlich oder lenken sie dich eher ab?
- Wie kannst du KI gezielt für deine Gewohnheitsbildung nutzen?

🚀 Warum das funktioniert:

☞ Bewusstes Reflektieren verhindert ungewollte Manipulation.

🏹 Übung 2: Teste eine KI-App gezielt für eine neue Gewohnheit
- Wähle eine KI-App für Fitness, Ernährung oder Fokus.
- Nutze sie für 14 Tage konsequent und analysiere deine Fortschritte.
- Entscheide danach, ob sie dir wirklich hilft oder nicht.

🚀 Warum das funktioniert:

☞ Du setzt KI gezielt als Werkzeug ein, statt dich von ihr beeinflussen zu lassen.

🏹 Übung 3: Plane bewusste „KI-freie Zeiten"
- Lege einen Tag pro Woche fest, an dem du keine KI-gestützten Apps nutzt.
- Beobachte, wie sich dein Verhalten verändert, fällt dir das schwer?

🚀 Warum das funktioniert:

☞ Du erkennst, in welchen Bereichen du eventuell zu abhängig von KI bist.

4️⃣ Fazit: KI bewusst als Helfer für bessere Gewohnheiten nutzen

☑️ Künstliche Intelligenz wird unser Verhalten in Zukunft stärker beeinflussen als je zuvor.

☑️ KI-gestützte Apps können dir helfen, Gewohnheiten nachhaltiger und individueller zu entwickeln.

☑️ Automatisierte Erinnerungen, Analysen und smarte Assistenten erleichtern das Dranbleiben.

☑️ Aber: KI kann auch unbewusst manipulieren, achte darauf, dass DU die Kontrolle behältst.

💡 Nutze KI als Werkzeug, aber überlasse ihr nicht die Kontrolle über deine Entscheidungen!

🚀 Aufgabe für dich:

1️⃣ Welche KI-gestützte App möchtest du testen, um eine neue Gewohnheit aufzubauen?

2️⃣ Wie kannst du KI bewusst in deinen Alltag integrieren, ohne von ihr abhängig zu werden?

3️⃣ Welche Bereiche deines Lebens könnten durch smarte Technologie optimiert werden und welche sollten bewusst offline bleiben?

4️⃣ Welche Maßnahmen kannst du ergreifen, um Manipulation durch Algorithmen zu vermeiden?

Denn wer KI bewusst nutzt, kann seine Gewohnheiten schneller, intelligenter und nachhaltiger verändern. 🚀

Kapitel 9: Langfristige Aufrechterhaltung neuer Gewohnheiten
9.1 Wie man Motivation und Disziplin langfristig aufrechterhält

Es ist leicht, eine neue Gewohnheit mit Begeisterung zu beginnen, aber sie über Monate oder Jahre hinweg beizubehalten, ist eine wahre Herausforderung.

Das Problem: Motivation ist flüchtig, sie kommt und geht. Viele Menschen starten voller Energie, verlieren aber nach ein paar Wochen oder Monaten die Disziplin und fallen in alte Muster zurück.

Die Lösung: Lerne, wie du Motivation gezielt steuerst und Disziplin zu einer festen Routine machst, damit neue Gewohnheiten dauerhaft bestehen bleiben.

In diesem Kapitel erfährst du, wie du langfristig motiviert bleibst, deine Disziplin stärkst und Gewohnheiten nachhaltig in dein Leben integrierst.

1 Warum Motivation nicht ausreicht und Disziplin der Schlüssel ist

Viele Menschen verlassen sich auf Motivation, um an einer neuen Gewohnheit dranzubleiben, aber das ist ein Fehler.

Der Unterschied zwischen Motivation und Disziplin:

☑ Motivation: Kurzfristiger emotionaler Schub, der dich antreibt.

☑ Disziplin: Die Fähigkeit, eine Handlung auch dann auszuführen, wenn du keine Lust hast.

Fazit: Motivation bringt dich zum Start, Disziplin hält dich auf der Strecke.

2 Die 5 besten Strategien, um langfristig motiviert zu bleiben

Auch wenn Disziplin wichtiger als Motivation ist, gibt es clevere Wege, um deine Motivation regelmäßig zu erneuern.

Hier sind fünf bewährte Strategien:

▶ 1. Setze dir ein starkes „Warum"

Warum? Ohne eine klare innere Motivation wird jede Gewohnheit irgendwann bedeutungslos.

Neue Regel:

☑ Schreibe dein „Warum" auf, warum willst du diese Gewohnheit wirklich etablieren?

☑ Stelle sicher, dass dein Grund stark genug ist, um dich auch in schwierigen Zeiten zu motivieren.

☑ Erinnere dich täglich an dein „Warum", indem du es sichtbar machst, z.B. als Notiz am Spiegel.

Warum das funktioniert:

Ein starkes „Warum" gibt dir die mentale Energie, auch an schlechten Tagen dranzubleiben.

▶ 2. Nutze die „2-Minuten-Regel", um Hürden zu minimieren

Warum? Die größte Hürde ist oft der erste Schritt.

Neue Regel:

☑ Reduziere deine Gewohnheit auf eine Mini-Version, die nur 2 Minuten dauert.

☑ Beispiel: Statt „Ich will jeden Tag 30 Minuten lesen" → „Ich lese eine Seite pro Tag."

☑ Das Ziel ist es, die Hürde so klein wie möglich zu machen, oft folgt der Rest automatisch.

🚀 Warum das funktioniert:

☞ Es ist schwer, sich zu motivieren, wenn eine Aufgabe groß erscheint, kleine Schritte sind der Schlüssel.

▶ 3. Baue Belohnungen bewusst in dein System ein

📌 Warum? Unser Gehirn braucht kleine Erfolgserlebnisse, um am Ball zu bleiben.

💡 Neue Regel:

☑ Setze dir Belohnungen für das Einhalten deiner Gewohnheit z.B. nach 30 Tagen durchhalten ein kleines Geschenk.

☑ Nutze Gamification-Elemente z.B. Punkte sammeln oder ein Level-System für deine Fortschritte.

☑ Mach Fortschritte sichtbar, indem du einen Habit-Tracker nutzt.

🚀 Warum das funktioniert:

☞ Wenn dein Gehirn mit positiven Emotionen belohnt wird, bleibt es leichter an der Gewohnheit dran.

▶ 4. Mache deine Gewohnheit sozial sichtbar

📌 Warum? Soziale Verantwortung erhöht die Wahrscheinlichkeit, dass du dran bleibst.

💡 Neue Regel:

☑ Finde einen Accountability-Partner, mit dem du gemeinsam an der Gewohnheit arbeitest.

☑ Teile deine Fortschritte öffentlich z.B. über eine App oder mit Freunden.

☑ Tritt einer Community bei, die ähnliche Ziele verfolgt.

🚀 Warum das funktioniert:

☞ Wenn andere Menschen von deinem Ziel wissen, fühlst du dich eher verpflichtet, dranzubleiben.

▶ 5. Nutze die „Keine-Null-Tage-Regel"

📌 Warum? Konsistenz ist wichtiger als Perfektion.

💡 Neue Regel:

☑ Mach jeden Tag irgendetwas für deine Gewohnheit, auch wenn es nur eine Kleinigkeit ist.

☑ Beispiel: Wenn du keine Zeit für ein Workout hast, mache wenigstens 5 Kniebeugen.

☑ Das Ziel ist es, niemals einen „Null-Tag" zu haben, an dem du gar nichts tust.

🚀 Warum das funktioniert:

☞ Kleine Handlungen halten die Gewohnheit lebendig und verhindern Rückfälle.

Deep Dive: Warum unser Gehirn Routinen liebt und wie du das für dich nutzt

🔬 **Wissenschaftlicher Hintergrund:**

💡 *Unser Gehirn bevorzugt Routinen, weil sie weniger Energie kosten.*

📌 *Wie du das für dich nutzt:*

☑ *Je länger du eine Gewohnheit durchführst, desto mehr wird sie automatisch.*

☑ *Erhöhe nach und nach die Schwierigkeit, damit dein Gehirn nicht in die Langeweile-Falle tappt.*

☑ *Nutze bewusst Trigger z.B. eine feste Zeit oder einen bestimmten Ort, um die Gewohnheit zu verankern.*

📌 *Fazit: Nach 60–90 Tagen ist eine Gewohnheit oft so tief verankert, dass sie fast automatisch abläuft.*

③ Praktische Übungen für langfristige Motivation & Disziplin

📌 Übung 1: Schreibe dein „Warum" auf und visualisiere es täglich
- Warum willst du diese Gewohnheit etablieren?
- Wie wird dein Leben in einem Jahr aussehen, wenn du sie behältst?
- Lies dir dein „Warum" jeden Morgen durch.

📌 Warum das funktioniert:

☞ Ein starkes „Warum" gibt dir die nötige Energie, um durchzuhalten.

📌 Übung 2: Nutze die „2-Minuten-Regel" für schwierige Tage
- Wenn du keine Lust hast, mache die Gewohnheit nur für 2 Minuten.
- Kein komplettes Workout? Dann wenigstens eine Übung.
- Keine Zeit zum Lesen? Dann nur eine Seite.

📌 Warum das funktioniert:

☞ Du erhältst die Routine aufrecht, ohne dich zu überfordern.

📌 Übung 3: Starte einen Habit-Tracker oder eine Belohnungsliste
- Markiere jeden erfolgreichen Tag mit deiner Gewohnheit.
- Setze kleine Meilenstein-Belohnungen z.B. nach 30 Tagen ein kleines Geschenk.

📌 Warum das funktioniert:

☞ Konsistenz wird belohnt und motiviert, weiterzumachen.

④ Fazit: Motivation kommt und geht, Disziplin macht den Unterschied

☑ Verlasse dich nicht auf Motivation, baue Disziplin auf.

☑ Kleine Schritte sind besser als Perfektion, mache jeden Tag irgendetwas für deine Gewohnheit.

☑ Mach Fortschritte sichtbar und belohne dich für Erfolge.

☑ Je länger du eine Gewohnheit aufrecht erhältst, desto leichter wird sie.

💡 Wer Motivation klug einsetzt und Disziplin trainiert, wird jede Gewohnheit langfristig aufrechterhalten.

🚀 Aufgabe für dich:

1 Was ist dein „Warum" für deine wichtigste Gewohnheit? Schreibe es auf.

2 Welche Mini-Version deiner Gewohnheit kannst du auch an schwierigen Tagen umsetzen?

3 Wie kannst du deine Fortschritte sichtbar machen z.B. mit einem Habit-Tracker?

4 Welche Belohnung kannst du dir setzen, um die Motivation langfristig hochzuhalten?

Denn wer Disziplin mit den richtigen Strategien kombiniert, macht neue Gewohnheiten zu einem festen Teil seines Lebens. 🚀

9.2 Die Rolle von Reflexion und Anpassung

Die meisten Menschen denken, dass eine Gewohnheit nur dann funktioniert, wenn man sie jeden Tag perfekt umsetzt. Doch die Wahrheit ist: Nachhaltige Gewohnheiten sind keine starre Routine, sondern ein flexibler Prozess.

💡 Das Problem: Viele geben eine Gewohnheit auf, sobald sie ins Stocken gerät, anstatt sie bewusst zu reflektieren und anzupassen.

☞ Die Lösung: Regelmäßige Reflexion und bewusste Anpassung helfen dir, deine Gewohnheiten langfristig beizubehalten, ohne Frust oder Stillstand.

In diesem Kapitel erfährst du, wie du durch gezielte Reflexion deine Gewohnheiten optimierst, Fehler vermeidest und sie an dein Leben anpasst.

1 Warum Reflexion für langfristigen Erfolg entscheidend ist

🔍 Eine Gewohnheit zu etablieren ist nur der erste Schritt, aber ihre langfristige Aufrechterhaltung erfordert regelmäßige Selbstüberprüfung.

🚀 Die drei Hauptvorteile der Reflexion:

☑ Erkenne, was funktioniert und was nicht.

☑ Passe deine Gewohnheiten an Veränderungen im Leben an.

☑ Vermeide Frustration und Stillstand durch bewusste Optimierung.

🚀 Fazit: Ohne Reflexion wird eine Gewohnheit schnell zur unflexiblen Pflicht und das führt oft zum Aufgeben.

2 Die besten Reflexions-Techniken für nachhaltige Gewohnheiten

🔍 Wie reflektierst du sinnvoll, ohne dich zu verlieren?

🚀 Hier sind fünf bewährte Methoden, um deine Gewohnheiten regelmäßig zu überprüfen und zu optimieren:

▶ 1. Die „Wo stehe ich?"-Selbstanalyse

🚀 Warum? Manchmal merken wir nicht, dass eine Gewohnheit ins Stocken gerät, bis wir bewusst darüber nachdenken.

💡 Neue Regel:

☑ Nimm dir einmal pro Woche 5 Minuten, um über deine Fortschritte nachzudenken.

☑ Stelle dir diese Fragen:

- Habe ich meine Gewohnheit diese Woche konsequent verfolgt?
- Gab es Tage, an denen ich sie ausgelassen habe? Warum?
- Wie habe ich mich dabei gefühlt?

🚀 Warum das funktioniert:

☞ Wenn du erkennst, wo du stehst, kannst du gezielt Verbesserungen vornehmen.

▶️ 2. Die „Was hat mich blockiert?"-Methode

📍 Warum? Fehlende Motivation oder Hindernisse sind oft nicht sofort offensichtlich.

💡 Neue Regel:

☑ Analysiere, welche Situationen dich am Dranbleiben gehindert haben.

☑ Frage dich:

- Gab es bestimmte Auslöser, die mich von meiner Gewohnheit abgehalten haben?
- Was kann ich verändern, um diese Hürden in Zukunft zu vermeiden?

🚀 Warum das funktioniert:

☞ Wenn du erkennst, was dich blockiert, kannst du proaktiv Lösungen finden.

▶️ 3. Die „Gewohnheits-Tuning"-Technik

📍 Warum? Manchmal passt eine Gewohnheit nicht mehr zu deinem Lebensstil, dann ist eine Anpassung nötig.

💡 Neue Regel:

☑ Modifiziere deine Gewohnheit, wenn sie nicht mehr praktikabel ist.

☑ Beispiel:

- „Ich wollte 30 Minuten am Morgen trainieren, aber es klappt nicht, also verkürze ich es auf 10 Minuten."
- „Ich wollte jeden Tag lesen, aber schaffe es nur 3x pro Woche, das ist okay!"

🚀 Warum das funktioniert:

☞ Flexibilität macht es einfacher, eine Gewohnheit langfristig beizubehalten.

▶️ 4. Die „Ziel-Check"-Methode

📍 Warum? Ziele, die vor Monaten sinnvoll waren, müssen nicht immer die besten sein.

💡 Neue Regel:

☑ Überprüfe alle paar Monate, ob dein ursprüngliches Ziel noch relevant ist.

☑ Falls nötig, passe es an oder formuliere es neu.

🚀 Warum das funktioniert:

☝ Gewohnheiten sollten sich mit dir weiterentwickeln, nicht gegen dich arbeiten.

▶ 5. Die „Feiere deine Erfolge"-Methode

🎯 Warum? Ohne Belohnung verliert eine Gewohnheit ihren Reiz.

💡 Neue Regel:

☑ Schreibe einmal pro Woche auf, was du erreicht hast.

☑ Setze bewusste Belohnungen für Meilensteine.

☑ Erinnere dich daran, wie weit du schon gekommen bist.

🚀 Warum das funktioniert:

☝ Wenn du Fortschritt bewusst wahrnimmst, bleibst du motivierter.

Deep Dive: Warum unser Gehirn Reflexion liebt

📖 **Wissenschaftlicher Hintergrund:**

💡 *Das Gehirn braucht regelmäßige Bestätigung, dass eine Gewohnheit sinnvoll ist, sonst verliert es die Motivation.*

🎯 *Wie Reflexion unser Verhalten beeinflusst:*

☑ *Bewusste Überprüfung hält die Gewohnheit frisch und relevant.*

☑ *Erfolgsmomente stärken die neuronalen Verknüpfungen, dadurch wird die Gewohnheit automatisiert.*

☑ *Regelmäßige Anpassungen verhindern, dass eine Gewohnheit durch Veränderungen im Leben „wegfällt".*

🚀 *Fazit: Wer regelmäßig reflektiert, bleibt langfristig motiviert und flexibel.*

3️⃣ Praktische Übungen für bewusste Reflexion & Anpassung

🎯 Übung 1: Der wöchentliche Gewohnheits-Check

Jeden Sonntag: Notiere drei Dinge, die gut liefen, und eine Sache, die du verbessern willst.

🚀 Warum das funktioniert:

☝ Regelmäßige Reflexion verhindert, dass du unbewusst aufhörst.

🎯 Übung 2: Die „Hindernis-Analyse"

- Notiere alle Gründe, warum du deine Gewohnheit in den letzten Wochen nicht immer umgesetzt hast.
- Finde für jede Hürde eine Lösung.

🚀 Warum das funktioniert:

☝ Wenn du die Hindernisse kennst, kannst du sie gezielt umgehen.

🎯 Übung 3: Die Anpassungs-Strategie

Frage dich: Muss ich meine Gewohnheit anpassen, damit sie langfristig funktioniert?

Falls ja, formuliere eine realistische Modifikation.

🚀 Warum das funktioniert:

☞ Flexibilität macht eine Gewohnheit langfristig nachhaltiger.

4 Fazit: Reflexion und Anpassung sind der Schlüssel zu dauerhaften Gewohnheiten

☑ Gewohnheiten sind keine starren Regeln, sie sollten sich an dein Leben anpassen.

☑ Ohne Reflexion verlieren viele Gewohnheiten ihren Sinn oder verschwinden unbemerkt.

☑ Kleine, bewusste Anpassungen sorgen dafür, dass du langfristig dran bleibst.

☑ Wer regelmäßig überprüft, was funktioniert und was nicht, vermeidet Rückfälle.

🖋 Reflektiere, optimiere und passe deine Gewohnheiten bewusst an, so bleiben sie langfristig bestehen!

🚀 Aufgabe für dich:

1 Wann nimmst du dir diese Woche Zeit für eine bewusste Reflexion deiner Gewohnheiten?

2 Welche Gewohnheit läuft gut und welche könnte eine Anpassung brauchen?

3 Welche Hindernisse hast du in den letzten Wochen bemerkt und wie kannst du sie umgehen?

4 Wie kannst du deine Fortschritte sichtbarer machen, um motiviert zu bleiben? Denn wer regelmäßig reflektiert und anpasst, wird jede Gewohnheit langfristig meistern. 🚀

9.3 Gewohnheiten als Lebensstil

Viele Menschen sehen Gewohnheiten als kurzfristige Veränderungen: „Ich werde 30 Tage meditieren.", „Ich versuche, einen Monat gesünder zu essen." Doch was passiert danach?

🖋 Das Problem: Viele Gewohnheiten werden als „Projekte" betrachtet, doch echte Veränderungen entstehen nur, wenn sie zu einem Lebensstil werden.

☞ Die Lösung: Gewohnheiten nicht als vorübergehende Herausforderung sehen, sondern als integralen Bestandteil deines Lebens.

In diesem Kapitel erfährst du, wie du Gewohnheiten so tief in deinen Alltag einbaust, dass sie selbstverständlich werden und du langfristig davon profitierst.

1 Warum kurzfristige Veränderungen nicht ausreichen

🔍 Viele Menschen denken, dass eine Gewohnheit nach ein paar Wochen „fertig" ist, doch das ist ein Trugschluss.

🖋 Typische Fehler, die verhindern, dass eine Gewohnheit langfristig bleibt:

✗ „Ich habe mein Ziel erreicht, jetzt kann ich wieder aufhören."

✗ „Ich mache das nur so lange, bis ich mein Wunschgewicht erreicht habe."

✖ „Ich habe es ausprobiert, aber es hat nicht zu mir gepasst."

✒ Fazit: Wenn du eine Gewohnheit nicht als festen Bestandteil deines Lebens ansiehst, wird sie irgendwann verschwinden.

2️⃣ Die 5-Schritte-Strategie, um Gewohnheiten in deinen Lebensstil zu integrieren

🔍 Damit eine Gewohnheit zu einem natürlichen Teil deines Alltags wird, muss sie sich „richtig" anfühlen.

✒ Hier sind fünf bewährte Prinzipien, um Gewohnheiten in deinen Lebensstil einzubauen:

▶️ 1. Verknüpfe deine Gewohnheit mit deiner Identität

✒ Warum? Wir tun Dinge langfristig nur, wenn sie zu unserem Selbstbild passen.

💡 Neue Regel:

☑️ Sage nicht: „Ich versuche, Sport zu machen." → Sage: „Ich bin jemand, der sich bewegt."

☑️ Sage nicht: „Ich will mehr lesen." → Sage: „Ich bin eine Person, die jeden Tag liest."

☑️ Sage nicht: „Ich will gesünder essen." → Sage: „Ich treffe bewusste Entscheidungen für meine Gesundheit."

✒ Warum das funktioniert:

☞ Sobald eine Gewohnheit Teil deiner Identität wird, fällt sie dir leichter.

▶️ 2. Mache deine Gewohnheiten zum Standard, nicht zur Ausnahme

✒ Warum? Wenn eine Gewohnheit „optional" bleibt, wird sie irgendwann verschwinden.

💡 Neue Regel:

☑️ Gestalte deine Umgebung so, dass die Gewohnheit automatisch passiert.

☑️ Stelle deine Laufschuhe bereit, wenn du morgens joggen willst.

☑️ Habe immer gesunde Snacks griffbereit, wenn du dich besser ernähren willst.

☑️ Plane deine Gewohnheiten fest in deinen Tagesablauf ein.

✒ Warum das funktioniert:

☞ Was leicht zugänglich ist, wird häufiger genutzt, was schwer zugänglich ist, wird vermieden.

▶️ 3. Entwickle eine Langzeit-Mentalität

✒ Warum? Kurzfristige Herausforderungen sind motivierend, aber echte Veränderungen brauchen Zeit.

💡 Neue Regel:

☑️ Sieh deine Gewohnheiten als eine Reise, nicht als ein Ziel.

☑️ Stelle dir vor, wie du in 5 oder 10 Jahren mit dieser Gewohnheit leben willst.

☑️ Akzeptiere, dass es Rückschläge geben wird, aber bleib trotzdem dran.

🚀 Warum das funktioniert:

👉 Wenn du eine Langzeitperspektive hast, hältst du auch durch, wenn es mal schwer wird.

▶️ 4. Entwickle eine „Wenn-dann"-Routine für Rückfälle

🎯 Warum? Jeder wird irgendwann mal eine Gewohnheit unterbrechen, wichtig ist, wie du darauf reagierst.

💡 Neue Regel:

☑️ Definiere eine Strategie für Rückschläge:

- „Wenn ich eine Woche lang nicht trainiere, dann mache ich nächste Woche eine extra leichte Einheit, um wieder reinzukommen."
- „Wenn ich meine Ernährung eine Zeit lang vernachlässige, dann starte ich mit einer bewussten Mahlzeit pro Tag neu."

🚀 Warum das funktioniert:

👉 Du verhinderst, dass ein kleiner Ausrutscher zu einem langfristigen Rückfall wird.

▶️ 5. Baue ein Umfeld, das deine Gewohnheiten unterstützt

🎯 Warum? Unsere Umgebung beeinflusst unser Verhalten mehr, als wir denken.

💡 Neue Regel:

☑️ Umgib dich mit Menschen, die deine neuen Gewohnheiten fördern.

☑️ Erzähle Freunden oder Familie von deinen neuen Routinen, um soziale Verantwortung zu schaffen.

☑️ Vermeide Umgebungen oder Personen, die dich zu alten Mustern zurückführen.

🚀 Warum das funktioniert:

👉 Wenn dein Umfeld deine Gewohnheiten unterstützt, fällt es dir leichter, dranzubleiben.

Deep Dive: Warum unser Gehirn langfristige Gewohnheiten liebt

🔬 *Wissenschaftlicher Hintergrund:*

💡 *Das Gehirn liebt Routinen, weil sie weniger mentale Energie benötigen.*

🎯 *Wie du das für dich nutzt:*

☑️ *Je länger du eine Gewohnheit behältst, desto automatischer wird sie.*

☑️ *Das Gehirn optimiert Abläufe, irgendwann kostet dich die Gewohnheit keine bewusste Anstrengung mehr.*

☑️ *Ein klarer, vorhersehbarer Tagesablauf hilft, Gewohnheiten fester zu verankern.*

🚀 *Fazit: Nach einigen Monaten ist eine gut etablierte Gewohnheit so selbstverständlich wie Zähneputzen.*

3 Praktische Übungen, um Gewohnheiten in deinen Lebensstil zu integrieren

✈ Übung 1: Formuliere deine Gewohnheit als Identitätssatz

- Schreibe auf: „Ich bin jemand, der ..."
- Beispiel: „Ich bin eine Person, die sich jeden Tag bewegt."

🚀 Warum das funktioniert:

☞ Eine starke Identität unterstützt langfristige Gewohnheiten.

✈ Übung 2: Erstelle eine Rückfall-Strategie

- Überlege dir: „Was werde ich tun, wenn ich meine Gewohnheit unterbreche?"
- Notiere deine „Wenn-dann"-Regel.

🚀 Warum das funktioniert:

☞ Du verhinderst, dass kleine Ausrutscher zum kompletten Rückfall werden.

✈ Übung 3: Mache eine „Zukunftsvision" deiner Gewohnheit

- Stelle dir vor, wie dein Leben in 5 Jahren mit dieser Gewohnheit aussieht.
- Schreibe eine kurze Beschreibung oder male ein Bild davon.

🚀 Warum das funktioniert:

☞ Langfristige Visionen geben dir Motivation, dranzubleiben.

4 Fazit: Gewohnheiten sind kein Ziel, sie sind ein Lebensstil

☑ Eine Gewohnheit ist nicht etwas, das du „abschließt", sondern etwas, das Teil deines Lebens wird.

☑ Je mehr du deine Gewohnheiten mit deiner Identität verknüpfst, desto leichter fällt es dir, sie beizubehalten.

☑ Flexibilität und Anpassung sind wichtig, aber die grundlegende Richtung bleibt gleich.

☑ Wenn du Gewohnheiten langfristig in dein Leben integrierst, musst du dich nicht mehr auf Motivation verlassen.

💡 Verändere nicht nur dein Verhalten, verändere deine Identität. Dann bleiben deine Gewohnheiten für immer.

🚀 Aufgabe für dich:

1 Welche deiner aktuellen Gewohnheiten soll ein fester Teil deines Lebensstils werden?

2 Wie kannst du diese Gewohnheit in deine Identität integrieren?

3 Welche Rückfall-Strategie kannst du entwickeln, um langfristig dranzubleiben?

4 Wie sieht dein Leben in 5 Jahren aus, wenn du diese Gewohnheit beibehältst?

Denn wer seine Gewohnheiten als Lebensstil betrachtet, schafft dauerhafte Veränderung. 🚀

9.4 Periodisierung: Wie du Gewohnheiten in Phasen anpasst

Jeder kennt das Gefühl: Eine Gewohnheit läuft eine Zeit lang gut, doch dann verändert sich das Leben und plötzlich passt sie nicht mehr in den Alltag.

💡 Das Problem: Viele Menschen glauben, dass eine Gewohnheit immer exakt gleich bleiben muss, um effektiv zu sein. Doch das ist nicht realistisch. Unser Leben ist dynamisch, also müssen es unsere Gewohnheiten auch sein.

☞ Die Lösung: Gewohnheiten in Phasen anpassen, statt sie aufzugeben.

In diesem Kapitel erfährst du, wie du durch strategische Periodisierung deine Gewohnheiten flexibel an veränderte Umstände anpasst, ohne sie ganz zu verlieren.

1️⃣ Warum Gewohnheiten nicht immer gleich bleiben müssen

🔍 Die meisten Menschen denken, dass eine Gewohnheit entweder „besteht" oder „scheitert". Doch es gibt eine dritte Möglichkeit: Anpassung.

🏹 Drei Gründe, warum Anpassung notwendig ist:

☑ Saisonale Veränderungen: Ein Sommer Laufplan passt vielleicht nicht zum Winter.

☑ Lebensphasen: Ein neuer Job, eine neue Beziehung oder Kinder erfordern neue Routinen.

☑ Motivation & Energie-Level: Nicht jede Phase im Leben ist gleich produktiv, manchmal braucht man eine Pause oder eine Anpassung der Intensität.

🏹 Fazit: Anpassung bedeutet nicht Versagen, es ist eine Strategie für langfristigen Erfolg.

2️⃣ Die drei Phasen der Gewohnheits-Periodisierung

🔍 Periodisierung bedeutet, dass du Gewohnheiten nicht starr, sondern flexibel in verschiedene Intensitätsstufen unterteilst.

🏹 Hier sind die drei Hauptphasen, die du für jede Gewohnheit nutzen kannst:

▶ 1. Aufbau-Phase (Intensive Entwicklung einer neuen Gewohnheit)

🏹 Wann sinnvoll?

- Wenn du eine neue Gewohnheit etablierst oder verstärken willst.
- Wenn du dich in einer Hoch-Motivations-Phase befindest.

💡 Merkmale:

☑ Höhere Intensität: Tägliche Wiederholung oder größere Zeitinvestition.

☑ Bewusste Planung: Klare Routinen, z.B. mit Tracking-Methoden.

☑ Starker Fokus: Die Gewohnheit steht im Mittelpunkt deines Alltags.

🏹 Beispiel:

- Du startest mit einer neuen Sport-Routine und trainierst 5-mal pro Woche.
- Du beginnst eine Morgenroutine mit täglicher Meditation.

☞ Ziel: Die Gewohnheit fest verankern.

▶ 2. Erhaltungs-Phase (Gewohnheit bleibt, aber mit geringerer Intensität)

🚀 Wann sinnvoll?

- Wenn du eine Gewohnheit bereits etabliert hast.
- Wenn dein Leben gerade stressiger ist, aber du nicht komplett aufhören willst.

💡 Merkmale:

☑ Geringere Intensität: Statt täglich nur 2-3 Mal pro Woche.

☑ Flexibilität: Die Gewohnheit bleibt bestehen, aber in einer leichten Version.

☑ Minimaler Aufwand: Fokus auf das Wesentliche, ohne Perfektions Druck.

🚀 Beispiel:

- Statt 5-mal Sport pro Woche machst du nur noch 2 kurze Workouts.
- Statt jeden Tag 30 Minuten Meditation, nutzt du nur 5 Minuten Achtsamkeit pro Tag.

☞ Ziel: Die Gewohnheit nicht verlieren, selbst in stressigen Zeiten.

▶ 3. Regenerations-Phase (Gezielte Pause oder alternative Form der Gewohnheit)

🚀 Wann sinnvoll?

- Wenn du eine Pause brauchst, ohne komplett aufzuhören.
- Wenn du dich in einer Übergangszeit befindest z.B. Urlaub, stressige Phasen.

💡 Merkmale:

☑ Extreme Vereinfachung: Die Gewohnheit bleibt in einer Mini-Version bestehen.

☑ Erhaltung der Routine: Kein kompletter Stopp, sondern bewusste Reduzierung.

☑ Sanfter Wiedereinstieg: Sobald du wieder bereit bist, kannst du die Intensität steigern.

🚀 Beispiel:

- Statt Krafttraining machst du nur tägliche Dehnübungen.
- Statt 20 Minuten Lesen pro Tag hörst du kurze Hörbuch-Passagen.

☞ Ziel: Kein „Alles-oder-Nichts"-Denken, sondern bewusstes Regulieren.

Deep Dive: Warum unser Gehirn Gewohnheiten in Phasen besser aufrechterhält

🔬 **Wissenschaftlicher Hintergrund:**

💡 **Unser Gehirn braucht gelegentlich Abwechslung, um langfristig motiviert zu bleiben.**

🚀 **Wie Phasen das Gewohnheitsverhalten stärken:**

☑ **Variation verhindert Langeweile: Wenn eine Gewohnheit zu starr ist, verliert sie ihren Reiz.**

☑ *Flexibilität reduziert Frustration: Wenn eine Gewohnheit nicht perfekt läuft, kannst du sie anpassen statt aufzugeben.*

☑ *Rhythmus macht Routinen nachhaltiger: Wechsel zwischen Aufbau-, Erhaltungs- und Regenerationsphasen hält die Motivation hoch.*

🚀 *Fazit: Wer Gewohnheiten flexibel hält, bleibt langfristig dabei.*

3️⃣ Praktische Übungen für flexible Gewohnheiten

📌 Übung 1: Erstelle dein eigenes Phasen-Modell für eine Gewohnheit

Wähle eine Gewohnheit aus, die du langfristig behalten willst.

Definiere drei Versionen davon:

- Aufbau-Version (hochintensiv)
- Erhaltungs-Version (mittlere Intensität)
- Regenerations-Version (Minimalform)

🚀 Warum das funktioniert:

☞ Du hast immer eine flexible Option, selbst wenn das Leben hektisch wird.

📌 Übung 2: Plane deine Phasen strategisch ein

- Frage dich: „Wann werde ich welche Phase nutzen?"
- Setze feste Zeiten für die Erhaltungs- und Regenerationsphasen, z.B.:
- Aufbau-Phase im Frühjahr & Herbst
- Erhaltungs-Phase im Sommer & Winter
- Regenerations-Phase während stressiger Monate oder im Urlaub

🚀 Warum das funktioniert:

☞ Bewusste Planung hilft, Gewohnheiten langfristig zu erhalten.

📌 Übung 3: Finde eine „Notfall-Version" deiner Gewohnheit

Überlege: „Was ist die absolut einfachste Version meiner Gewohnheit?"

Beispiel:

- Training? Mindestens 10 Kniebeugen pro Tag.
- Lesen? Eine Seite pro Tag.
- Schreiben? Ein Satz pro Tag.

🚀 Warum das funktioniert:

☞ Wenn du eine minimalistische Version hast, wirst du nie ganz aufhören.

4️⃣ Fazit: Flexible Gewohnheiten sind die nachhaltigsten Gewohnheiten

☑ Eine Gewohnheit muss nicht immer gleich bleiben, sie kann sich mit dir verändern.

☑ Durch Periodisierung kannst du deine Gewohnheiten an dein Leben anpassen, ohne sie zu verlieren.

☑ Ein Wechsel zwischen Aufbau-, Erhaltungs- und Regenerationsphasen hält Gewohnheiten langfristig stabil.

☑ Flexibilität bedeutet nicht, dass du scheiterst, sie bedeutet, dass du intelligent anpasst.

💡 Passe deine Gewohnheiten bewusst an, anstatt sie bei jeder Veränderung aufzugeben!

🚀 Aufgabe für dich:

1️⃣ Welche Gewohnheit möchtest du langfristig beibehalten?

2️⃣ Wie sieht die intensive, mittlere und minimale Version dieser Gewohnheit aus?

3️⃣ Wann wirst du deine Gewohnheit bewusst in eine andere Phase überführen?

4️⃣ Welche „Notfall-Version" kannst du dir überlegen, um nie ganz aufzuhören?

Denn wer Gewohnheiten flexibel hält, bleibt für immer dran. 🚀

9.5 Warum Geduld der Schlüssel zum Erfolg ist

Wir leben in einer Welt der Sofort Belohnung: Essen auf Knopfdruck, schnelle Ergebnisse durch Google, Same-Day-Delivery. Doch langfristige Veränderungen, besonders neue Gewohnheiten, brauchen Zeit.

💡 Das Problem: Viele Menschen erwarten schnelle Resultate und geben auf, wenn sich der Erfolg nicht sofort einstellt. Doch echte, nachhaltige Gewohnheiten entstehen nicht über Nacht, sie sind ein langfristiger Prozess.

☞ Die Lösung: Geduld entwickeln, den Fortschritt schätzen und sich bewusst darauf einlassen, dass große Veränderungen Zeit brauchen.

In diesem Kapitel erfährst du, warum Geduld essentiell für deinen Erfolg ist, wie du sie trainierst und warum langsames Wachstum oft das nachhaltigste ist.

1️⃣ Warum unser Gehirn Ungeduld liebt, aber Geduld erfolgreicher macht

🔍 Unser Belohnungssystem ist darauf ausgerichtet, schnelle Erfolge zu suchen, doch langfristige Belohnungen sind wertvoller.

🏹 Wie das Gehirn Geduld sabotiert:

✖ Dopamin liebt schnelle Belohnungen: Likes, Snacks oder Sofortkäufe geben uns ein schnelles Glücksgefühl.

✖ Wir unterschätzen exponentielles Wachstum: Fortschritt scheint am Anfang minimal, doch nach einiger Zeit explodiert er.

✖ Vergleich mit anderen: Wir sehen nur das Endergebnis anderer, nicht ihren jahrelangen Weg dorthin.

🚀 Fazit: Geduld ist der Schlüssel, um das „Langsam-am-Anfang-Phänomen" zu überstehen, bis der echte Fortschritt sichtbar wird.

2️⃣ Die Kraft des „Kumulierten Fortschritts", kleine Schritte führen zu riesigen Erfolgen

🔍 Eine einzelne Trainingseinheit, eine gesunde Mahlzeit oder ein Lerntag macht keinen sichtbaren Unterschied, aber 365 davon schon.

✦ Warum langfristige Geduld sich auszahlt:

☑ Gewohnheiten bauen sich langsam auf, aber die Ergebnisse summieren sich.

☑ Jeder kleine Erfolg verstärkt die neuronalen Bahnen im Gehirn.

☑ Wer dranbleibt, erreicht exponentiellen Fortschritt, den die meisten nicht durchhalten.

✈ Beispiel:

- Nach einem Monat Joggen fühlt sich dein Körper gleich an, nach einem Jahr bist du ein anderer Mensch.
- Tägliches 1%-Verbessern fühlt sich winzig an, nach drei Jahren hast du dein Potenzial vervielfacht.

☞ Ziel: Geduld als Superkraft nutzen, um durch kleine Verbesserungen Großes zu erreichen.

3️⃣ Die 5-Schritte-Strategie, um mehr Geduld für Gewohnheiten zu entwickeln

🔍 Geduld ist kein angeborenes Talent, sie kann bewusst trainiert werden.

✦ Hier sind fünf bewährte Strategien, um Geduld für langfristige Gewohnheiten zu entwickeln:

▶ 1. Nutze die „Langzeit-Perspektive" für deine Gewohnheiten

✦ Warum? Viele geben auf, weil sie nur an den nächsten Tag denken, nicht an die nächsten Jahre.

💡 Neue Regel:

☑ Frage dich: „Wie wird mein Leben in einem Jahr aussehen, wenn ich diese Gewohnheit beibehalte?"

☑ Denke in Jahrzehnten, nicht in Tagen, Gewohnheiten sind eine Investition in die Zukunft.

☑ Sieh Fortschritt als Wachstumsaktie, je länger du investierst, desto größer die Rendite.

✈ Warum das funktioniert:

☞ Langfristiges Denken verhindert, dass du wegen kurzfristiger Rückschläge aufgibst.

▶ 2. Tracke Fortschritt, aber erwarte keine sofortigen Ergebnisse

✦ Warum? Menschen unterschätzen, wie viel sie in einem Jahr erreichen und überschätzen, was in einer Woche möglich ist.

💡 Neue Regel:

☑ Führe einen „Langfristigen Fortschritt-Tracker" statt nur tägliche Checklisten.

☑ Erinnere dich daran, dass Rückschritte normal sind, sie sind Teil des Wachstumsprozesses.

☑ Vergleiche dich nur mit deinem früheren Ich, nicht mit anderen.

✈ Warum das funktioniert:

☞ Wer seinen Fortschritt dokumentiert, sieht den Wert langfristiger Beständigkeit.

▶ 3. Entwickle eine „Wachstums-Mentalität" (Growth Mindset)

🏹 Warum? Viele Menschen glauben, dass sie „so sind, wie sie sind", doch alles kann trainiert werden.

💡 Neue Regel:

☑ Sieh Herausforderungen als Chancen, nicht als Hindernisse.

☑ Akzeptiere, dass Rückschläge Teil des Fortschritts sind, nicht das Ende.

☑ Erkenne, dass Talent überschätzt wird, Beständigkeit ist das wahre Erfolgsgeheimnis.

🖋 Warum das funktioniert:

☞ Wer glaubt, dass alles veränderbar ist, bleibt länger dran.

▶ 4. Nutze „Verzögerte Belohnungen" als Motivation

🏹 Warum? Unser Gehirn liebt sofort Belohnungen, doch die wertvollsten kommen später.

💡 Neue Regel:

☑ Setze dir bewusst Belohnungen für Langzeit-Disziplin z.B. nach 100 Tagen Training.

☑ Erinnere dich regelmäßig an deine langfristigen Erfolge.

☑ Nutze Visualisierung: Stell dir das Endergebnis deines Fortschritts lebhaft vor.

🖋 Warum das funktioniert:

☞ Wenn du lernst, Geduld zu belohnen, wirst du langfristig konsequenter.

▶ 5. Übe dich in „Slow Progress Appreciation" langsames Wachstum schätzen

🏹 Warum? Wer nur auf schnelle Erfolge wartet, gibt auf, bevor er das echte Potenzial erreicht.

💡 Neue Regel:

☑ Feiere kleine Fortschritte bewusst, statt nur auf das Endziel zu warten.

☑ Akzeptiere, dass das „Langsam-am-Anfang-Phänomen" normal ist.

☑ Denke an die „Bambus-Metapher": Der Bambus wächst jahrelang unsichtbar unter der Erde und dann plötzlich explosiv.

🖋 Warum das funktioniert:

☞ Wer langsames Wachstum akzeptiert, gibt nicht auf, bevor der Durchbruch kommt.

4️⃣ Praktische Übungen, um Geduld zu trainieren

🏹 Übung 1: Die „Zukunftsvision"-Methode

- Schreibe auf, wie dein Leben in 5 Jahren aussieht, wenn du an deinen Gewohnheiten festhältst.
- Lies diese Vision regelmäßig durch, um den langfristigen Wert zu erkennen.

🖋 Warum das funktioniert:

☞ Langfristiges Denken reduziert Frustration über langsame Fortschritte.

🏹 Übung 2: Der „Langsam-erfolgreich"-Reflex
- Immer wenn du ungeduldig wirst, erinnere dich: Langsame Erfolge sind nachhaltiger.
- Mache eine Liste von Dingen, die Zeit brauchten, aber sich gelohnt haben.

🚀 Warum das funktioniert:

☞ Geduld ist eine Denkweise, sie kann trainiert werden.

🏹 Übung 3: Die „1%-Regel"
- Konzentriere dich nur auf eine 1%-Verbesserung pro Tag, statt auf große Sprünge.
- Dokumentiere diese Mini-Fortschritte und sieh, wie sie sich summieren.

🚀 Warum das funktioniert:

☞ Winzige Verbesserungen summieren sich zu enormen Erfolgen.

5️⃣ Fazit: Geduld ist der ultimative Erfolgsfaktor

☑ Schnelle Erfolge sind oft trügerisch, echte Fortschritte brauchen Zeit.

☑ Exponentielles Wachstum wird am Anfang unterschätzt, aber es ist riesig.

☑ Geduld kann trainiert werden, durch langfristiges Denken, Fortschritts-Tracking und Belohnungen.

☑ Wer Geduld meistert, erreicht fast alles im Leben.

💡 Der schnellste Weg zu großen Erfolgen? Langsam, aber stetig dranbleiben.

🚀 Aufgabe für dich:

1️⃣ Was ist dein Langzeit-Ziel? Wie sieht dein Leben in 5 Jahren damit aus?

2️⃣ Wie kannst du Geduld bewusst in deine Gewohnheitsbildung integrieren?

3️⃣ Welche kleinen Fortschritte kannst du feiern, um motiviert zu bleiben?

Denn wer Geduld kultiviert, erreicht jedes große Ziel, Schritt für Schritt. 🚀

9.6 Wie du mit der Zeit neue Gewohnheiten hinzufügst

Du hast es geschafft: Eine neue Gewohnheit ist etabliert und läuft fast automatisch. Doch was kommt als Nächstes?

💡 Das Problem: Viele Menschen stagnieren nach einer erfolgreichen Gewohnheitsänderung, weil sie nicht wissen, wie sie weitere positive Routinen hinzufügen können. Zu viele neue Gewohnheiten auf einmal zu starten, führt oft zum Scheitern.

☞ Die Lösung: Lerne, wie du systematisch und nachhaltig neue Gewohnheiten schrittweise integrierst, ohne dich zu überfordern.

In diesem Kapitel erfährst du, wie du mit einer bewährten Strategie neue Gewohnheiten hinzufügen kannst, ohne bestehende Routinen zu gefährden.

1️⃣ Warum schrittweise Gewohnheitsbildung nachhaltiger ist

🔍 Viele Menschen überschätzen, was sie in einer Woche erreichen können und unterschätzen, was sie in einem Jahr schaffen.

🚀 Häufige Fehler beim Aufbau mehrerer Gewohnheiten:

❌ Zu viele neue Gewohnheiten gleichzeitig starten → Überforderung führt zu Aufgeben.

❌ Neue Gewohnheiten ohne Struktur hinzufügen → Keine klare Routine, kein Erfolg.

❌ Alte Gewohnheiten vernachlässigen → Fortschritt wird zunichtegemacht.

✒️ Fazit: Der nachhaltigste Weg ist, eine Gewohnheit nach der anderen aufzubauen, mit einer Strategie.

2️⃣ Die 5-Schritte-Methode zum schrittweisen Aufbau neuer Gewohnheiten

🔍 Wie fügst du neue Gewohnheiten hinzu, ohne bestehende Routinen zu gefährden?

🚀 Hier ist eine bewährte Strategie:

▶️ 1. Meistere eine Gewohnheit, bevor du die nächste hinzufügst

🚀 Warum? Wenn eine Gewohnheit noch nicht gefestigt ist, kann eine neue das ganze System destabilisieren.

💡 Neue Regel:

☑️ Führe eine neue Gewohnheit erst dann ein, wenn die vorherige 90 % automatisiert ist.

☑️ Teste: Wenn du eine Woche lang nicht aktiv darüber nachdenken musst, ist die Gewohnheit stabil genug.

☑️ Falls eine alte Gewohnheit ins Wanken gerät, fokussiere dich erst darauf, bevor du eine neue hinzufügst.

✒️ Warum das funktioniert:

👉 Solange du bewusst über eine Gewohnheit nachdenken musst, kostet sie Willenskraft und jede neue kostet zusätzlich Energie.

▶️ 2. Nutze Habit Stacking, Baue neue Gewohnheiten auf bestehenden Routinen auf

🚀 Warum? Neue Gewohnheiten haben eine höhere Erfolgswahrscheinlichkeit, wenn sie an bestehende Routinen geknüpft werden.

💡 Neue Regel:

☑️ Nutze das „Wenn-dann"-Prinzip:

- „Wenn ich morgens meinen Kaffee mache, dann trinke ich ein Glas Wasser."
- „Wenn ich ins Bett gehe, dann lese ich eine Seite eines Buches."

☑️ Setze eine neue Gewohnheit direkt nach einer bestehenden Routine.

✒️ Warum das funktioniert:

👉 Unser Gehirn liebt Verknüpfungen, wenn eine neue Gewohnheit Teil eines bestehenden Ablaufs wird, bleibt sie leichter bestehen.

▶ 3. Nutze die „1%-Methode" für langsame Integration

✦ Warum? Je kleiner der Schritt, desto wahrscheinlicher bleibt die Gewohnheit bestehen.

💡 Neue Regel:

☑ Beginne mit einer Mini-Version der neuen Gewohnheit:
- Statt 30 Minuten Sport → 5 Minuten Bewegung pro Tag.
- Statt 10 Seiten lesen → 1 Seite lesen.

☑ Erhöhe schrittweise die Intensität, wenn sich die Mini-Version natürlich anfühlt.

🚀 Warum das funktioniert:

☞ Langsames Wachstum ist nachhaltiger als radikale Änderungen.

▶ 4. Begrenze die Anzahl neuer Gewohnheiten auf eine pro Monat

✦ Warum? Eine neue Gewohnheit braucht Zeit, um sich vollständig zu etablieren.

💡 Neue Regel:

☑ Setze dir das Ziel, pro Monat nur eine neue Gewohnheit zu starten.

☑ Erstelle eine „Gewohnheits-Roadmap" für die nächsten 6–12 Monate.

🚀 Warum das funktioniert:

☞ Langfristige Planung sorgt für Fokus und verhindert Überforderung.

▶ 5. Verwende ein Habit-Tracking-System zur Übersicht

✦ Warum? Sichtbare Fortschritte erhöhen die Motivation und helfen dir, neue Gewohnheiten nicht aus den Augen zu verlieren.

💡 Neue Regel:

☑ Nutze einen Habit-Tracker (App oder Papier), um deine neuen Gewohnheiten zu verfolgen.

☑ Überprüfe einmal pro Woche, wie gut deine neuen Routinen laufen.

☑ Falls eine neue Gewohnheit Probleme macht, analysiere, woran es liegt.

🚀 Warum das funktioniert:

☞ Messbare Fortschritte machen den Prozess greifbarer und motivierender.

Deep Dive: Warum unser Gehirn neue Gewohnheiten in Phasen besser integriert

📜 **Wissenschaftlicher Hintergrund:**

💡 *Das Gehirn kann nur eine begrenzte Anzahl an Veränderungen gleichzeitig verarbeiten.*

✦ **Wie du das für dich nutzt:**

☑ *Eine Gewohnheit muss erst automatisch werden, bevor du eine neue hinzufügst.*

☑ *Ein schrittweiser Aufbau verhindert kognitive Überlastung.*

☑️ **Das Gehirn verankert Gewohnheiten besser, wenn sie in einen bestehenden Ablauf integriert werden.**

🚀 **Fazit: Wer langsam und strukturiert neue Gewohnheiten integriert, hat langfristig mehr Erfolg.**

3️⃣ Praktische Übungen für den schrittweisen Gewohnheits Aufbau

📌 Übung 1: Erstelle eine „Gewohnheits-Roadmap" für die nächsten 6 Monate
- Schreibe 6 neue Gewohnheiten auf, die du einführen möchtest.
- Ordne jeder Gewohnheit einen Monat zu.

🚀 Warum das funktioniert:

👉 Klare Planung verhindert, dass du zu viele Gewohnheiten gleichzeitig startest.

📌 Übung 2: Nutze das „Habit Stacking"-Prinzip
- Wähle eine bestehende Gewohnheit aus und verknüpfe eine neue damit.
- Schreibe deinen eigenen „Wenn-dann"-Satz auf.

🚀 Warum das funktioniert:

👉 Neue Gewohnheiten halten länger, wenn sie in eine bestehende Routine eingebaut werden.

📌 Übung 3: Starte mit einer Mini-Version einer neuen Gewohnheit
- Reduziere deine neue Gewohnheit auf 1 % der vollen Version.
- Steigere sie erst, wenn sie sich völlig natürlich anfühlt.

🚀 Warum das funktioniert:

👉 Kleine, machbare Schritte verhindern, dass du dich überforderst.

4️⃣ Fazit: Langsame Integration führt zu nachhaltigen Gewohnheiten

☑️ Gewohnheiten sollten schrittweise hinzugefügt werden, nicht alle auf einmal.

☑️ Die beste Strategie ist, eine Gewohnheit zu meistern, bevor du eine neue beginnst.

☑️ Habit Stacking, Mini-Versionen und Tracking machen den Prozess nachhaltiger.

☑️ Wer über Monate und Jahre hinweg neue Gewohnheiten hinzufügt, entwickelt einen starken, positiven Lebensstil.

💡 Eine neue Gewohnheit pro Monat klingt wenig, aber in einem Jahr sind es 12 neue Routinen.

🚀 Aufgabe für dich:

1️⃣ Welche neue Gewohnheit möchtest du als Nächstes hinzufügen?

2️⃣ Wie kannst du sie an eine bestehende Routine koppeln? (Habit Stacking)

3️⃣ Welche Mini-Version dieser Gewohnheit kannst du sofort starten?

4️⃣ Erstelle deine eigene „Gewohnheits-Roadmap" für die nächsten Monate.

Denn wer schrittweise neue Gewohnheiten aufbaut, schafft langfristig ein erfolgreiches und erfülltes Leben. 🚀

Kapitel 10: 30-Tage-Challenge zur Gewohnheitsbildung
10.1 Schritt-für-Schritt-Anleitung für die ersten 30 Tage

Glückwunsch! Du hast bereits viel über Gewohnheiten gelernt, jetzt ist es Zeit für die Umsetzung.

💡 Das Problem: Viele Menschen wollen neue Gewohnheiten etablieren, wissen aber nicht genau, wo sie anfangen sollen oder wie sie dranbleiben können.

☞ Die Lösung: Eine klare, 30-tägige Strategie, die dich Schritt für Schritt an dein Ziel führt.

In diesem Kapitel bekommst du eine detaillierte Schritt-für-Schritt-Anleitung, mit der du in nur 30 Tagen eine neue Gewohnheit erfolgreich aufbauen kannst.

1️⃣ Warum 30 Tage? Die Wissenschaft hinter der Challenge

🔍 Studien zeigen, dass es im Schnitt 21–66 Tage dauert, um eine Gewohnheit zu automatisieren.

🎯 Warum eine 30-Tage-Challenge ideal ist:

☑ Lang genug, um eine Routine aufzubauen.

☑ Kurz genug, um nicht überfordert zu wirken.

☑ Perfekte Zeit, um Hindernisse und Motivation Löcher zu erkennen.

🚀 Fazit: Nach 30 Tagen ist deine Gewohnheit so stark verankert, dass du sie weiterführen kannst.

2️⃣ Die 5-Schritte-Strategie für eine erfolgreiche 30-Tage-Challenge

🔍 Eine neue Gewohnheit braucht einen klaren Plan, um langfristig bestehen zu bleiben.

🎯 Folge diesen fünf Schritten:

▶️ 1. Wähle eine einzige Gewohnheit für die Challenge

🎯 Warum? Zu viele Gewohnheiten gleichzeitig überfordern dein Gehirn.

💡 Neue Regel:

☑ Starte nur mit einer einzigen Gewohnheit.

☑ Wähle eine Gewohnheit, die realistisch und erreichbar ist.

☑ Beispiel: „Täglich 10 Minuten Bewegung" statt „Jeden Tag 90 Minuten Sport".

🚀 Warum das funktioniert:

☞ Konzentration auf eine Gewohnheit erhöht die Erfolgswahrscheinlichkeit.

▶️ 2. Setze ein klares Ziel und formuliere es positiv

🎯 Warum? Ohne ein klares Ziel ist es schwer, Fortschritte zu machen.

💡 Neue Regel:

☑ Formuliere dein Ziel SMART:
- Spezifisch: Was genau möchtest du tun?
- Messbar: Wie erkennst du, dass du es geschafft hast?
- Attraktiv: Warum ist es wichtig für dich?
- Realistisch: Ist es machbar?
- Terminiert: Bis wann willst du Fortschritte sehen?

🚀 Beispiel:

✖ „Ich will mehr lesen." → ☑ „Ich werde 30 Tage lang jeden Tag 10 Minuten lesen."

▶️ 3. Nutze Habit Stacking, um deine Gewohnheit zu verankern

📌 Warum? Verknüpfte Gewohnheiten bleiben besser bestehen.

💡 Neue Regel:

☑ Setze deine neue Gewohnheit direkt nach einer bestehenden Routine.

☑ Beispiel: „Nach dem Zähneputzen mache ich 5 Minuten Stretching."

☑ Nutze die „Wenn-dann"-Formel:

„Wenn ich morgens Kaffee mache, dann trinke ich ein Glas Wasser."

🚀 Warum das funktioniert:

☞ Das Gehirn liebt Verknüpfungen, neue Gewohnheiten werden so automatisch.

▶️ 4. Verfolge deinen Fortschritt mit einem Habit-Tracker

📌 Warum? Sichtbare Erfolge steigern die Motivation.

💡 Neue Regel:

☑ Nutze eine App oder ein physisches Tracking-System.

☑ Markiere jeden Tag, an dem du deine Gewohnheit erfolgreich durchgeführt hast.

☑ Nutze die „Keine-Null-Tage-Regel": Auch wenn du wenig tust, tue etwas!

🚀 Warum das funktioniert:

☞ Wenn du deine Fortschritte siehst, bleibst du motivierter.

▶️ 5. Plane im Voraus für Rückschläge

📌 Warum? Jeder wird mal einen schlechten Tag haben, wichtig ist, vorbereitet zu sein.

💡 Neue Regel:

☑ Überlege dir im Vorfeld, wie du mit schlechten Tagen umgehst.

☑ Plane eine „Mini-Version" deiner Gewohnheit für Notfälle.

☑ Beispiel: Wenn du keine Lust auf Sport hast, mache nur 2 Minuten Stretching statt 30 Minuten Workout.

🚀 Warum das funktioniert:

☞ Wer vorbereitet ist, gibt nicht auf, wenn ein Hindernis auftaucht.

3️⃣ Dein konkreter 30-Tage-Plan für eine neue Gewohnheit

◆ Woche 1: Die Startphase – Momentum aufbauen

☑ Tag 1: Setze dein Ziel und formuliere es SMART.

☑ Tag 2: Verknüpfe deine Gewohnheit mit einer bestehenden Routine (Habit Stacking).

☑ Tag 3: Starte mit der einfachsten Version deiner Gewohnheit.

☑ Tag 4–7: Nutze einen Habit-Tracker, um deine Erfolge sichtbar zu machen.

🚀 Ziel: Gewohnheit leicht und umsetzbar halten, erste Erfolgserlebnisse sammeln.

◈ Woche 2: Die Konsolidierungsphase – Durchhalten trotz Hindernisse

☑ Tag 8: Überprüfe, ob du deine Gewohnheit realistisch gewählt hast.

☑ Tag 9–11: Falls nötig, passe deine Gewohnheit leicht an.

☑ Tag 12–14: Sei besonders achtsam bei Motivation Löchern, erinnere dich an dein Warum!

🚀 Ziel: Routine weiter stabilisieren, Rückschläge als Teil des Prozesses sehen.

◈ Woche 3: Die Anpassungsphase – Automatisierung beginnt

☑ Tag 15: Reflektiere, wie fühlst du dich durch die neue Gewohnheit?

☑ Tag 16–18: Nutze Belohnungssysteme, um Motivation hochzuhalten.

☑ Tag 19–21: Falls du ausgesetzt hast, keine Panik, einfach weitermachen.

🚀 Ziel: Gewohnheit festigen, erste Automatisierungs-Effekte spüren.

◈ Woche 4: Die Verstärkungsphase – Deine Gewohnheit wird selbstverständlich

☑ Tag 22–25: Reduziere bewusst deine mentale Anstrengung, lasse die Gewohnheit „einfach passieren."

☑ Tag 26–28: Überlege, ob du eine kleine Steigerung einbauen kannst.

☑ Tag 29–30: Feier deinen Erfolg!

🚀 Ziel: Die Gewohnheit fühlt sich nun wie ein natürlicher Teil deines Alltags an.

4 Praktische Übungen für deinen Erfolg

🏹 Übung 1: Erstelle deinen persönlichen 30-Tage-Plan

- Notiere deine Gewohnheit und dein Ziel.
- Überlege, welche Hindernisse auftauchen könnten.
- Definiere deine Belohnung nach 30 Tagen.

🚀 Warum das funktioniert:

☞ Klar definierte Pläne erhöhen die Erfolgschancen.

🏹 Übung 2: Nutze visuelles Tracking für Motivation

Erstelle eine Liste oder nutze eine App, um täglich deinen Fortschritt abzuhaken.

🚀 Warum das funktioniert:

☞ Sichtbare Erfolge motivieren zum Weitermachen.

5 Fazit: In 30 Tagen zur neuen Gewohnheit

☑ Eine einzige Gewohnheit pro Monat ist der nachhaltigste Weg zur Veränderung.

☑ Mit Habit Stacking, Tracking und Mini-Versionen bleibst du langfristig dran.

☑ Nach 30 Tagen ist deine Gewohnheit so verankert, dass du sie weiterführen kannst.

☑ Wer kontinuierlich neue Gewohnheiten hinzu fügt, verändert sein Leben nachhaltig.

💡 30 Tage sind kurz genug, um machbar zu sein, aber lang genug, um eine echte Veränderung zu bewirken.

🚀 Aufgabe für dich:

1 Welche Gewohnheit möchtest du in den nächsten 30 Tagen etablieren?

② Wie kannst du sie in deinen Alltag integrieren (Habit Stacking)?

③ Welche Mini-Version kannst du an schlechten Tagen nutzen?

④ Erstelle deinen eigenen 30-Tage-Plan und starte heute!

Denn wer 30 Tage dranbleibt, schafft lebenslange Veränderung. 🚀

10.2 Konkrete Beispiele für Gewohnheiten, die du ausprobieren kannst

Du möchtest eine neue Gewohnheit etablieren, bist dir aber noch nicht sicher, welche genau? Kein Problem!

💡 Das Problem: Viele Menschen wollen ihr Leben verbessern, wissen aber nicht, mit welcher Gewohnheit sie starten sollen.

☛ Die Lösung: Hier findest du eine Liste konkreter Gewohnheiten, die du in einer 30-Tage-Challenge ausprobieren kannst, sortiert nach verschiedenen Lebensbereichen.

In diesem Kapitel bekommst du inspirierende, umsetzbare Ideen für Gewohnheiten, die dein Leben langfristig positiv verändern können.

1️⃣ Warum es wichtig ist, die „richtige" Gewohnheit zu wählen

🔍 Die perfekte Gewohnheit gibt es nicht, aber es gibt Gewohnheiten, die besonders wirkungsvoll sind.

📌 Eine gute Gewohnheit sollte:

☑ Machbar sein: Sie sollte in deinen Alltag passen, ohne ihn komplett umzukrempeln.

☑ Messbar sein: Damit du erkennst, ob du Fortschritte machst.

☑ Einen positiven Dominoeffekt haben: Eine gute Gewohnheit verbessert oft andere Lebensbereiche mit.

🚀 Fazit: Wähle eine Gewohnheit, die dich begeistert, nicht eine, die du „müsstest".

2️⃣ 30 Gewohnheiten für deine 30-Tage-Challenge

🔍 Hier sind 30 konkrete Gewohnheiten, die du ausprobieren kannst, nach Lebensbereichen sortiert.

📌 Wähle eine aus und starte deine 30-Tage-Challenge!

▶ Gesundheit & Fitness

☑ 1. Täglich 10 Minuten Stretching oder Yoga.

☑ 2. Jeden Tag 5.000–10.000 Schritte gehen.

☑ 3. Jeden Morgen ein Glas Wasser nach dem Aufstehen trinken.

☑ 4. 30 Tage lang keinen Zucker essen.

☑ 5. Jeden Tag eine Portion Gemüse mehr essen.

☑ 6. Jeden Tag 10 Liegestütze oder Kniebeugen.

🚀 Warum diese Gewohnheiten funktionieren:

☛ Kleine, tägliche Schritte haben langfristig eine enorme Wirkung auf deine Gesundheit.

▶ Produktivität & Fokus

☑ 7. Jeden Morgen 5 Minuten deine Tagesziele aufschreiben.

☑ 8. Jeden Abend 5 Minuten reflektieren, was gut lief.

☑ 9. Die ersten 30 Minuten nach dem Aufwachen kein Handy nutzen.

☑ 10. Jeden Tag eine „Deep Work"-Session von 60 Minuten ohne Ablenkung einlegen.

☑ 11. Eine To-Do-Liste führen und immer die wichtigste Aufgabe zuerst erledigen.

☑ 12. Jeden Tag deinen Arbeitsplatz aufräumen.

🎯 Warum diese Gewohnheiten funktionieren:

☞ Mehr Fokus und weniger Ablenkung führen zu messbar höherer Produktivität.

▶ Mentale Stärke & Achtsamkeit

☑ 13. Jeden Tag 5–10 Minuten meditieren.

☑ 14. Jeden Tag drei Dinge aufschreiben, für die du dankbar bist.

☑ 15. Jeden Tag ein positives Selbstgespräch führen („Ich bin stark, ich schaffe das").

☑ 16. Jeden Tag 5 Minuten bewusst tief atmen.

☑ 17. Jeden Tag eine neue Affirmation aufschreiben und laut aussprechen.

☑ 18. Einen Monat lang eine Social-Media-freie Stunde pro Tag einlegen.

🎯 Warum diese Gewohnheiten funktionieren:

☞ Mentale Klarheit und positives Denken stärken deine Resilienz und Zufriedenheit.

▶ Persönliches Wachstum & Lernen

☑ 19. Jeden Tag 10 Minuten ein Buch lesen.

☑ 20. Jeden Tag eine neue Vokabel in einer Fremdsprache lernen.

☑ 21. Jeden Tag eine interessante Frage stellen und recherchieren.

☑ 22. Jeden Tag einen inspirierenden Podcast oder TED-Talk hören.

☑ 23. Jeden Tag 5 Minuten Tagebuch schreiben.

☑ 24. Jeden Tag ein neues Wort lernen und in einem Satz verwenden.

🎯 Warum diese Gewohnheiten funktionieren:

☞ Kleine, tägliche Lerneinheiten machen dich langfristig schlauer und kompetenter.

▶ Finanzen & Minimalismus

☑ 25. Jeden Tag eine kleine Summe sparen z.B. 1–5 Euro in ein Sparglas legen.

☑ 26. Jeden Tag eine kleine Sache ausmisten oder spenden.

☑ 27. Einen Monat lang keine unnötigen Dinge kaufen.

☑ 28. Jeden Tag deine Ausgaben notieren.

☑ 29. Jeden Tag bewusst überlegen: „Brauche ich das wirklich?"

☑ 30. Jeden Tag eine Kleinigkeit verkaufen, die du nicht mehr brauchst.

🚀 Warum diese Gewohnheiten funktionieren:
☞ Finanzielle Disziplin und Minimalismus schaffen Klarheit und Freiheit.

Deep Dive: Die 80/20-Regel für Gewohnheiten
📓 *Wissenschaftlicher Hintergrund:*
💡 *Nicht alle Gewohnheiten haben die gleiche Wirkung, einige bringen überproportionalen Nutzen.*
🎯 *Wie du das für dich nutzt:*
☑ *Wähle eine Gewohnheit, die mehrere Lebensbereiche positiv beeinflusst.*
☑ *Beispiel: Mehr Bewegung → Bessere Fitness, mehr Energie, weniger Stress.*
☑ *Starte mit der einfachsten Version, bevor du steigerst.*
🚀 *Fazit: Manchmal reicht eine einzige neue Gewohnheit, um dein ganzes Leben zu verbessern.*

3️⃣ Praktische Übungen zur Auswahl deiner neuen Gewohnheit
🎯 Übung 1: Die 5-Minuten-Regel
- Wähle drei Gewohnheiten aus dieser Liste aus.
- Überlege: Welche davon kannst du mit nur 5 Minuten pro Tag starten?
- Entscheide dich für eine und beginne heute.

🚀 Warum das funktioniert:
☞ 5 Minuten täglich sind leicht umsetzbar, aber führen zu großen Erfolgen.
🎯 Übung 2: Die 30-Tage-Challenge-Planung
- Schreibe deine Gewohnheit auf.
- Notiere, warum sie dir wichtig ist.
- Setze eine Belohnung für das Durchhalten von 30 Tagen.

🚀 Warum das funktioniert:
☞ Ein konkreter Plan erhöht deine Erfolgschancen enorm.
4️⃣ Fazit: Deine perfekte 30-Tage-Gewohnheit starten
☑ Eine einzige kleine Gewohnheit kann dein Leben langfristig positiv verändern.
☑ Wähle eine, die dir Spaß macht und zu deinem Alltag passt.
☑ Starte mit einer Mini-Version und steigere dich langsam.
☑ Nach 30 Tagen hast du eine neue, wertvolle Routine aufgebaut.
💡 Deine erste Gewohnheit ist der Startschuss für eine Kettenreaktion positiver Veränderungen!
🚀 Aufgabe für dich:
1️⃣ Welche Gewohnheit möchtest du für deine 30-Tage-Challenge ausprobieren?
2️⃣ Wie kannst du sie mit einer bestehenden Routine verbinden (Habit Stacking)?

3 Wie kannst du die Gewohnheit auf eine einfache 5-Minuten-Version reduzieren?

4 Welche Belohnung setzt du dir für das Erreichen der 30 Tage?

Denn wer einmal eine gute Gewohnheit erfolgreich etabliert hat, wird nie wieder aufhören, sein Leben aktiv zu verbessern. 🚀

10.3 Tipps, um motiviert zu bleiben

Der Anfang einer neuen Gewohnheit fühlt sich oft leicht an, die Motivation ist hoch, die Energie groß. Doch was passiert am Tag 10, 15 oder 25?

💡 Das Problem: Die meisten Menschen verlieren nach den ersten Tagen oder Wochen die Begeisterung für ihre neue Gewohnheit. Motivation schwindet und ohne einen Plan geben viele auf.

☞ Die Lösung: Nutze gezielte Strategien, um deine Motivation während der gesamten 30 Tage hochzuhalten und langfristig dranzubleiben.

In diesem Kapitel erfährst du, wie du deine Motivation aufrecht erhältst und auch dann weitermachst, wenn es schwierig wird.

1 Warum Motivation allein nicht reicht

🔍 Motivation ist ein guter Startpunkt, aber sie ist unzuverlässig.

🏹 Drei Dinge, die die Motivation killen:

✖ Routine wird langweilig: Anfangseuphorie verfliegt, Fortschritte scheinen klein.

✖ Rückschläge passieren: Ein verpasster Tag fühlt sich wie Scheitern an.

✖ Das Gehirn sucht nach Abkürzungen: Bequemlichkeit gewinnt oft über Disziplin.

🏹 Fazit: Motivation kommt und geht, aber mit den richtigen Strategien bleibst du trotzdem dran.

2 Die 7 besten Strategien, um deine Motivation hochzuhalten

🔍 Hier sind bewährte Techniken, um auch an schwierigen Tagen dranzubleiben.

🏹 Nutze mindestens zwei dieser Methoden für deine 30-Tage-Challenge.

▶ 1. Setze dir eine klare Belohnung für das Erreichen der 30 Tage

🏹 Warum? Dein Gehirn braucht eine greifbare Motivation.

💡 Neue Regel:

☑ Setze eine Belohnung für das erfolgreiche Beenden der Challenge.

☑ Beispiel: Ein neues Buch, ein Wellness-Tag oder ein kleines Geschenk.

☑ Nutze eine „Level-Up"-Mentalität: Jede 30-Tage-Gewohnheit bringt dich aufs nächste Level.

🏹 Warum das funktioniert:

☞ Das Belohnungssystem wird aktiviert und dein Gehirn bleibt motivierter.

▶ 2. Nutze das „Nicht-Null-Tage"-Prinzip

📌 Warum? Ein einziger „Null-Tag" kann das Gefühl vermitteln, dass alles umsonst war.

💡 Neue Regel:

☑ Wenn du keine Zeit oder Energie hast, mach eine Mini-Version deiner Gewohnheit.

☑ Beispiel: Kein 30-Minuten-Workout? Dann wenigstens 5 Kniebeugen.

☑ Keine 10-Minuten-Lesen? Dann eine Seite.

🚀 Warum das funktioniert:

☞ Jeder kleine Fortschritt verhindert, dass du komplett aufgibst.

▶️ 3. Nutze ein sichtbares Tracking-System

📌 Warum? Dein Gehirn liebt es, Fortschritte zu sehen.

💡 Neue Regel:

☑ Nutze eine App oder einen Papier-Tracker, um jeden erfolgreichen Tag zu markieren.

☑ Hänge eine 30-Tage-Checkliste an einen sichtbaren Ort z.B. Kühlschrank, Spiegel.

☑ Je länger deine Kette an Erfolgen wird, desto weniger willst du sie unterbrechen.

🚀 Warum das funktioniert:

☞ Das visuelle Tracking hält deine Motivation hoch.

▶️ 4. Verbinde deine Gewohnheit mit einer positiven Emotion

📌 Warum? Dinge, die sich gut anfühlen, machen wir lieber.

💡 Neue Regel:

☑ Mache deine Gewohnheit angenehmer.

☑ Beispiel: Musik während des Workouts, gemütliche Umgebung beim Lesen.

☑ Belohne dich direkt nach der Gewohnheit mit einer Kleinigkeit z. B. eine Tasse Tee nach der Meditation.

🚀 Warum das funktioniert:

☞ Positive Emotionen verstärken Routinen und machen sie attraktiver.

▶️ 5. Suche dir einen Accountability-Partner

📌 Warum? Soziale Verpflichtung erhöht die Wahrscheinlichkeit, dass du dran bleibst.

💡 Neue Regel:

☑ Finde jemanden, der die Challenge mit dir macht.

☑ Tauscht euch täglich oder wöchentlich über euren Fortschritt aus.

☑ Notfalls: Erzähle jemandem von deinem Ziel, allein das erhöht deine Motivation.

🚀 Warum das funktioniert:

☞ Niemand will als derjenige dastehen, der aufgibt.

▶ 6. Visualisiere dein Ziel regelmäßig

📌 Warum? Dein Gehirn muss immer wieder daran erinnert werden, warum du angefangen hast.

💡 Neue Regel:

☑ Stelle dir jeden Morgen vor, wie dein Leben aussieht, wenn du diese Gewohnheit dauerhaft hast.

☑ Schreibe dein Warum auf und lese es regelmäßig durch.

☑ Nutze Bilder oder ein Vision Board als mentale Verstärkung.

🚀 Warum das funktioniert:

☞ Ein klares Ziel hält deine Motivation länger hoch.

▶ 7. Reduziere mentale Hürden so weit wie möglich

📌 Warum? Je einfacher es ist, die Gewohnheit zu starten, desto wahrscheinlicher bleibst du dran.

💡 Neue Regel:

☑ Lege deine Sportkleidung bereit, wenn du morgens trainieren willst.

☑ Platziere dein Buch sichtbar, wenn du mehr lesen willst.

☑ Vereinfache den Start, indem du alles im Voraus planst.

🚀 Warum das funktioniert:

☞ Je weniger Widerstand am Anfang, desto leichter ist es, loszulegen.

Deep Dive: Warum das „Motivationstief" normal ist

📝 **Wissenschaftlicher Hintergrund:**

💡 **Motivation folgt oft einer „U-Kurve":**

☑ **Tag 1–7: Hochmotiviert, alles ist neu.**

☑ **Tag 10–20: Motivation fällt, Fortschritte fühlen sich langsam an.**

☑ **Tag 21–30: Erste Automatisierung, es wird wieder leichter.**

📌 **Was du dagegen tun kannst:**

☑ **Erwarte das Tief, es gehört dazu!**

☑ **Bleib trotzdem dran, auch wenn es sich nicht nach Fortschritt anfühlt.**

☑ **Nutze die oben genannten Techniken, um nicht aufzugeben.**

🚀 **Fazit: Jeder erlebt ein Motivationstief, aber wer durchhält, kommt am anderen Ende stärker heraus.**

③ Praktische Übungen, um motiviert zu bleiben

📌 Übung 1: Erstelle deine persönliche 30-Tage-Belohnung

Notiere deine Belohnung für das erfolgreiche Durchziehen der Challenge.

🚀 Warum das funktioniert:

☞ Ein greifbares Ziel gibt dir einen starken Anreiz.

🚀 Übung 2: Finde deine Notfall-Strategie für Motivationslöcher

Notiere, was du tun wirst, wenn du keine Lust hast z. B. Mini-Version der Gewohnheit.

🚀 Warum das funktioniert:

☞ Wer vorbereitet ist, bleibt dran.

🚀 Übung 3: Erstelle eine „Warum"-Liste

Schreibe 3 Gründe auf, warum du diese Gewohnheit etablieren willst.

🚀 Warum das funktioniert:

☞ Ein starkes „Warum" hält dich auch in schweren Zeiten motiviert.

4️⃣ Fazit: Motivation ist unzuverlässig, aber du kannst sie steuern

☑️ Motivation allein reicht nicht, du brauchst ein System, um dranzubleiben.

☑️ Nutze Belohnungen, Tracking und soziale Verpflichtung als Verstärker.

☑️ Erwarte das Tief und plane Strategien, um trotzdem weiterzumachen.

☑️ Nach 30 Tagen hast du nicht nur eine neue Gewohnheit, sondern auch mehr mentale Stärke.

💡 Motivation ist wie ein Muskel, je mehr du trainierst, desto länger hält sie.

🚀 Aufgabe für dich:

1️⃣ Welche zwei Techniken wirst du nutzen, um motiviert zu bleiben?

2️⃣ Wie wirst du dich belohnen, wenn du die 30 Tage schaffst?

3️⃣ Welche Notfall-Strategie setzt du ein, wenn du keine Lust hast?

Denn wer die Motivation bewusst steuert, bleibt dran und erreicht jedes Ziel. 🚀

10.4 Die Bedeutung von kleinen täglichen Erfolgen

Viele Menschen glauben, dass nur große Fortschritte zählen. Doch das ist ein fataler Irrtum. Es sind die kleinen täglichen Erfolge, die langfristig den größten Unterschied machen.

💡 Das Problem: Viele geben auf, weil sie ihre Fortschritte nicht wahrnehmen oder unterschätzen. Sie wollen sofortige Ergebnisse, aber übersehen die Kraft kleiner, konsistenter Schritte.

☞ Die Lösung: Lerne die Macht kleiner täglicher Erfolge zu nutzen, denn sie sind der Schlüssel zu echten, langfristigen Veränderungen.

In diesem Kapitel erfährst du, warum kleine Erfolge so wichtig sind, wie du sie erkennst und wie du sie bewusst für deine Motivation nutzen kannst.

1️⃣ Warum kleine Erfolge eine große Wirkung haben

🔍 Unser Gehirn liebt Fortschritt, aber oft erkennen wir ihn nicht.

🚀 Drei Gründe, warum kleine Erfolge entscheidend sind:

☑️ 1. Sie erzeugen eine positive Verstärkung: Wenn du Fortschritte siehst, bleibst du motiviert.

☑️ 2. Sie aktivieren das Belohnungssystem im Gehirn: Jeder kleine Erfolg setzt Dopamin frei, das steigert die Motivation.

☑ 3. Sie verhindern Frustration: Wer nur auf große Ziele schaut, fühlt sich oft überfordert.

🚀 Fazit: Viele kleine Siege führen zu großen Erfolgen, Schritt für Schritt.

2️⃣ Die 5 besten Strategien, um kleine Erfolge sichtbar zu machen

🔍 Erkenne und feiere deine Fortschritte, so bleibst du motiviert.

📌 Hier sind fünf bewährte Techniken, um deine kleinen täglichen Erfolge bewusst wahrzunehmen und zu nutzen:

▶️ 1. Nutze einen Habit-Tracker für tägliche Fortschritte

📌 Warum? Sichtbare Fortschritte verstärken die Motivation.

💡 Neue Regel:

☑ Hake jeden Tag ab, an dem du deine Gewohnheit ausgeübt hast.

☑ Nutze eine App oder einen physischen Kalender für dein Tracking.

☑ Setze eine Regel: „Keinen Tag auslassen" auch nicht mit einer Mini-Version der Gewohnheit.

🚀 Warum das funktioniert:

👉 Wenn du deine Fortschritte siehst, willst du die Serie nicht unterbrechen.

▶️ 2. Führe ein Erfolgsjournal für tägliche Mini-Siege

📌 Warum? Viele unterschätzen ihren Fortschritt, weil sie ihn nicht bewusst wahrnehmen.

💡 Neue Regel:

☑ Notiere jeden Abend einen kleinen Erfolg des Tages.

☑ Das kann eine erledigte Aufgabe, eine neue Erkenntnis oder eine bewusste Entscheidung sein.

☑ Auch „kleine" Dinge zählen z. B. „Heute 5 Minuten lesen."

🚀 Warum das funktioniert:

👉 Das Gehirn speichert Erfolge besser, wenn du sie aufschreibst.

▶️ 3. Nutze die „1%-Regel" für kontinuierliche Verbesserung

📌 Warum? Kleine Verbesserungen summieren sich exponentiell.

💡 Neue Regel:

☑ Konzentriere dich jeden Tag darauf, nur 1% besser zu werden.

☑ Beispiel: Statt sofort 30 Minuten Sport zu machen, fange mit 5 Minuten an und steigere langsam.

☑ Akzeptiere, dass jede kleine Verbesserung zählt.

🚀 Warum das funktioniert:

👉 Wer sich kontinuierlich verbessert, erreicht langfristig enorme Erfolge.

▶️ 4. Feiere deine kleinen Erfolge bewusst

📌 Warum? Unser Gehirn braucht Belohnungen, um eine Gewohnheit zu verstärken.

💡 Neue Regel:

☑ Belohne dich nach jedem kleinen Meilenstein.

☑ Setze dir Mini-Belohnungen z. B. eine Pause, ein kleines Geschenk.

☑ Erinnere dich regelmäßig an deinen Fortschritt.

🚀 Warum das funktioniert:

☞ Wer sich regelmäßig belohnt, bleibt motiviert.

▶️ 5. Erkenne Fortschritt auch dann, wenn er nicht sichtbar ist

📌 Warum? Viele geben auf, weil sie den Fortschritt nicht sofort sehen.

💡 Neue Regel:

☑ Akzeptiere, dass Fortschritt manchmal „unsichtbar" ist.

☑ Verstehe, dass dein Gehirn und Körper sich schrittweise anpassen.

☑ Bleibe dran, auch wenn du keine sofortigen Ergebnisse siehst.

🚀 Warum das funktioniert:

☞ Langfristige Erfolge entstehen aus scheinbar unsichtbaren Fortschritten.

Deep Dive: Warum unser Gehirn kleine Fortschritte liebt

📖 **Wissenschaftlicher Hintergrund:**

💡 *Das Gehirn verarbeitet Fortschritte in kleinen, verdaulichen Einheiten, nicht in großen Sprüngen.*

📌 *Wie du das für dich nutzt:*

☑ *Erwarte nicht, dass du von heute auf morgen riesige Veränderungen siehst.*

☑ *Verstehe, dass Konsistenz wichtiger ist als Intensität.*

☑ *Wisse, dass jeder Tag, an dem du dran bleibst, dein Gehirn neu programmiert.*

🚀 *Fazit: Dein Gehirn liebt kleine Erfolge, also nutze sie bewusst!*

3️⃣ Praktische Übungen, um kleine Erfolge sichtbarer zu machen

📌 Übung 1: Erstelle deine persönliche Erfolgsliste

- Schreibe drei kleine Erfolge auf, die du heute erreicht hast.
- Wiederhole das täglich für eine Woche.

🚀 Warum das funktioniert:

☞ Du trainierst dein Gehirn, Erfolge bewusster wahrzunehmen.

📌 Übung 2: Visualisiere deinen Fortschritt

- Zeichne eine einfache Erfolgsskala 0–100 % und markiere, wo du stehst.
- Erhöhe deinen Fortschritt jeden Tag um 1 %.

🚀 Warum das funktioniert:

☞ Dein Fortschritt wird greifbarer und du bleibst motivierter.

📌 Übung 3: Nutze das „Drei-Minuten-Reflexion Ritual"

Stelle dir jeden Abend drei Fragen:
1. Was habe ich heute gut gemacht?
2. Was kann ich morgen 1 % besser machen?
3. Warum bin ich stolz auf meinen heutigen Fortschritt?

🏹 Warum das funktioniert:

☞ Tägliche Reflexion verstärkt die Wahrnehmung kleiner Erfolge.

4️⃣ Fazit: Kleine tägliche Erfolge sind der Schlüssel zur Veränderung

☑ Große Ziele entstehen aus kleinen Schritten, konsistenter Fortschritt ist wichtiger als Perfektion.

☑ Jeder Tag, an dem du deine Gewohnheit umsetzt, zählt, selbst wenn es nur eine Mini-Version ist.

☑ Belohne dich für kleine Erfolge, um dein Gehirn positiv zu konditionieren.

☑ Wer kleine Fortschritte bewusst wahrnimmt, bleibt langfristig motiviert.

💡 Erwarte keine großen Sprünge, erwarte kleine tägliche Verbesserungen, die sich zu gigantischen Erfolgen summieren.

🏹 Aufgabe für dich:

1️⃣ Welche drei kleinen Erfolge kannst du heute feiern?

2️⃣ Wie kannst du deinen Fortschritt sichtbar machen z. B. durch Tracking oder Reflexion?

3️⃣ Welche Mini-Belohnung kannst du dir für einen erfolgreichen Tag setzen?

Denn wer kleine Siege bewusst wahrnimmt, bleibt motiviert und erreicht langfristig jedes Ziel. 🏹

10.5 Reflexion am Ende der Challenge: Was habe ich gelernt?

Herzlichen Glückwunsch! 🎉 Du hast es geschafft, 30 Tage lang hast du an einer neuen Gewohnheit gearbeitet. Vielleicht war es einfach, vielleicht gab es Herausforderungen, aber du bist drangeblieben.

Doch bevor du zur nächsten Gewohnheit übergehst, gibt es einen entscheidenden Schritt: die Reflexion.

💡 Das Problem: Viele Menschen schließen eine Challenge ab und springen sofort zur nächsten, ohne sich bewusst zu machen, was sie gelernt haben, dadurch verlieren sie wertvolle Erkenntnisse.

☞ Die Lösung: Eine gezielte Reflexion hilft dir, deine Erfolge zu erkennen, Herausforderungen zu verstehen und deine Gewohnheiten nachhaltig zu festigen.

In diesem Kapitel bekommst du eine strukturierte Reflexion Anleitung, um deine 30-Tage-Challenge bestmöglich auszuwerten.

1️⃣ Warum Reflexion so wichtig ist

🔍 Gewohnheitsbildung ist ein Prozess, je besser du ihn verstehst, desto erfolgreicher wirst du.

✒ Drei Gründe, warum Reflexion entscheidend ist:

☑ 1. Du erkennst, was für dich funktioniert und was nicht.

☑ 2. Du kannst Strategien für zukünftige Gewohnheiten verbessern.

☑ 3. Du stärkst deine Identität als jemand, der an seinen Zielen arbeitet.

🚀 Fazit: Ohne Reflexion bleibt deine Challenge eine einmalige Erfahrung, mit Reflexion wird sie zu einem nachhaltigen Erfolg.

2️⃣ Die 5-Schritte-Reflexionsmethode

🔍 Nutze diese fünf Fragen, um das Maximum aus deiner Challenge herauszuholen.

✒ Nimm dir 10–15 Minuten Zeit und beantworte jede Frage schriftlich.

▶️ 1. Was ist mir leichtgefallen?

✒ Warum? Dinge, die leicht fallen, lassen sich langfristig einfacher beibehalten.

💡 Beispielfragen:

☑ Welche Aspekte der Gewohnheit haben mir Spaß gemacht?

☑ Wann hat es sich mühelos angefühlt?

☑ Gab es Momente, in denen ich automatisch dran geblieben bin?

🚀 Warum das funktioniert:

☞ Alles, was leicht ist, hat das Potenzial, eine dauerhafte Routine zu werden.

▶️ 2. Was war die größte Herausforderung und wie bin ich damit umgegangen?

✒ Warum? Jede Gewohnheits Veränderung bringt Hürden, die Frage ist, wie du damit umgehst.

💡 Beispielfragen:

☑ Gab es Tage, an denen ich keine Lust hatte?

☑ Welche Hindernisse habe ich erlebt, z.B. Zeitmangel, fehlende Motivation?

☑ Wie habe ich darauf reagiert? Habe ich eine Strategie gefunden?

🚀 Warum das funktioniert:

☞ Erkennst du deine größten Herausforderungen, kannst du sie bei der nächsten Gewohnheit besser meistern.

▶️ 3. Welche Erfolge habe ich erzielt?

✒ Warum? Fortschritt ist nicht immer offensichtlich, manchmal zeigt er sich erst in kleinen Details.

💡 Beispielfragen:

☑ Wie fühle ich mich im Vergleich zu Tag 1?

☑ Welche positiven Veränderungen habe ich bemerkt (körperlich, mental, emotional)?

☑ Habe ich Nebenwirkungen bemerkt, die ich vorher nicht erwartet hätte?

🚀 Warum das funktioniert:

☞ Erfolge zu feiern verstärkt das Gefühl, dass du fähig bist, deine Gewohnheiten langfristig zu ändern.

▶ 4. Was würde ich beim nächsten Mal anders machen?

🎯 Warum? Jede Challenge ist eine Lernmöglichkeit, nutze sie für zukünftige Veränderungen.

💡 Beispielfragen:

☑ Gab es etwas, das mich frustriert hat?

☑ Habe ich mir zu viel oder zu wenig vorgenommen?

☑ Welche Methode oder Strategie hätte mir geholfen, noch erfolgreicher zu sein?

🎯 Warum das funktioniert:

☞ Mit jeder neuen Challenge kannst du deine Strategie verbessern und effizienter an neuen Gewohnheiten arbeiten.

▶ 5. Was ist mein nächster Schritt?

🎯 Warum? Die wichtigste Frage ist: Wie geht es jetzt weiter?

💡 Beispielfragen:

☑ Will ich diese Gewohnheit beibehalten? Falls ja, in welcher Form?

☑ Will ich die Intensität steigern oder eine neue Gewohnheit hinzufügen?

☑ Wie stelle ich sicher, dass ich nicht wieder in alte Muster zurückfalle?

🎯 Warum das funktioniert:

☞ Eine klare Entscheidung nach der Challenge hilft dir, nicht in alte Gewohnheiten zurückzufallen.

Deep Dive: Warum Reflexion deine Erfolge verstärkt

📓 **Wissenschaftlicher Hintergrund:**

💡 **Das Gehirn speichert Erfahrungen besser, wenn sie bewusst reflektiert werden.**

🎯 **Wie du das für dich nutzt:**

☑ **Erinnere dich an deine Erfolge, das verstärkt dein Selbstbewusstsein.**

☑ **Nutze Herausforderungen als Lernchancen, anstatt sie als Rückschläge zu sehen.**

☑ **Plane den nächsten Schritt, um Momentum aufzubauen.**

🎯 **Fazit: Ohne Reflexion riskierst du, deine Erfolge zu vergessen, mit Reflexion kannst du sie gezielt verstärken.**

3️⃣ Praktische Übungen für deine Challenge-Reflexion

🎯 Übung 1: Die 30-Tage-Rückblick-Checkliste

- Beantworte die fünf Reflexionsfragen schriftlich.
- Notiere mindestens drei konkrete Erfolge, die du erzielt hast.
- Formuliere eine klare Entscheidung: Wie geht es jetzt weiter?

🚀 Warum das funktioniert:
👉 Schriftliche Reflexion macht deine Fortschritte greifbarer.
📌 Übung 2: Erstelle eine „Vorher-Nachher"-Vergleichsliste
- Schreibe auf: Wie war mein Verhalten an Tag 1 und wie ist es jetzt?
- Notiere körperliche, mentale und emotionale Veränderungen.

🚀 Warum das funktioniert:
👉 Der direkte Vergleich zeigt dir, dass du gewachsen bist.
📌 Übung 3: Dein Commitment für die Zukunft
- Entscheide dich: Möchtest du deine Gewohnheit behalten oder eine neue starten?
- Falls du eine neue beginnst, notiere sie und starte direkt eine neue 30-Tage-Challenge.

🚀 Warum das funktioniert:
👉 Jede Challenge sollte eine Grundlage für die nächste sein, so bleibst du kontinuierlich in Bewegung.

4️⃣ Fazit: Reflexion macht den Unterschied zwischen einmaliger Challenge und lebenslanger Veränderung

☑ Erkenne was funktioniert hat und was nicht.
☑ Feiere deine Fortschritte bewusst.
☑ Nutze Herausforderungen als Lernmöglichkeiten.
☑ Treffe eine klare Entscheidung: Wie geht es weiter?
💡 Wer reflektiert, wächst, wer reflektiert, verändert sein Leben nachhaltig.

🚀 Aufgabe für dich:
1️⃣ Nimm dir 10 Minuten Zeit und beantworte die fünf Reflexionsfragen.
2️⃣ Notiere deine drei größten Erfolge aus den letzten 30 Tagen.
3️⃣ Treffe eine bewusste Entscheidung: Behalte ich diese Gewohnheit oder starte ich eine neue?

Denn wer reflektiert, macht Fortschritt sichtbar und bleibt auf dem Weg zur besten Version seiner selbst. 🚀

10.6 Wie du nach der Challenge weitermachst

Du hast es geschafft! 🎉 Die 30 Tage sind vorbei, doch was passiert jetzt?

💡 Das Problem: Viele Menschen fallen nach einer Challenge in alte Muster zurück, weil sie nicht wissen, wie sie ihre neue Gewohnheit in den Alltag integrieren sollen.

👉 Die Lösung: Ein klarer Plan für die Zeit nach der Challenge hilft dir, deine Gewohnheit dauerhaft zu etablieren oder eine neue zu starten.

In diesem Kapitel erfährst du, wie du nachhaltig weitermachst, um deine Fortschritte nicht zu verlieren.

1 Warum viele nach 30 Tagen wieder aufhören

🔍 Studien zeigen, dass viele Menschen nach einer Challenge ihre Gewohnheiten aufgeben, oft unbewusst.

📌 Die drei häufigsten Gründe für Rückfälle:

✖ Fehlende Langzeitstrategie: Keine klare Entscheidung, wie es weitergeht.

✖ Das „Ziel-erreicht"-Denken: Die Challenge fühlt sich wie ein abgeschlossenes Projekt an.

✖ Veränderte Motivation: Ohne die Struktur der Challenge fehlt der Antrieb.

🏵 Fazit: Wer keinen Plan für die Zeit nach der Challenge hat, verliert oft den erarbeiteten Fortschritt.

2 Die 5 besten Strategien, um nach der Challenge dranzubleiben

🔍 Es gibt drei Wege, wie du nach den 30 Tagen weitermachen kannst:

    1. Die Gewohnheit beibehalten und weiter festigen.

    2. Die Gewohnheit anpassen oder ausbauen.

    3. Eine neue Challenge starten.

📌 Hier sind fünf bewährte Methoden, um den Erfolg der Challenge langfristig zu sichern:

▶ 1. Behalte die Gewohnheit in einer leichteren Version bei

📌 Warum? Ein abrupter Stopp führt oft dazu, dass du komplett aufhörst.

💧 Neue Regel:

☑ Falls du die Gewohnheit beibehalten willst, reduziere sie auf eine Minimal-Version.

☑ Beispiel: Statt 30 Minuten Workout → 10 Minuten Bewegung pro Tag.

☑ Mach sie so einfach, dass sie kein zusätzlicher Aufwand ist.

🏵 Warum das funktioniert:

☞ Je einfacher die Gewohnheit ist, desto wahrscheinlicher wird sie langfristig beibehalten.

▶ 2. Erhöhe die Herausforderung schrittweise

📌 Warum? Manche Gewohnheiten funktionieren besser, wenn sie langsam gesteigert werden.

💧 Neue Regel:

☑ Falls du deine Gewohnheit weiter ausbauen willst, erhöhe die Intensität in kleinen Schritten.

☑ Beispiel: Wenn du 10 Minuten täglich gelesen hast → Versuche 15 Minuten.

☑ Falls du 3 Mal pro Woche Sport gemacht hast → Erhöhe auf 4 Mal.

🏵 Warum das funktioniert:

☞ Kleine Steigerungen sorgen für langfristiges Wachstum ohne Überforderung.

▶ 3. Nutze das „90-Tage-System" für langfristige Gewohnheiten

📌 Warum? Die meisten nachhaltigen Gewohnheiten brauchen länger als 30 Tage.

💡 Neue Regel:

☑ Setze dir eine neue Challenge für die nächsten 60 Tage, um die 90-Tage-Marke zu erreichen.

☑ Falls du nach 90 Tagen noch dran bist, ist die Gewohnheit fast automatisiert.

☑ Nutze das „Wenn-dann"-Prinzip, um die Routine weiter zu stabilisieren.

🚀 Warum das funktioniert:

☞ Nach 90 Tagen ist eine Gewohnheit tief im Alltag integriert.

▶️ 4. Wechsle zu einer neuen Challenge aber mit Strategie

📌 Warum? Manche Gewohnheiten sind nach 30 Tagen etabliert, dann ist es sinnvoll, eine neue zu starten.

💡 Neue Regel:

☑ Falls du eine neue Challenge starten willst, wähle eine, die zu deiner bisherigen passt.

☑ Beispiel: Nach einer 30-Tage-Lese-Challenge eine Schreib-Challenge beginnen.

☑ Starte nicht zu viele neue Gewohnheiten gleichzeitig maximal eine pro Monat.

🚀 Warum das funktioniert:

☞ Jede neue Gewohnheit baut auf den vorherigen Erfolgen auf.

▶️ 5. Vermeide das „Alles-oder-Nichts"-Denken

🚀 Warum? Manche Menschen hören auf, weil sie denken, dass sie „perfekt" weitermachen müssen.

💡 Neue Regel:

☑ Erlaube dir, die Gewohnheit flexibel anzupassen.

☑ Falls du mal einen Tag aussetzt, kein Problem! Einfach am nächsten Tag weitermachen.

☑ Sieh Rückschläge als Teil des Prozesses, nicht als Versagen.

🚀 Warum das funktioniert:

☞ Langfristiger Erfolg bedeutet nicht Perfektion, sondern Konsistenz.

Deep Dive: Warum 30 Tage oft nur der Anfang sind

📐 **Wissenschaftlicher Hintergrund:**

💡 *Laut Studien dauert es im Schnitt 66 Tage, bis eine Gewohnheit automatisiert ist nicht 30.*

📌 *Wie du das für dich nutzt:*

☑ *Nutze die 30 Tage als Sprungbrett, nicht als Endpunkt.*

☑ *Verstehe, dass neue Routinen erst durch Wiederholung zur Gewohnheit werden.*

☑ *Plane bewusst die nächsten Schritte nach der Challenge.*

🚀 *Fazit: 30 Tage sind gut aber langfristige Veränderungen brauchen mehr Zeit.*

3 Praktische Übungen für den Übergang nach der Challenge

📌 Übung 1: Entscheide dich für eine der drei Optionen

- Willst du die Gewohnheit beibehalten?
- Willst du die Gewohnheit steigern oder anpassen?
- Willst du eine neue Challenge starten?

🚀 Warum das funktioniert:

☞ Klare Entscheidungen helfen dir, nicht ins alte Muster zurückzufallen.

📌 Übung 2: Erstelle einen 90-Tage-Plan für langfristigen Erfolg

- Schreibe auf, wie du die nächsten 60 Tage gestalten willst.
- Definiere Meilensteine für Woche 6, Woche 9 und Woche 12.

🚀 Warum das funktioniert:

☞ Längere Planung sorgt für langfristige Beständigkeit.

📌 Übung 3: Erstelle eine „Rückfall-Strategie"

- Überlege dir im Voraus, was du tun wirst, falls du mal aussetzt.
- Beispiel: „Falls ich einen Tag verpasse, mache ich am nächsten Tag eine kleine Version meiner Gewohnheit."

🚀 Warum das funktioniert:

☞ Mit einer klaren Strategie vermeidest du das Risiko, ganz aufzuhören.

4 Fazit: Die 30-Tage-Challenge war nur der Anfang jetzt beginnt der echte Erfolg

☑ Viele hören nach 30 Tagen auf, aber wer weitermacht, erzielt echte Veränderungen.

☑ Ob du die Gewohnheit beibehältst, anpasst oder eine neue startest, entscheide dich bewusst.

☑ Nutze das 90-Tage-System, um Gewohnheiten langfristig zu festigen.

☑ Sei flexibel, Perfektion ist nicht nötig, aber Konsistenz ist der Schlüssel.

💡 Die beste Entscheidung ist immer: Weitermachen.

🚀 Aufgabe für dich:

1 Welche Option wählst du? Beibehalten, Steigern, neue Challenge starten?

2 Wie sieht dein 90-Tage-Plan aus, um die Gewohnheit weiter zu stabilisieren?

3 Welche Rückfall-Strategie wirst du nutzen, falls du mal einen Tag aussetzt?

Denn wer nach 30 Tagen weitermacht, verändert sein Leben nachhaltig. 🚀

Anhang

Ressourcenliste – Apps und Tools zur Gewohnheitsbildung

In unserer schnelllebigen Welt können digitale Helfer uns dabei unterstützen, neue Gewohnheiten aufzubauen, Fortschritte sichtbar zu machen und motiviert zu bleiben. Es gibt zahlreiche Apps und Tools, die dir helfen, deine Routinen zu verbessern, deinen Fokus zu steigern und gesunde Verhaltensweisen langfristig zu verankern.

Da sich die besten Tools ständig weiterentwickeln, habe ich eine regelmäßig aktualisierte Liste mit den besten Apps, Websites und Ressourcen zusammengestellt.

📌 In dieser Liste findest du:

☑ Habit-Tracking-Apps, um neue Gewohnheiten zu etablieren.

☑ Produktivitäts-Tools, die dir helfen, fokussierter zu arbeiten.

☑ Achtsamkeits- und Gesundheits-Apps, die dein Wohlbefinden fördern.

☑ Buch- und Podcast-Empfehlungen, um dein Wissen zu erweitern.

🔖 Hier kannst du jederzeit auf die aktuellste Version zugreifen:

☞ Zur Ressourcenliste:

https://drive.google.com/drive/folders/1j75GwcP79ws1LuAtpa7kNFYEF-DfHPu0?usp=drive_link

QR- Code zum scannen:

💡 Tipp: Speichere den Link als Lesezeichen oder lade die Datei herunter, damit du jederzeit darauf zugreifen kannst.

🚀 Nutze die richtigen Werkzeuge, um dein Leben einfacher zu gestalten und mach deine neuen Gewohnheiten dauerhaft!

Zusammenfassungen der wichtigsten Konzepte aus jedem Kapitel

In diesem Abschnitt findest du eine kompakte Zusammenfassung der wichtigsten Erkenntnisse aus jedem Kapitel. Nutze diese Übersicht als schnelles Nachschlagewerk oder als Erinnerung an die zentralen Prinzipien der Gewohnheitsbildung.

✈ Kapitel 1: Die Wissenschaft der Gewohnheitsbildung

▶ Definition von Gewohnheiten:
- Gewohnheiten sind automatische Verhaltensmuster, die unser Leben steuern.
- Sie entstehen durch wiederholtes Handeln und erfordern anfangs bewusste Anstrengung.

▶ Neurologische Grundlagen – Das Habit-Loop-Modell:
- Jede Gewohnheit besteht aus Trigger → Routine → Belohnung.
- Das Gehirn optimiert Prozesse, indem es wiederholte Handlungen automatisiert.

▶ Unterschied zwischen bewussten und unbewussten Gewohnheiten:
- Bewusste Gewohnheiten: Entwickeln sich durch Absicht und Willenskraft.
- Unbewusste Gewohnheiten: Werden durch Umstände und Muster geprägt.

▶ Die Rolle von Dopamin:
- Dopamin verstärkt Verhaltensweisen und hilft, Gewohnheiten zu festigen.
- Belohnungssysteme sind entscheidend für langfristige Gewohnheitsbildung.

✈ Kapitel 2: Die Psychologie der Verhaltensänderung

▶ Motivation und Willenskraft:
- Motivation ist unzuverlässig, Gewohnheiten sind nachhaltiger.
- Willenskraft ist begrenzt, daher sind Routinen wichtig.

▶ Einfluss von Emotionen und Überzeugungen:
- Emotionen beeinflussen, welche Gewohnheiten wir beibehalten.
- Unsere Überzeugungen formen unser Verhalten, ein „Identitäts-Shift" hilft.

▶ Identitätsbasierte Gewohnheitsbildung:
- „Ich bin ein gesunder Mensch" statt „Ich versuche, gesünder zu leben."
- Veränderung beginnt, wenn du dich mit deiner neuen Gewohnheit identifizierst.

📌 Kapitel 3: Strategien zur Etablierung neuer Gewohnheiten

▶ Die 1%-Methode:
- Kleine Veränderungen summieren sich zu großen Erfolgen.
- 1 % Verbesserung pro Tag = enorme Fortschritte auf lange Sicht.

▶ Die Rolle von Routinen und Habit Stacking:
- Gewohnheiten bleiben eher bestehen, wenn sie an bestehende Routinen gekoppelt werden.
- Beispiel: „Nach dem Zähneputzen mache ich 5 Minuten Stretching."

▶ Fehleranalyse – Warum Gewohnheiten scheitern:
- Zu hohe Erwartungen und fehlende Konsistenz sind die Hauptgründe.
- Rückschläge sind normal, wichtig ist, weiterzumachen.

▶ Die Macht der Mikrogewohnheiten:
- Eine neue Gewohnheit in der kleinsten möglichen Version starten.
- Beispiel: „Jeden Tag eine Seite lesen" statt „30 Minuten pro Tag lesen."

▶ Gewohnheiten mit Zielen verknüpfen:
- Eine Gewohnheit sollte ein größeres Ziel unterstützen.
- Beispiel: Tägliches Journaling als Grundlage für bessere Selbstreflexion.

📌 Kapitel 4: Die Macht des Umfelds

▶ Wie dein Umfeld deine Gewohnheiten beeinflusst:
- Wir übernehmen Verhaltensweisen unseres sozialen Umfelds.
- Eine positive Umgebung erleichtert gute Gewohnheiten.

▶ Strategien für ein unterstützendes Umfeld:
- Räume so gestalten, dass die gewünschte Gewohnheit leicht fällt.
- Menschen suchen, die ähnliche Ziele verfolgen.

▶ Die Rolle von Accountability-Partnern:
- Regelmäßiges Feedback erhöht die Erfolgswahrscheinlichkeit.
- Ein öffentliches Commitment kann Motivation steigern.

▶ Negative Einflüsse minimieren:
- Ablenkungen und schlechte Routinen bewusst reduzieren.
- Beispiel: Social-Media-Apps vom Smartphone entfernen, um den Fokus zu verbessern.

📌 Kapitel 5: Emotionen und Belohnungen

▶ Warum Emotionen der Schlüssel zur Gewohnheitsbildung sind:
- Positive Emotionen verstärken Gewohnheiten, Negative sabotieren sie.

▶ Effektive Belohnungssysteme:
- Belohnungen helfen, neue Routinen langfristig beizubehalten.
- Intrinsische Belohnungen z. B. ein Gefühl von Erfolg sind nachhaltiger als extrinsische z. B. materielle Dinge.

▶ Schlechte Belohnungen vermeiden:
- Zuckerreiche Snacks nach dem Training können die Gewohnheit sabotieren.
- Gesunde Belohnungen wählen z. B. ein Buch für 30 Tage durchhalten.

🏹 **Kapitel 6: Gewohnheiten in verschiedenen Lebensbereichen**

▶ Gesundheit & Fitness:
- Bewegung und Ernährung sind Kerngewohnheiten, die andere verbessern.

▶ Produktivität im Beruf:
- Fokus-Techniken wie die Pomodoro-Technik helfen, effizienter zu arbeiten.

▶ Beziehungen stärken:
- Bewusstes Zuhören und regelmäßige kleine Gesten verbessern soziale Bindungen.

▶ Persönliches Wachstum:
- Reflexion und kontinuierliches Lernen sind entscheidend für langfristige Entwicklung.

🏹 **Kapitel 7: Rückschläge und Resilienz**

▶ Warum Rückschläge unvermeidbar sind:
- Kein Mensch ist perfekt, es ist wichtig, wieder aufzustehen.

▶ Strategien, um nach einem Rückschlag wieder auf Kurs zu kommen:
- Regel: Niemals zwei Tage in Folge die Gewohnheit aussetzen.

▶ Selbstmitgefühl und Geduld:
- Sich selbst Fehler zu verzeihen, ist entscheidend für langfristigen Erfolg.

🏹 **Kapitel 8: Gewohnheiten und Technologie**

▶ Der Einfluss von Technologie:
- Digitale Tools können uns helfen, aber auch ablenken.

▶ Nützliche Apps & Tools:
- Habit-Tracker, Fokus-Apps und Reminder können Routinen erleichtern.

▶ Digitale Detox-Strategien:
- Bildschirmzeiten bewusst reduzieren, um gesunde Gewohnheiten zu fördern.

🏹 **Kapitel 9: Langfristige Aufrechterhaltung neuer Gewohnheiten**

▶ Motivation langfristig aufrechterhalten:
- Nicht auf Willenskraft verlassen, Systeme schaffen!
- Fortschritte sichtbar machen, z.B. mit einem Habit-Tracker.

▶ Reflexion und Anpassung:
- Alle paar Wochen evaluieren, ob eine Gewohnheit noch sinnvoll ist.

▶ Geduld ist der Schlüssel:
- Nachhaltige Veränderungen brauchen Zeit, Durchhalten ist entscheidend.

🎯 **Kapitel 10: 30-Tage-Challenge zur Gewohnheitsbildung**

▶ Warum 30 Tage?
- Ein Monat ist ideal, um eine Routine zu entwickeln.

▶ Schritt-für-Schritt-Anleitung für die Challenge:
- Täglich eine Mini-Version der Gewohnheit umsetzen.
- Rückschläge sind Teil des Prozesses, weitermachen ist wichtiger als Perfektion.

▶ Reflexion am Ende der Challenge:
- Was hat gut funktioniert? Was muss angepasst werden?

🚀 Fazit: Kleine Veränderungen führen zu großen Erfolgen!

☑ Gewohnheiten bestimmen unser Leben, also gestalte sie bewusst.

☑ Kleine tägliche Schritte sind mächtiger als große Sprünge.

☑ Rückschläge gehören dazu, wichtig ist, dass du immer wieder weitermachst.

💡 Nutze diese Zusammenfassungen, um jederzeit auf das Gelernte zurück zugreifen und deine Gewohnheiten nachhaltig zu verbessern! 🚀

Arbeitsblätter: Planungs- und Reflexions Vorlagen

💡 Warum Arbeitsblätter?

Das reine Lesen über Gewohnheiten reicht oft nicht aus, echte Veränderung entsteht durch bewusstes Planen, Umsetzen und Reflektieren. Mit diesen Arbeitsblättern kannst du deine Gewohnheitsbildung gezielt steuern.

✏️ Tipp: Du kannst diese Vorlagen entweder direkt hier im Buch ausfüllen oder die digitale Version herunterladen und ausdrucken:

☞ Hier geht's zu den Arbeitsblättern
https://drive.google.com/drive/folders/1j75GwcP79ws1LuAtpa7kNFYEF-DfHPu0?usp=drive_link

QR- Code zum scannen:

1 Gewohnheits-Planer - Schritt-für-Schritt-Planung deiner neuen Gewohnheit

🚀 Ziel: Deine neue Gewohnheit bewusst festlegen und in den Alltag integrieren.

➫ Meine neue Gewohnheit: _____

📅 Startdatum: _____

◉ Klares Ziel (SMART-Formulierung): _____

💡 Warum will ich diese Gewohnheit entwickeln?

📍 Trigger (Wann/wodurch wird sie ausgelöst?)

🔗 Habit Stacking (An welche bestehende Gewohnheit knüpfe ich sie an?)

🏆 Belohnung (Wie feiere ich kleine Erfolge?)

⚠ Mögliche Hindernisse & meine Lösungen:

2 30-Tage-Gewohnheits-Tracker

🚀 Ziel: Jeden Tag Fortschritte sichtbar machen.

Tägliche Umsetzung meiner Gewohnheit:

☐ Tag 1 ☐ Tag 2 ☐ Tag 3 ☐ Tag 4 ☐ Tag 5 ☐ Tag 6 ☐ Tag 7 ☐ Tag 8 ☐ Tag 9

☐ Tag 10 ☐ Tag 11 ☐ Tag 12 ☐ Tag 13 ☐ Tag 14 ☐ Tag 15 ☐ Tag 16 ☐ Tag 17

☐ Tag 18 ☐ Tag 19 ☐ Tag 20 ☐ Tag 21 ☐ Tag 22 ☐ Tag 23 ☐ Tag 24 ☐ Tag 25

☐ Tag 26 ☐ Tag 27 ☐ Tag 28 ☐ Tag 29 ☐ Tag 30

◉ Ziel erreicht? ☑ Ja / ✖ Nein

📍 Wenn ich einen Tag aussetze, tue ich stattdessen: _____

3 Wochenreflexion (Rückblick nach jeder Woche der Challenge)

🚀 Ziel: Fortschritte und Herausforderungen identifizieren.

📅 Woche: _____

1 Was ist mir diese Woche besonders leichtgefallen?

2 Welche Hindernisse sind aufgetreten? Wie bin ich damit umgegangen?

3 Wie hat sich meine neue Gewohnheit auf mein Leben ausgewirkt?

4 Was kann ich nächste Woche verbessern?

4 Rückblick nach 30 Tagen: Was habe ich gelernt?

🚀 Ziel: Langfristige Erkenntnisse gewinnen und nächste Schritte festlegen.

📅 Abschlussdatum: _____

🏆 Meine größte Errungenschaft:

🌍 Meine größte Herausforderung & wie ich sie gelöst habe:

🚀 Wie hat sich mein Alltag durch diese Gewohnheit verändert?

📍 Werde ich diese Gewohnheit beibehalten? Falls ja, wie? Falls nein, warum nicht?

💡 Was nehme ich für meine nächste Gewohnheitsänderung mit?

5 Planung meiner nächsten Gewohnheit

💡 Jede erfolgreiche Gewohnheit bildet die Grundlage für die nächste! Nutze dieses Arbeitsblatt, um direkt in die nächste Gewohnheits-Challenge zu starten.

✎ Meine neue Gewohnheit: _____

📅 Startdatum: _____

💡 Welche bestehende Gewohnheit kann ich beibehalten?

🔗 Wie kann ich die neue Gewohnheit mit einer bestehenden Routine verknüpfen?

🏆 Meine Motivation für diese Veränderung:

📅 Wann überprüfe ich meinen Fortschritt?

🏹 Fazit: Warum diese Arbeitsblätter deine Erfolgschancen erhöhen

☑ Klarheit & Struktur – Mit einer bewussten Planung weißt du genau, was du tun musst.

☑ Messbare Fortschritte – Ein Habit-Tracker zeigt dir, wie weit du gekommen bist.

☑ Reflexion & Anpassung – Herausforderungen werden erkannt und Lösungen gefunden.

☑ Langfristige Umsetzung – Mit einem Plan bleibt deine Gewohnheit auch nach der Challenge erhalten.

💡 Nutze diese Arbeitsblätter als dein persönliches Erfolgssystem, um deine Gewohnheiten dauerhaft zu verändern!

🚀 Setze deine Erkenntnisse in die Praxis um, denn jede kleine Veränderung bringt dich deinem Ziel näher! 💪

Erfolgs Journale: Vorlagen für tägliche/ wöchentliche/ monatliche/ jährliche Reflexionen und Fortschritte

Dieses Erfolgsjournal hilft dir dabei, deine täglichen Fortschritte sichtbar zu machen und bewusst über deine Gewohnheiten zu reflektieren. Regelmäßige Reflexion stärkt deine Motivation und zeigt dir, wie weit du bereits gekommen bist.

1 Tagesjournal

📌 Ziel: Jeden Tag bewusst reflektieren, was gut lief und was verbessert werden kann.

📅 Datum: _____

✏️ Meine wichtigste Gewohnheit heute:

_____

🏆 Mein größter Erfolg heute:

_____

⚫ Herausforderung des Tages und wie ich sie gemeistert habe:

_____

💡 Eine Erkenntnis oder Lektion von heute:

_____

➡️ Verbesserung für morgen:

_____

2 Wochenjournal

📌 Ziel: Überblick über die Woche gewinnen und Fortschritte messen.

📅 Woche: _____

🏆 Meine größten Erfolge dieser Woche:

_____

😊 Die größten Herausforderungen und meine Lösungsansätze:

_____

📈 Fortschritt in meiner Gewohnheits-Challenge (1-10): _____

💡 Eine wichtige Lektion der Woche:

_____

➡️ Fokus für die nächste Woche:

_____

3 Monatsjournal

📌 Ziel: Rückblick auf den gesamten Monat und Vorbereitung auf die nächste Phase.

📆 Monat: _____

🏆 Was habe ich diesen Monat erreicht?

_____

😔 Welche Herausforderungen sind aufgetreten, und wie bin ich damit umgegangen?

_____

📊 Hat meine neue Gewohnheit mein Leben positiv beeinflusst? (Ja/Nein) – Falls ja, wie?

_____

🔄 Welche Gewohnheit werde ich beibehalten, anpassen oder aufgeben?

_____

🚀 Mein nächstes Ziel für den kommenden Monat:

_____

4 Jahresrückblick

📌 Ziel: Rückblick auf das Jahr, um langfristige Veränderungen zu erkennen.

📆 Jahr: _____

🏆 Meine größten Errungenschaften dieses Jahres:

_____

🔍 Welche neuen Gewohnheiten habe ich erfolgreich etabliert?

_____

😔 Welche Herausforderungen habe ich gemeistert?

_____

💡 Die drei wichtigsten Lektionen, die ich gelernt habe:

_____

🔜 Mein Fokus für das nächste Jahr:

_____

📌 Fazit

☑ Tägliche Reflexion hilft, sich stetig zu verbessern.

☑ Die wöchentliche und monatliche Überprüfung gibt wertvolle Einblicke in langfristige Entwicklungen.

☑ Der Jahresrückblick zeigt, welche Gewohnheiten wirklich das Leben verändert haben.

🚀 Nutze dieses Journal, um bewusster und erfolgreicher deine Ziele zu erreichen!

☞ Hier geht's zur digitalen Version https://drive.google.com/drive/folders/1j75GwcP79ws1LuAtpa7kNFYEF-DfHPu0?usp=drive_link

QR- Code zum scannen:

Schlusswort: Der erste Schritt zählt mehr als Perfektion

Herzlichen Glückwunsch! 🎉 Du hast dich intensiv mit dem Thema Gewohnheiten beschäftigt und wertvolle Strategien kennengelernt, um dein Leben nachhaltig zu verändern. Doch Wissen allein reicht nicht, die Umsetzung macht den Unterschied.

Vielleicht fühlst du dich jetzt inspiriert, vielleicht auch etwas überwältigt. Das ist völlig normal. Der Schlüssel liegt darin, klein anzufangen und dranzubleiben.

💡 Denke daran: Es geht nicht darum, perfekt zu sein. Es geht darum, heute einen ersten kleinen Schritt zu machen.

„Wir sind das, was wir wiederholt tun. "Exzellenz ist daher keine Handlung, sondern eine Gewohnheit." – Aristoteles

Jede große Veränderung beginnt mit einer kleinen bewussten Entscheidung. Fang an, bleib dran und schon bald wirst du merken, wie sich dein Leben Schritt für Schritt verbessert.

🚀 Du hast alles, was du brauchst. Jetzt liegt es an dir!

Exklusive Ressourcen und Bonusmaterial

✎ Zusätzlich habe ich für dich eine digitale Ressourcen Liste mit nützlichen Links, Tools und Vorlagen erstellt.

Dort findest du:

☑ Aktuelle App- und Tool-Empfehlungen zur Unterstützung deiner Gewohnheitsbildung

☑ Die Arbeitsblätter & Erfolg Journale zum Download

☑ Buch- und Podcast-Empfehlungen für dein persönliches Wachstum

☑ Weitere exklusive Inhalte, die regelmäßig aktualisiert werden

☞ Hier kannst du auf die Ressourcen zugreifen:

https://drive.google.com/drive/folders/1j75GwcP79ws1LuAtpa7kNFYEF-DfHPu0?usp=drive_link

QR- Code zum scannen:

Nutze diese Werkzeuge, um das Beste aus deiner Reise zu machen und starte jetzt durch! 🚀